Der Autor

Professor Dr. Bernd-Jürgen Wendt, geb. 1934 in Hamburg, Promotion in Alter Geschichte 1960, Habilitation für Mittlere und Neuere Geschichte 1969, ord. Professor für Geschichte an der Gesamthochschule Kassel 1972, seit 1976 Inhaber des Lehrstuhles für Neuere Geschichte unter besonderer Berücksichtigung der Zeitgeschichte und Leiter des Arbeitsbereiches Neuzeit/Zeitgeschichte an der Universität Hamburg.
Veröffentlichungen u.a.: ›München 1938. England zwischen Hitler und Preußen‹ (1965); ›Economic Appeasement, Handel und Finanz in der britischen Deutschland-Politik 1933 bis 1939‹ (1972); Mitherausgeber der Reihe ›Studien zur modernen Geschichte‹; ›Deutschland in der Weltpolitik des 19. und 20. Jahrhunderts‹ (2. Aufl. 1974); ›Industrielle Gesellschaft und Politisches System. Beiträge zur politischen Sozialgeschichte‹ (1978); ›Deutscher Konservatismus im 19. und 20. Jahrhundert‹ (1983); Herausgeber von ›Das britische Deutschlandbild im Wandel des 19. und 20. Jahrhunderts‹ (1984).

Deutsche Geschichte der neuesten Zeit
vom 19. Jahrhundert bis zur Gegenwart

Herausgegeben von Martin Broszat,
Wolfgang Benz und Hermann Graml
in Verbindung mit dem Institut für Zeitgeschichte, München

Bernd-Jürgen Wendt:

Großdeutschland

Außenpolitik und Kriegsvorbereitung des Hitler-Regimes

Deutscher
Taschenbuch
Verlag

dtv

Originalausgabe
Oktober 1987

Umschlaggestaltung: Celestino Piatti
Umschlagbild: Parade zum Geburtstag des »Führers«,
20. April 1939, Berlin (Bilderdienst Süddeutscher Verlag)
Gesamtherstellung: C. H. Beck'sche Buchdruckerei,
Nördlingen
Printed in Germany · ISBN 3-423-04518-3

Inhalt

»Irgendwie glaube ich, hat sich diese Platte, die pazifistische Platte, bei uns abgespielt.« Als Hitler diese Worte am 10. November 1938 in einer geheimen Rede vor deutschen Pressevertretern und Verlegern sprach, hatte er gerade unter Drohungen das Sudetengebiet dem Reich einverleibt und setzte bereits zum Sprung auf das nächste Ziel an: die Zerschlagung der sogenannten »Rest-Tschechei«. Ihm war klar, daß die Zeit der leichten außenpolitischen Erfolge ihrem Ende entgegenging und daß es nunmehr galt, das Volk mit Hilfe der Propagandamaschinerie auf den Ernstfall, den Krieg, einzustimmen.

Die nationalsozialistische Außenpolitik zielte seit 1933 auf die Vergrößerung des deutschen »Lebensraums« in Europa. Dies sollte notfalls auch mit Gewalt geschehen, wenn Drohungen und Erpressungen gegen andere Mächte nicht mehr weiterführen würden. Die Außenpolitik des Dritten Reiches war von Anfang an Kriegspolitik im Sinne einer kriegerischen Risikopolitik und der Vorbereitung auf den Fall des militärischen Konfliktes, selbst wenn sie in den ersten Jahren des Regimes primär noch eine andere Funktion hatte: den Umschwung zum Diktaturstaat und die »Wiederwehrhaftmachung« im Innern durch Friedensparolen nach außen gegen fremde Interventionen wirkungsvoll »abzuschirmen«.

Hitler löste mit dem Überfall auf Polen am 1. September 1939 frühmorgens ohne formelle Kriegserklärung den europäischen Krieg mit gleichsam »verkehrter Frontstellung« aus: Der Angriff richtete sich zuerst gegen den östlichen Nachbarn, zwei Tage später auch gegen die beiden Westmächte, Großbritannien und Frankreich, weitete sich also sofort zum gefürchteten »Zweifrontenkrieg« aus – genau das hatte Hitler auf Grund der verhängnisvollen Erfahrungen des Ersten Weltkrieges immer vermeiden wollen. Der ideologische Hauptfeind der Nationalsozialisten, die Sowjetunion, war wenige Tage vorher, am 23. August 1939, durch den Abschluß des »Hitler-Stalin-Paktes« in das Lager der Bundesgenossen eingeschwenkt. Auch dieser offenkundige Widerspruch zu dem ursprünglichen Programm Hitlers in ›Mein Kampf‹, sofern es ein solches überhaupt gegeben hat, muß in diesem Buch geklärt werden.

Der kommende Krieg – hier waren sich die Verantwortlichen nach den Erfahrungen des Ersten Weltkrieges von Anfang an einig – würde ein totaler Wirtschafts-, Material- und Propagandakrieg, nach nationalsozialistischem Selbstverständnis auch ein gnadenloser ideologischer Weltanschauungskampf sein. Der Sieger, so die Hoffnung, würde am Ende derjenige sein, dem es gelang, zum gegebenen Augenblick unter »blitzartiger« Ausnutzung des Überraschungsmomentes einen Höchststand überlegener Waffentechnik, strategische Vorteile und die Entschlossenheit einer psychologisch auf den Krieg eingestimmten und fanatisierten »Heimatfront« zum Einsatz zu bringen. Die Außenpolitik war in diesem modernen Kriegsszenario nur noch *ein* Mittel der Vorbereitung auf den Ernstfall und schließlich, wie sich zeigen sollte, keineswegs mehr das zentrale. Denn der Mehrfrontenkrieg mit »verkehrter Kampfstellung« gegen den ursprünglichen »Wunschpartner« Hitlers, Großbritannien, war letztlich nur Ausweis eines totalen Fiaskos der nationalsozialistischen Außenpolitik.

Die folgende Darstellung wird deshalb unter dem Aspekt der Kriegsvorbereitung das breite Spektrum von »Wehrwirtschaft« und Außenwirtschaft, von militärischer Aufrüstung und Strategie, von Ideologie und Massenmobilisierung, Herrschaftsgefüge und staatlichen Entscheidungsstrukturen, personaler Verantwortung und überpersonalen Zwangslagen in die Betrachtung mit einbeziehen müssen.

Nationalsozialistische Außenpolitik war über weite Strecken überkommene deutsche Macht- und Hegemonialpolitik. Sie fiel nicht mit dem 30. Januar 1933 gleichsam »aus heiterem Himmel«. Im Gegenteil: Der »Himmel« des internationalen Mächtekonzertes war längst vor diesem Datum dicht »bewölkt«, und zwar durch die weitreichenden fatalen Auswirkungen der Weltwirtschaftskrise, den Zusammenbruch des internationalen Systems kollektiver Sicherheit und ein sich immer ungestümer bemerkbar machendes Revisionsbegehren der »Habenichtse« von 1919 – Deutschland, Japan, Italien – gegenüber der Versailler Ordnung der »Großen Drei« Wilson, Clemenceau und Lloyd George. Der große Kampf zwischen »Status-Quo-Mächten« und »Revisionisten« zeichnete sich längst vor Hitler ab.

Die nationalsozialistische Außenpolitik stand in gewissen Kontinuitätslinien: National war sie verankert in der Tradition des preußisch-deutschen Nationalstaates von 1870/71, der im

Dritten Reich seine größten außenpolitischen Triumphe feiern und seinen tiefsten Absturz in die Katastrophe von 1945 erleben sollte; international war die Außenpolitik Hitlers eingebettet in die Geschichte der zwischenstaatlichen Beziehungen Europas seit Versailles, die sie am Ende total zerstörte.

I. Der 5. November 1937: Ein »Schicksalstag« der deutschen Geschichte?

Am Nachmittag des 5. November 1937 um 16.15 Uhr versammelte Hitler in der Reichskanzlei die politischen und militärischen Spitzen des Regimes zu einer mehr als vierstündigen Konferenz: Den Reichskriegsminister Generalfeldmarschall von Blomberg, die Oberbefehlshaber des Heeres, von Fritsch, der Marine, Raeder, und der Luftwaffe, Göring, sowie den Reichsaußenminister von Neurath und den Wehrmachtadjutanten beim »Führer«, Oberst Hoßbach. Ihm verdanken wir die einzige private »Niederschrift« über dieses Treffen. Denn während der Konferenz wurde seltsamerweise kein offizielles Protokoll geführt, obwohl Hitler seine Ausführungen ausdrücklich »als seine testamentarische Hinterlassenschaft für den Fall seines Ablebens anzusehen« bat[1].

Der unmittelbare Anlaß dieser Konferenz war wieder einmal die dramatische Zuspitzung der allgemeinen Rohstoffsituation. Aber diesmal schien es ernster. Noch im August des Vorjahres hatte Hitler in seiner geheimen Denkschrift zum Vierjahresplan die Weisung ausgegeben, innerhalb von vier Jahren habe die Wehrmacht »einsatzfähig« und die Wirtschaft »kriegsfähig« zu sein. Bereits wenige Monate später drohte die krisenhafte Entwicklung der »Wehrwirtschaft« und der Aufrüstung diese markigen Worte des Diktators jedoch als reine Propagandaphrase zu entlarven.

Drastische Eisen- und Stahlkontingentierungen führten in der Rüstungsindustrie überall zu Schwierigkeiten und Engpässen und deshalb zu einer sichtlichen Verlangsamung des seit zwei Jahren forcierten Rüstungstempos. Firmen verweigerten unter Hinweis auf Materialkürzungen sowohl für die unmittelbare Waffenproduktion als auch für den Ausbau der Schiffbaukapazitäten die Annahme von Marineaufträgen; Heer und Luftwaffe meldeten ebenfalls eine Verzögerung ihrer Programme um in

[1] Die »Hoßbach-Niederschrift« ist abgedruckt in: Akten zur Deutschen Auswärtigen Politik (ADAP) 1918–1945, Serie D 1937–1945, Bd. 1. Göttingen 1956, Nr. 19 (vgl. Dokument 3). Da Hoßbach seine Niederschrift erst wenige Tage nach der Konferenz aus dem Gedächtnis und nach privaten Notizen angefertigt hat, verbieten sich ihre buchstäbliche Auswertung als ein »Protokoll« ebenso wie entsprechende Rückschlüsse auf den genauen Wortlaut des Hitlerschen Monologes und der Ausführungen der anderen Konferenzteilnehmer. Wörtliche Zitate beziehen sich also nur auf den Text von Hoßbach.

der Regel eineinhalb bis zweieinhalb Jahre. Zu allem Überfluß setzte auch noch zwischen den Wehrmachtteilen ein rücksichtsloser Wettlauf um die Verteilung des in seinem Umfang nur begrenzten Rohstoffkuchens ein. Eine wirkungsvolle Gesamtsteuerung der Rüstungswirtschaft in Berlin mit der Festlegung von Prioritäten, der sorgfältigen Abstimmung von zivilen und militärischen Bedürfnissen und der Harmonisierung der einzelnen Programme fand nicht statt.

Göring, seit einem guten Jahr neben seinen zahlreichen anderen Ämtern als »Beauftragter für den Vierjahresplan« auch noch für die wirtschaftliche Kriegsvorbereitung verantwortlich, nutzte seine starke Position als Wirtschaftsdiktator und als »Paladin des Führers« aus alten gemeinsamen Kampftagen mit direktem Draht zu Hitler hemmungslos aus, um die verknappten wehrwirtschaftlichen Rohstoffe bevorzugt seinem ehrgeizigen Lieblingsprojekt, dem schnellen Aufbau der Luftwaffe, zuzuführen. Aufkommende Zweifel wurden in der Luftwaffengeneralität zynisch überspielt durch die Parole: »Keine Rücksicht auf finanzielle Schwierigkeiten! Generaloberst übernimmt volle Verantwortung.«[2]

Generaladmiral Raeder bemühte sich seinerseits, durch eine massive Intervention bei Blomberg und dann direkt bei Hitler, seine Marine aus ihrem Schattendasein gegenüber den beiden anderen Teilstreitkräften hinauszuführen und das zugewiesene Stahlkontingent zu verdoppeln. Dabei spielte er in dem allgemeinen Wettlauf drei Trümpfe seines Ressorts gegen Heer und Luftwaffe aus: seine Aufgabe, die deutsche Flotte entsprechend dem Flottenabkommen mit London vom Juni 1935 auf 35 Prozent der britischen und später noch darüber hinaus aufrüsten zu müssen, die Vorliebe des »Führers« für den Bau von mindestens sechs großkalibrigen Schlachtschiffen, der nunmehr gefährdet sei, sowie erste Überlegungen in der Marineführung im Sommer 1937, daß man in einem künftigen Krieg nicht mehr nur, wie bisher angenommen, mit der Gegnerschaft Frankreichs und der Sowjetunion, sondern sogar mit der überlegenen Seemacht Großbritannien zu rechnen haben werde[3].

[2] Zitiert nach Hermann Gackenholz, Reichskanzlei, 5. November 1937. Bemerkungen über »Politik und Kriegsführung« im Dritten Reich. In: Richard Dietrich und Gerhard Oestreich (Hrsg.), Forschungen zu Staat und Verfassung. Festgabe für Fritz Hartung. Berlin 1958, S. 461.

[3] Zu diesen rüstungswirtschaftlichen Zusammenhängen im Vorfeld des 5. November 1937 vgl. Jost Dülffer, Weimar, Hitler und die Marine. Reichspolitik und Flottenbau 1920 bis 1939. Düsseldorf 1973, S. 443 ff.

Am 25. Oktober 1937 wollte es der Marinechef endlich zum Schwur kommen lassen. Ultimativ stellte er seinen unmittelbaren Vorgesetzten, den Reichskriegsminister von Blomberg, vor die Alternative: entweder Verzicht auf die sechs Schlachtschiffe, auf einen weiteren Aufbau der U-Bootwaffe, einen Ausbau aller Küstenbefestigungen sowie die Erstellung mehrerer Baudocks, also praktisch »Einfrieren« der Marine auf ihrem jetzigen unbefriedigenden Stand oder eine Verdoppelung der Stahlquote und einen Großausbau der Flotte. Der Verzicht werde »zu dem befohlenen Endtermin der Flottenaufrüstung« die deutsche Marine auf eine Kampfflotte reduzieren, »die weder einem einzelnen unserer denkbaren Gegner zur See gewachsen wäre, noch einen ausreichenden Bündniswert besitzen würde«. Die vorgesehenen Streichungen würden nicht nur »eine erhebliche Minderung der Kriegsbereitschaft der Marine mit sich bringen, sie würden vielmehr auch bei friedlicher Entwicklung von einschneidender außenpolitischer Wirkung sein«. Raeder hielt es angesichts der anstehenden weitreichenden Grundsatzfragen »für notwendig, daß eine sofortige Entscheidung des Führers herbeigeführt wird«.

Dieser Ansicht schloß sich auch Blomberg an. Göring gefährdete langsam durch seinen Ressortegoismus und sein isoliertes Vorpreschen nicht nur materiell die überaus schwierige Aufgabe, die beschränkten Rüstungsressourcen wie Rohstoffe, Devisen, Arbeitskräfte und Produktionskapazitäten nach übergeordneten und sorgfältig koordinierten militär- und rüstungspolitischen sowie strategischen Gesichtspunkten und Prioritäten den drei Teilstreitkräften zuzuweisen; er stellte auch institutionell die Einheit der Wehrmachtführung und ihre alleinige Zuständigkeit für den Ausgleich unter den Ressorts in Frage. Dabei befand sich der Generalfeldmarschall von Blomberg in diesem brutalen Gerangel um Kompetenzen und Ressorteinfluß im »inneren Kreis der Macht« in keiner beneidenswerten Lage: Als Oberbefehlshaber der Wehrmacht war er Göring ebenso wie Raeder und Fritsch gegenüber zwar formal weisungsberechtigt, als Mitglied des Reichskabinetts dem Reichsminister für Luftfahrt jedoch nur gleichgeordnet. Deshalb beschloß er im Einverständnis mit dem Marinechef, die ganze Sache direkt »zur Entscheidung Hitlers zu bringen«[4]. Er sollte im Beisein

[4] Friedrich Hoßbach, Zwischen Wehrmacht und Hitler 1934–1938. Hannover 1949, S. 138.

der anderen Oberbefehlshaber den schon lange schwelenden Konflikt mit dem ehrgeizigen und skrupellosen Luftwaffenchef um die notwendigen Rohstoffzuweisungen verbindlich regeln. Gleichzeitig instruierte Blomberg je einen Offizier der drei Wehrmachtteile, sich in der Reichskanzlei im Vorzimmer bereit zu halten, um gegebenenfalls über die Rüstungslage und den Rohstoffbedarf Vortrag halten zu können.

Aber Hitler scheint vorhergeahnt zu haben, was mit der für den 5. November um 16.15 Uhr anberaumten Sitzung auf ihn zukam. Deshalb zog er unmittelbar vor Beginn der Besprechung Göring auf die Seite. »Der Führer«, so sollte sich der Reichsmarschall später auf der Nürnberger Anklagebank erinnern[5], »hat mich kurz vorher, weil ich früher da war, informiert, daß er diese Sitzung mache, um vor allen Dingen dem Generalobersten von Fritsch, wie er sich ausdrückte, Dampf zu machen, weil er mit der Aufrüstung des Heeres in keiner Weise zufrieden sei; und es könne auch nichts schaden, wenn Herr Blomberg dabei auch einen gewissen Druck dann auf Fritsch ausüben würde«. Den Reichsaußenminister habe er hinzugezogen, um über das rein Militärische hinaus »den Oberbefehlshabern ..., aber gerade Fritsch klarzumachen, daß die außenpolitische Lage ein derart forciertes Tempo der Rüstung benötige«.

Als sich die höchsten Militärs am 5. November nachmittags in der Reichskanzlei einfanden, warteten gleich zwei Überraschungen auf sie. Zunächst hatte Hitler aus eigener Initiative den Kreis der Eingeladenen um den Reichsaußenminister von Neurath erweitert, ohne daß dieser mit den zur Entscheidung anstehenden Fragen ressortmäßig irgendwie direkt befaßt gewesen wäre. Warum er dies getan hatte, sollte den Gästen sehr schnell durch die zweite Überraschung klarwerden, die Hitler für sie parat hielt.

Um diese voll verstehen zu können, werden wir uns noch einmal jene etwas heikle Situation vergegenwärtigen müssen, in die Blomberg seinen »Führer« durch sein sachlich an sich berechtigtes Drängen auf eine rüstungspolitische Grundsatzdebatte an jenem 5. November hineinmanövriert hatte. Ein Eingehen auf die thematischen Wünsche seiner Militärs hätte Hitler möglicherweise am Ende das offene oder versteckte Eingeständnis abverlangt, daß die rüstungswirtschaftliche Rohstoff- und Devisendecke an allen Ecken viel zu knapp und damit die

[5] Zitiert nach Gackenholz, Reichskanzlei, S. 463.

Vorbereitung eines Krieges unter wehrwirtschaftlichem Aspekt ein risikoreiches Vabanque war; es hätte ihn vor allem mit dem Zwang konfrontiert, sich, ohne es allen gleichzeitig recht machen zu können, eindeutig für oder gegen bestimmte Ansprüche der Teilstreitkräfte aussprechen, dadurch politisch-strategische Prioritäten mit weitreichenden und langfristigen innen- und außenpolitischen Konsequenzen setzen und schließlich aus dem Kreis seiner militärischen Machtträger einige bevorzugen und andere zurücksetzen zu müssen, kurz: es standen nach der einen oder anderen Richtung mehr oder weniger definitive Festlegungen an. Statt sich auf die lästigen Sachkonflikte und Rivalitäten einzulassen, wählte der Diktator den unverbindlicheren, taktisch zweifellos klügeren und am Ende für ihn selbst einfacheren Weg: Er schob die ganze Angelegenheit auf ein Gleis grundsätzlicher und allgemeiner Bedeutung, auf dem er sich kraft seiner Autorität als Regierungschef, seines Sachverstandes und seiner viereinhalbjährigen erfolgreichen Erfahrungen seinen professionellen Militärs überlegen glaubte: auf die Außenpolitik. Hitler konnte davon ausgehen, daß dadurch die zur Lösung anstehenden Einzelprobleme in ihrem Gewicht automatisch schrumpfen würden. Die Hinzuziehung Neuraths in letzter Minute war ein geschicktes Ablenkungsmanöver.

Ohne auf die Engpässe der Aufrüstung und die Ressortkonflikte einzugehen, präzise und verbindliche Entscheidungen über die Verwaltung des Mangels gegebenenfalls unter Vorladung der im Vorraum wartenden militärischen Rüstungsexperten einzuleiten oder gar, wie manche vielleicht erwartet haben mögen, so etwas wie eine Beratung zunächst zuzulassen, überraschte der »Führer« seine Besucher auf der Grundlage vorbereiteter Notizen mit einem mehr als zweistündigen Monolog über das Wesen und die Ziele nationalsozialistischer Außenpolitik, die kritische deutsche Wirtschaftslage und seine eigene Einschätzung der Chancen einer künftigen aggressiven Expansion[6].

Hitlers Ausführungen enthielten zunächst nichts, was nicht

[6] Die grundsätzlichen Ausführungen Hitlers über Lebensraum und Rasse stimmen gedanklich und argumentativ in hohem Maße mit entsprechenden Passagen in ›Mein Kampf‹ (143.–144. Auflage. München 1935, S. 728), im sogenannten »Zweiten Buch« von 1928 (Hitlers Zweites Buch. Ein Dokument aus dem Jahre 1928. Eingeleitet und kommentiert von Gerhard L. Weinberg. Stuttgart 1961, S. 62) und in der geheimen Denkschrift Hitlers zum Vierjahresplan vom August 1936 (vgl. Dokument 2) überein.

schon durch ›Mein Kampf‹ und zahllose spätere Äußerungen Hitlers geläufig, aber fatalerweise im In- und Ausland in seinem Verbindlichkeitscharakter allzu lange nicht recht ernst genommen worden war: »Das Ziel der deutschen Politik sei die Sicherung und die Erhaltung der Volksmasse und deren Vermehrung. Somit handele es sich um das Problem des Raumes.« Der »Führer« begründete den Anspruch auf Lebensraum in Europa für einen in sich »fest geschlossenen Rassekern« von »über 85 Millionen Menschen« (offenbar bereits eine großzügige Vorwegnahme der »Eingemeindung« der Deutschen in Österreich, der Tschechoslowakei und Polen) damit, daß nur auf diesem Wege »die Erhaltung des deutschen Volkstums auf seiner jetzigen Höhe« und darüber hinaus sein ewiges Wachstum garantiert sei. Die einzige Alternative zur aktiven Raumpolitik sei »Sterilisation«, also Stillstand, Unfruchtbarkeit und dann Rückgang, »in deren Folge Spannungen sozialer Art nach einer Reihe von Jahren einsetzen müßten, weil politische und weltanschauliche Ideen nur so lange von Bestand seien, als sie die Grundlage zur Verwirklichung der realen Lebensansprüche eines Volkes abzugeben vermöchten. Die deutsche Zukunft sei daher ausschließlich durch die Lösung der Raumnot bedingt.«

In der typischen Verbindung von sozialdarwinistischem Denken und Geopolitik erhob Hitler seine expansive Raumpolitik in den Rang eines gleichsam ewigen und unaufhebbaren historischen und biologischen Lebensgesetzes von Volk und Rasse. Er diskutierte zwar Autarkie auf der einen, »Beteiligung an der Weltwirtschaft« und koloniale Ausbeutung auf der anderen Seite mit einiger Ausführlichkeit, jedoch nur, um sie als mögliche Auswege aus den wirtschaftlichen Engpässen mit gleicher Entschiedenheit wie schon in ›Mein Kampf‹ zu verwerfen. Die nationale Autarkie, denn nur sie war hier offenbar gemeint, also die Selbstversorgung aus heimischem Boden, war weder bei Eisenerzen, Nichteisenmetallen und Faserstoffen noch bei Lebensmitteln möglich. Die allgemeine Steigerung der Konsumkraft der Bevölkerung durch konjunkturelle Erholung und Abbau der Arbeitslosigkeit, ein erheblicher Geburtenüberschuß und das Bestreben des Regimes, trotz forcierter Aufrüstung den Lebensstandard unbedingt zu halten, um sich trotz politischen Terrors durch »materielle Bestechung« eine breite Loyalität im Volk zu sichern, zeitigten inzwischen offenbar Wirkung. Hitler suggerierte seinen Zuhörern eine verzweifelte Auswegslosigkeit: Die vorhandene Nahrungsmitteldecke sei vor allem bei

Mißernten viel zu knapp. Der bereits durch Kunstdüngung ermüdete Boden lasse auch bei höchster Anspannung »eine weitere Steigerung der Produktion« kaum mehr zu. Deshalb sei »selbst bei höchster Produktionssteigerung eine Beteiligung am Weltmarkt nicht zu umgehen«. Damit aber wurden in den schon durch den Aufrüstungsbedarf arg strapazierten Devisenhaushalt weitere Löcher gerissen. »Der schon bei guten Ernten nicht unerhebliche Ansatz von Devisen zur Sicherstellung der Ernährung durch Einfuhr steigere sich bei Mißernten zu katastrophalem Ausmaß.«

Bei dem Thema »Beteiligung an der Weltwirtschaft«, über das er anschließend monologisierte, durfte Hitler nicht nur bei seinen hochrangigen Zuhörern, sondern bei allen Deutschen auf noch nicht allzu lange zurückliegende traumatische Erlebnisse innerhalb einer Generation rechnen, die er für seine Zwecke mobilisieren konnte: zum einen das »Blockade-« und »Einkreisungstrauma« aus der Zeit vor und im Ersten Weltkrieg, zum anderen die dauernden internationalen »Konjunkturschwankungen« und schließlich der Zusammenbruch der Weltwirtschaftsordnung ab 1929, der katastrophale Folgen auch für das Leben in Deutschland hatte und die weltweiten Trends verschärfte hin zu einem »Zeitalter wirtschaftlicher Imperien, in welchem der Trieb zur Kolonisierung sich wieder dem Urzustand nähere«. Ebenso wie für Japan und Italien bilde auch für Deutschland »die wirtschaftliche Not« den Antrieb zur räumlichen Ausdehnung.

»Die große Schwäche unserer Ernährungssituation im Kriege« war für Hitler »mehr eine Frage der Sicherheit des Transportes als eine solche der Devisen, ... da unser Außenhandel über die durch England beherrschten Seegebiete führe«. Somit lief nach seiner Wirtschaftslogik die künftige Entwicklung der deutschen Außenpolitik einzig und allein auf eine kriegerische »Raumerweiterung nur durch Brechen von Widerstand und unter Risiko« hinaus. »Die einzige, uns vielleicht traumhaft erscheinende Abhilfe läge in der Gewinnung eines größeren Lebensraumes, ein Streben, das zu allen Zeiten die Ursache der Staatenbildung und Völkerbewegungen gewesen sei.« Der für die Sicherstellung der Ernährung des deutschen Volkes »mit seinem starken Rassekern« notwendige Raum müsse landwirtschaftlich nutzbar sein und könne deshalb »nur in Europa gesucht werden, nicht aber ausgehend von liberalistisch-kapitalistischen Auffassungen in der Ausbeutung von Kolonien ...

Auch die Rohstoffgebiete seien zweckmäßiger im unmittelbaren Anschluß an das Reich in Europa und nicht in Übersee zu suchen.«

Hitler begründete an dieser Stelle die scheinbar unausweichliche Notwendigkeit einer kontinentalen Eroberungspolitik mit geostrategischen Überlegungen, die seine Zuhörer hellhörig machten. Denn die indirekte Anspielung auf die britische Fernblockade gegen Deutschland zwischen 1914 und 1919 und die Gefahr ihrer Wiederholung stand doch offenbar im krassen Widerspruch zu einer Grundkonstante seines außenpolitischen Denkens, die er seinem Volk und seinen Militärs seit dem Erscheinen von ›Mein Kampf‹ immer wieder eingehämmert hatte: Die Eroberung von »Lebensraum im Osten« konnte und sollte nur durchgeführt werden im Bündnis mit dem »arischen Brudervolk« der Briten oder doch jedenfalls unter Duldung durch die Londoner Regierung. Damit wäre doch aber in der kritischen Übergangsphase bis zur endgültigen gewaltsamen Ausdehnung des deutschen »Lebensraumes« die Freiheit der maritimen Zufahrtswege eigentlich gewährleistet gewesen!

Im Anschluß an seine dramatische Beschwörung der langfristig gefährdeten und kritischen deutschen Wirtschaftslage (offenbar doch eine versteckte Reaktion auf den eigentlichen rüstungswirtschaftlichen Anlaß der Konferenz!) und in engem Zusammenhang mit ihr, kam Hitler dann auf den zweiten großen Themenkomplex zu sprechen, der ihn im Herbst 1937 offenbar intensiv beschäftigte: auf die internationale Mächtekonstellation. Wie stellte sich die europäische Welt damals aus der Perspektive des Diktators dar? Mit einer seine Zuhörer offenbar alarmierenden, bisher unbekannten Eindeutigkeit und Schroffheit sprach der »Führer« hier zum erstenmal von »den beiden Haßgegnern England und Frankreich ..., denen ein starker deutscher Koloß inmitten Europa ein Dorn im Auge sei, wobei beide Staaten eine weitere deutsche Erstarkung sowohl in Europa als auch in Übersee ablehnten und sich in dieser Ablehnung auf die Zustimmung aller Parteien stützen könnten«. Eine neue Frontstellung kündigte sich an: nicht mehr der Osten war offenbar das vorrangige Ziel deutscher Kriegsvorbereitung, sondern die beiden Westmächte.

Allerdings sollte man nicht vergessen, daß es Hitler meisterhaft verstand, sich taktisch und psychologisch auf seine jeweiligen Zuhörer einzustellen. Aufkeimende Bedenken gegenüber seinen Ausführungen antizipierte er mit instinktiver Sicherheit und zerstreute sie, bevor sie sich zu einer geschlossenen Oppositionshaltung verdichten konnten. So wußte er damals zumindest von Fritsch, Raeder und auch wohl von Neurath, daß sie dem Risiko, die noch unfertige Wehrmacht zu einem allzu frühen Zeitpunkt und überhastet einem bewaffneten Konflikt unter Umständen sogar mit den Westmächten auszusetzen, grundsätzlich ablehnend gegenüberstanden. Nicht nur der Wiederaufstieg Deutschlands zur Weltmacht, sondern auch das Schicksal des Reiches selbst würde dadurch unnötig aufs Spiel gesetzt. Was lag also näher, als mögliche Gefahren herunterzuspielen und Gegenargumente dadurch zu entkräften, daß man sie bagatellisierte. Hitler porträtierte den potentiellen Gegner als innerlich schwach und noch nicht handlungsfähig: England werde infolge seiner Schwierigkeiten im Empire, seiner geschwächten Position gegenüber Japan in Fernost und seiner Spannungen mit Italien im Mittelmeer im Zusammenhang mit dem Spanischen Bürgerkrieg sowie aus Angst, in einen langen europäischen Krieg verwickelt zu werden, vor einem bewaffneten Konflikt mit Deutschland vorerst zurückschrecken. Ohne britische Unterstützung und im Angesicht des deutschen Westwalles (der freilich damals erst weitgehend auf den Konstruktionsbögen existierte!) werde auch das innenpolitisch geschwächte Frankreich nicht gegen Deutschland aktiv werden.

Die beiden vorher abgehandelten Themenkomplexe – die Anzeichen für eine bevorstehende ernste Wirtschaftskrise und die sich als möglich abzeichnende neue Frontstellung Deutschlands nach Westen – führten den monologisierenden Hitler im Zusammenhang mit seinem mehrfach bekundeten »Entschluß zur Anwendung von Gewalt unter Risiko« bei der Erweiterung des »Lebensraumes« mit einer gewissen inneren Logik zur »Beantwortung der Fragen ›wann‹ und ›wie‹«, d.h. zum Zeitpunkt des Losschlagens und zu den vorrangigen militärischen Gegnern.

Als spätesten Zeitpunkt, um »die deutsche Raumfrage zu lösen«, nannte der »Führer« die Jahre 1943 bis 1945 (Fall 1). »Nach dieser Zeit sei nur noch eine Veränderung zu unseren Ungunsten zu erwarten.« Denn »im Verhältnis zu der bis dahin durchgeführten Aufrüstung der Umwelt« werde Deutschland dann »an relativer Stärke« abnehmen. Hitler ging realistischerweise davon aus, daß die anderen Mächte – allen voran Großbritannien, Frankreich und die Tschechoslowakei –, mittlerweile herausgefordert und alarmiert durch die deutsche Aufrüstung und die einseitigen deutschen Aggressionen, in Erwartung des deutschen »Schlages« beginnen würden, »ihre Gegenmaßnahmen von Jahr zu Jahr mehr« zu treffen. Damit aber drohte die *noch* vorhandene und aus der Modernität der materiellen Ausstattung und Bewaffnung von Heer, Marine und Luftwaffe resultierende relative Überlegenheit des Dritten Reiches für ein »blitzartiges Losschlagen« langfristig von Jahr zu Jahr abzunehmen. Zeitverlust barg die Gefahr einer raschen »Veraltung« des modernen Kriegsinstrumentes und der Durchlöcherung beim »Geheimhaltungsschutz der ›Sonderwaffen‹« in sich.

Die laufende Unterhaltung einer enorm aufgeblähten und ökonomisch letztlich unproduktiven Wehrmacht zehrte an der beschränkten materiellen und finanziellen Substanz des Reiches; als konsequenter Ausweg aus dieser Überspannung der Kräfte bot sich eine politisch für das Regime sehr gefährliche »Senkung des Lebensstandards« oder eine ideologisch ebensowenig vertretbare »Geburtenbeschränkung« an. Mannschafts- und Offiziersreserven ließen sich offenbar nur noch aus den laufenden Rekrutenjahrgängen gewinnen, da die älteren Jahrgänge bereits ausgeschöpft waren. Im Schatten einer drohenden »Ernährungskrise« mußte sich bei Fortdauer oder gar Intensivierung des internationalen Wettrüstens das eklatante Mißverhältnis zwischen den beschränkten deutschen Rohstoff-, Lebensmittel- und Devisenvorräten auf der einen, den nahezu unbegrenzten Ressourcen des britischen und französischen Weltreiches auf der anderen Seite (möglicherweise zusätzlich mit dem Kräftepotential der USA im Hintergrund) mit dramatischer Beschleunigung vergrößern.

In seiner maßlosen Egozentrik brachte Hitler »das Älterwerden der Bewegung und ihrer Führer« als »Schwächemoment des Regimes« und als zusätzliches Argument für ein baldiges Losschlagen ins Spiel. Außerdem deutete er die Möglichkeit seines Ablebens an. Hitler lebte in ständiger Furcht vor Attentaten. Offenbar war es ihm ernst mit der Furcht, eine sehr geschickt als »jugendlich« und »dynamisch« verkaufte »Bewegung« könne sich mangels innerer und äußerer Erfolge eines Tages tot- oder einfach ins Leere laufen. Gerade ein diktatorisches Regime wie das nationalsozialistische konnte sich, das wird aus diesen Beschwörungen unmißverständlich deutlich, nichts weniger leisten als Mißerfolg, Stillstand oder gar Rückschläge.

Bringt man die Substanz von Hitlers weitschweifigen Ausführungen auf einen knappen Begriff, so bietet sich hier das Bild vom »strategischen Fenster« oder dem »immanenten Zeitfaktor« an: *Noch* war das Reich seinen potentiellen Gegnern überlegen, aber die Sanduhr drohte von irgendeinem Punkt an abzulaufen. Das günstige »strategische Fenster« zwischen optimaler, wenn auch noch längst nicht abgeschlossener eigener Kriegsvorbereitung einerseits und noch unzureichender Abwehrbereitschaft der Gegner andererseits konnte sich in naher Zukunft, spätestens aber 1943 bis 1945 relativ rasch schließen. Was lag also näher, als loszuschlagen, solange es noch nicht zu spät war und der eigene Bewegungsspielraum im internationalen Mächtesystem noch als hinreichend groß angesehen wurde, um beim »blitzartigen Losschlagen« und unter Ausnutzung des Überraschungsvorteils einen Sieg zu garantieren.

Hitler gab seinem Reichsaußenminister und seinen höchsten Militärs freimütig zu verstehen, daß er gerade unter diesem Aspekt entschlossen war, eine politische und militärische Schwächung Frankreichs für ein »blitzartig schnelles« Losschlagen gegebenenfalls sogar schon 1938 auszunutzen. Mögliche strategische Vorteile für Deutschland sah er dabei in einer »Lahmlegung Frankreichs durch einen Bürgerkrieg« (Fall 2) oder in seiner Verwicklung in einen Mittelmeerkonflikt mit Italien, so »daß es gegen Deutschland nicht ›vorgehen‹ kann« (Fall 3).

Damit nahm der Diktator im letzten Teil seiner Ausführungen noch einmal das Wie seiner geplanten Aggression, also die nächsten Gegner ins Visier. »Zur Verbesserung unserer militärpolitischen Lage müsse in jedem Fall einer kriegerischen Verwicklung unser 1. Ziel sein, die Tschechei und gleichzeitig Österreich niederzuwerfen, um die Flankenbedrohung eines etwaigen Vorgehens nach Westen auszuschalten.« Außerdem sei bei der Niederwerfung der Tschechoslowakei und der Schaffung einer gemeinsamen Grenze mit Ungarn die Neutralität Polens in einem deutsch-französischen Konflikt eher gewährleistet.

Unübersehbar sind auch bei diesem Punkt neben den militärstrategischen die wehrwirtschaftlichen Argumente. Bei einer gewaltsamen »Einverleibung der Tschechei und Österreichs« stellte Hitler »den Gewinn von Nahrungsmitteln für 5 bis 6 Millionen Menschen« in Aussicht, dies freilich unter der Bedingung, »daß eine zwangsweise Emigration aus der Tschechei von zwei, aus Österreich von einer Million Menschen zur Durchführung gelange«. Leider ist uns die Reaktion der anderen Konferenzteilnehmer auf dieses Argument, sollte es denn in dieser oder ähnlicher Form vorgetragen worden sein, nicht überliefert. Es verrät ebensoviel hemmungslosen Zynismus wie blanke Ignoranz. Jedem einigermaßen Informierten, auch Hitler, wie aus seiner Bemerkung über die dicht besiedelte Tschechoslowakei deutlich wird, mußte klar sein, daß die beiden hochindustrialisierten Staaten eher ernährungswirtschaftliche Zuschuß- als Überschußgebiete waren und dementsprechend ihre Einverleibung für die deutsche Ernährungsbasis langfristig keine grundlegende Entlastung bringen würde. Im übrigen dürfte der Diktator nicht ernsthaft an die Vertreibung deutscher Landsleute aus ihrer österreichischen Heimat gedacht haben. Ganz anders, d.h. erheblich günstiger für Deutschland lagen die Dinge bei den wehrwirtschaftlich wichtigen Rohstoffen und dem rüstungswirtschaftlichen Potential beider Länder.

Deshalb kam den weiteren Argumenten Hitlers für die Schaffung eines »Großdeutschen Wirtschaftsraumes« denn auch eine sehr viel realistischere Bedeutung zu: Eine Verkürzung der großdeutschen Grenzen durch die Angliederung beider Staaten würde im Kriegsfall Verteidigungsstreitkräfte für andere, das hieß doch wohl, für offensive Zwecke nach Westen freisetzen; weiterhin kalkulierte Hitler offenbar schon die »angegliederte« Bevölkerung in seine Zukunftsplanung mit ein, als unverzichtbares Rekrutierungsreservoir »bis in Höhe von etwa 12 Divisionen« für den beschleunigten Aufbau der großdeutschen Wehrmacht.

Auch dabei scheint der »Führer« gewichtige Einwände seines Außenministers und seiner militärischen Fachleute geahnt zu haben. Denn er bemühte sich, ihnen durch mehrere beschwichtigende Hinweise den Boden zu entziehen, bevor sie Gegenstand einer kritischen Diskussion hätten werden können. »Mit hoher Wahrscheinlichkeit« hätten »England, voraussichtlich aber auch Frankreich die Tschechei bereits im Stillen abgeschrieben und sich damit abgefunden, ... daß diese Frage eines Tages durch Deutschland bereinigt würde«. England werde sich infolge seiner Schwierigkeiten im Empire und aus Furcht, »in einen lang währenden europäischen Krieg erneut verwickelt zu werden«, an einem Kriege gegen Deutschland nicht beteiligen und damit zugleich auch einen zügelnden Einfluß auf Frankreich ausüben. »Ein Vorgehen Frankreichs ohne die englische Unterstützung und in der Voraussicht, daß seine Offensive an unseren Westbefestigungen sich festlaufe, sei wenig wahrscheinlich.« Gleiches gelte auch für einen »Durchmarsch Frankreichs durch Belgien und Holland« ohne die Hilfe Englands. »Naturgemäß sei eine Abriegelung im Westen in jedem Fall während der Durchführung unseres Angriffs gegen die Tschechei und Österreich notwendig.« Schließlich setzte der Diktator wie stets auf das Überraschungsmoment: Der Überfall auf die Tschechei müsse »blitzartig schnell« erfolgen.

Leider bereitet die Rekonstruktion der anschließenden ebenfalls zweistündigen Diskussion dem Historiker erhebliche Schwierigkeiten. Denn unser einziger Gewährsmann, der Wehrmachtadjutant Oberst Hoßbach, hat ihr nur etwa 15 Prozent seiner Niederschrift gewidmet. Nehmen wir die späteren autobiographischen Aufzeichnungen Hoßbachs[7] hinzu, so scheint es so gewesen zu sein, daß die Diskussion »in ihrer zeitweisen Erregtheit und in der Folge von Rede und Gegenrede« wie auch »in der tatsächlich erfolgten dialektischen Schärfe« eine so eingehende und detaillierte Wiedergabe wie bei der vorangegangenen Hitlerrede wohl nicht zugelassen hat. Deshalb darf die aus dem Gedächtnis niedergeschriebene Kurzfassung dieses Konferenzteiles bei der Rekonstruktion der Einzelheiten des 5. November 1937 nur mit gewissem Vorbehalt verwandt werden.

Immerhin scheint der erste Abschnitt der Debatte offenbar sehr viel ruhiger verlaufen zu sein als der zweite über die »materiellen Rüstungsfragen«, den eigentlichen Anlaß der ganzen Konferenz.

Generalfeldmarschall von Blomberg, Generaloberst von Fritsch und der Reichsaußenminister von Neurath scheinen zunächst noch eine ganze Weile unter dem Eindruck der Kriegsdrohungen ihres »Führers« gestanden zu haben oder durch sie so alarmiert gewesen zu sein, daß sie es nicht wagten, gleich auf ihr eigentliches Anliegen, die kontroversen Rüstungsfragen, zu sprechen zu kommen. Sie reagierten aber keineswegs, wie Hitler vielleicht gehofft haben mag, mit Beifall und ungeteilter Zustimmung, sondern formulierten sachlich ihre Gegenpositionen. Diese setzten genau an dem Punkt an, den der Diktator offenkundig erwartet und an dem er deshalb nicht zufällig relativ ausführlich und mit einem deutlich bagatellisierenden und beschwichtigenden Unterton verweilt hatte: bei der Beurteilung der europäischen Gesamtsituation. Die beiden Offiziere waren

[7] Hoßbach, Zwischen Wehrmacht und Hitler, S. 137ff., 217ff.

offenbar äußerst skeptisch gegenüber Hitlers optimistischer Prognose hinsichtlich der Lokalisierung eines mitteleuropäischen Konfliktes und unterstrichen noch einmal die Notwendigkeit, »daß England und Frankreich nicht als unsere Gegner auftreten dürften«. Auch eine Bindung französischer Truppen gegen Italien (Fall 3) werde nicht die Gefahr beseitigen, daß Frankreich »nicht noch mit Überlegenheit an unserer Westgrenze auf den Plan treten könne«. Zur »Abriegelung im Westen« würden deutscherseits angesichts dieser »starke(n) französische(n) Überlegenheit an unserer Westgrenze« und des »Vorsprung(es) Frankreichs in der Mobilmachung« weder der im Augenblick noch ganz ungenügende Ausbau des Westwalles noch die zur Verfügung stehenden militärischen Verbände ausreichen. Blomberg strich zusätzlich noch »die Stärke der tschechischen Befestigungen« heraus, die »unseren Angriff aufs Äußerste« erschweren werde. Neurath schließlich machte geltend, »daß ein italienisch-englisch-französischer Konflikt noch nicht als so nahe bevorstehend anzusehen sei, als es der Führer anzunehmen schiene«. Mit diesen Einwänden des kühlen militärischen und außenpolitischen Sachverstandes war jedoch ein entscheidender Baustein aus dem ganzen Argumentationsgebäude Hitlers ins Wanken gebracht: seine unerschütterliche Zuversicht, daß England und Frankreich sich durch die militärische Abriegelung der deutschen Westfront und gegebenenfalls durch den Aufmarsch Italiens von einem Eingreifen zugunsten der Tschechoslowakei und Österreichs bei einem »blitzartigen« deutschen Zuschlagen abschrecken lassen und der notfalls gewaltsamen Errichtung des großdeutschen Wirtschaftsraumes in Mitteleuropa tatenlos zusehen würden.

Auf den Diktator hatten diese Warnungen allerdings nur die eine Wirkung, ihn noch einmal darin zu bestätigen, »daß er von der Nichtbeteiligung Englands überzeugt sei und daher an eine kriegerische Aktion Frankreichs gegen Deutschland nicht glaube«.

Viele historisch Interessierte haben nach 1945 in ihrem Bemühen, die Ereignisse des Dritten Reiches unter der Frage nach der politischen und militärischen Verantwortung aufzuarbeiten, diese und ähnliche Zeugnisse mit Betroffenheit gelesen. Denn statt sofort eindeutig und frontal gegen den offenkundigen Kriegskurs ihres »Führers« Stellung zu nehmen und gegebenenfalls sogar unter Protest ihr Amt zur Verfügung zu stellen, haben die Oberbefehlshaber und der Reichsaußenminister ihm eigentlich nur klarzumachen versucht, daß ein Krieg in Mitteleuropa unter den gegebenen Bedingungen ohne hinreichende politische und militärische Absicherung nach Westen ein Vabanquespiel sein würde.

Wesentlich kontroverser und leidenschaftlicher lief anschließend, wie zu erwarten war, die eigentliche Auseinandersetzung um die Rüstungspolitik ab. Ohne daß die in der Reichskanzlei wartenden Rüstungssachverständigen hinzugezogen wurden, da offenbar schon wertvolle Zeit mit den anderen Themen verstrichen war und sich die Sitzung nach bald vier Stunden ihrem Ende näherte, steuerten vor allem Blomberg und auch Fritsch noch einmal massiv auf ihr ursprüngliches Ziel zu. Sie griffen in Hitlers Anwesenheit seinen »Paladin« Göring »in einer ungewöhnlich scharfen Form ... wegen seiner Amtsführung des Vierjahresplanes« an[8]. Der Luftwaffenchef versuchte, sich den erregt vorgetragenen Vorwürfen des Reichskriegsministers eher hilflos zu entziehen: »Herr Generalfeldmarschall, ich muß doch auch mal meine Ansicht äußern dürfen.« Aber der Stachel der Demütigung bei Göring saß tief, vergessen konnte und wollte er nicht. Hitler beteiligte sich »vorwiegend als aufmerksamer Zuhörer« an diesem rüstungspolitischen Disput, wie es auch sonst bei den Ressortkämpfen der miteinander rivalisierenden Würdenträger in der Regel seine Art war; allerdings soll nach der Erinnerung seines Adjutanten »die Schärfe des Gegensatzes in der Sache und in der Form« ihren Eindruck auf ihn nicht verfehlt haben, wie man »seinem Mienenspiel« habe entnehmen können.

Der Oberbefehlshaber der Marine, Raeder, scheint bei der heftigen Kontroverse unter seinen Kollegen nur ein stummer Zeuge gewesen zu sein. Aber er hatte auch keinen Grund mehr zur Einmischung. Denn unmittelbar vor der Konferenz, wahrscheinlich am Morgen des 5. November, hatte sein Ultimatum vom 25. Oktober einen durchschlagenden Erfolg gehabt: Der Marine wurde der geforderte Stahlbedarf für die fristgerechte Durchführung ihres Bauprogrammes (vor allem Schlachtschiffe und U-Boote) von 74000 Tonnen monatlich statt 45000 Tonnen voll zugeteilt. Außerdem erhielt die Firma Krupp die nötige Stahlmenge für den langfristigen Ausbau ihrer Rüstungskapazitäten, an dem die Marine ebenfalls unmittelbar interessiert war. Im übrigen setzte der Generaladmiral auf Hitlers Beteuerungen,

[8] Ebenda, S. 138.

daß seiner Marine noch viele Jahre des Friedens mit England für den ruhigen und ungehinderten Aufbau der Flotte, vor allem der Schlacht- und der U-Boot-Flotte, beschieden sein würden. In dieser Hoffnung sah er sich durch Hitlers optimistische Einschätzung der britischen Abneigung, sich in einem kontinentaleuropäischen Konflikt zu engagieren, voll bestätigt.

Die Konferenzteilnehmer mußten doch, als sie am 5. November nach 20.30 Uhr die Reichskanzlei verließen, den Eindruck mit sich heimtragen, daß ihr oberster Feldherr sie mit Ausnahme von Raeder durch seine Weigerung, etwas zu entscheiden, im Grunde wieder einmal hinters Licht geführt hatte und daß die ganze strittige Sache, um die es ihnen eigentlich ging und derentwegen Blomberg die Konferenz erzwungen hatte, im Grunde wie das berühmte Hornberger Schießen ausgegangen war.

Mit Ausnahme von Fritsch, der nach seiner skandalösen Verabschiedung Anfang Februar 1938 und seiner späteren unzureichenden Rehabilitierung im September 1939 im Polenfeldzug den Freitod suchte, wurden alle Teilnehmer 1946 teils als Angeklagte (Göring, Neurath, Raeder), teils als Zeugen (Blomberg, Hoßbach) über die »Hoßbach-Niederschrift« und ihre damaligen Eindrücke und Reaktionen auf die Einlassungen Hitlers von den Nürnberger Anklagebehörden vernommen. Die zentrale Funktion dieser »Niederschrift« als Beweisdokument der Anklage auf »Verschwörung gegen den Frieden« sowie die außergewöhnliche Situation der Angeklagten »im Angesicht des Galgens« und der lange zeitliche Abstand schränken den Quellenwert ihrer Aussagen über das inzwischen neun Jahre zurückliegende Ereignis allerdings erheblich ein.

Göring bemühte sich als einer der Hauptangeklagten darum, die Ansprache vom 5. November 1937 zu bagatellisieren und damit von eigener Schuld abzulenken; sie sei kein eindeutiges Zeugnis für Hitlers Absichten gewesen, wenngleich »ein Teil der ganzen Ausführungen grundsätzliche Einstellungen des Führers« enthalte[9]. Man müsse zwischen grundsätzlichen Ansichten Hitlers und seinem weitschweifigen Gerede, auf das man ihn nicht festlegen dürfe, unterscheiden.

Ähnlich wollen Raeder und von Blomberg nach ihrem späteren Zeugnis die Reichskanzlei am 5. November spätabends ver-

[9] Internationales Militär-Tribunal. Der Prozeß gegen die Hauptkriegsverbrecher. Nürnberg 1948: IMT, Bd. IX, Aussage Göring, S. 344f.

lassen haben in der Überzeugung, die Rede Hitlers sei ohne verbindlichen Charakter für die weitere Entwicklung gewesen, und es habe kein Grund zur Beunruhigung vorgelegen. Deutlich abweichend von Hoßbach, der dem Reichskriegsminister, seiner Rolle an jenem Herbstabend und seinen kritischen Darlegungen eine zentrale Bedeutung zuweist, sollte Blomberg selbst als Zeuge vor dem Nürnberger Tribunal seine zurückliegenden Eindrücke nachträglich herunterspielen und verharmlosen. »Ich entsinne mich, daß die Teilnehmer an der Besprechung nach dem Verlassen des Raumes sich darüber einig waren, daß die Ausführungen Hitlers nicht ernst zu nehmen waren. Seine phantasievolle und weitschweifige Vorstellungskraft hatte uns schon öfter zu denken gegeben, wenn sie auch nicht auf die uns soeben dargelegte kriegerische Aggression gezielt hatte. Wir sagten uns: ›Kommt Zeit, kommt Rat.‹ Daß wir uns in der Ernsthaftigkeit der Hitler-Planungen getäuscht haben, sollte dann allerdings die Folge erweisen.«[10]

Für Neurath, Fritsch und Hoßbach konnte Blomberg jedoch nicht sprechen. Denn sie waren sich – nicht nur laut ihren späteren Einlassungen – von Anfang an über die Ernsthaftigkeit und Gefährlichkeit der Darlegungen Hitlers im klaren[11]. Fritsch sei sogar so alarmiert gewesen, daß er noch während der Konferenz darauf bestanden habe, »unter den obwaltenden Verhältnissen« (Hoßbach) im letzten Augenblick seinen längst für den 10. November geplanten mehrwöchigen Auslandsurlaub in Ägypten abzusagen. Erst Hitlers Einspruch und seine Beteuerung, der Konflikt stehe noch nicht so nahe bevor, stimmten den Generalobersten wieder um. Die ihm dann am 9. November unmittelbar vor Antritt seiner Urlaubsreise vom »Führer« gewährte Abschiedsaudienz, über deren Verlauf wir leider nichts wissen, muß bei Hitler eine tiefe Verstimmung gegenüber der Heeresführung hinterlassen haben – die Ägyptenreise des Generalobersten wurde jedenfalls von der Gestapo überwacht. Das Verhältnis zwischen Hitler und Fritsch, das schon vorher recht kühl gewesen war (so war Fritsch im Februar 1934 auf ausdrücklichen Wunsch Hindenburgs und gegen den Willen des Reichskanzlers in sein hohes Amt berufen worden), dürfte durch die Diskussion am 5. November endgültig einen unheilbaren Riß bekommen haben.

[10] IMT, Bd. XL, Vernehmung Blomberg, S. 406.
[11] IMT, Bd. XVI, Vernehmung Neurath, S. 699ff.

Auch der Reichsaußenminister äußerte später, er sei von Hitlers Ansprache »aufs äußerste erschüttert« gewesen: Obgleich die vorgelegten Pläne auch noch nicht ganz konkret gewesen seien und noch verschiedene Möglichkeiten offengelassen hätten, sei ihre »Gesamttendenz« doch »aggressiver Natur« gewesen. »Damit hatte der bisher betriebene Kurs unserer Außenpolitik die Basis verloren.«

Deshalb faßte Neurath zwei Tage nach der Konferenz zusammen mit Fritsch und dem Generalstabschef des Heeres, Beck, dessen Gesamteindruck von der Konferenz nach seiner Informierung durch Hoßbach ebenfalls »niederschmetternd« war, den Entschluß, Hitler durch persönliche militärische und politische Gegenvorstellungen im letzten Augenblick von seinem offenkundigen Kriegskurs abzubringen. Mitte Januar 1938 endlich wurde der Reichsaußenminister bei Hitler vorgelassen und will ihm dabei klarzumachen versucht haben, »daß seine Politik zum Weltkrieg führen müsse ... Viele seiner Pläne könne man auf friedlichem Wege – allerdings etwas langsamer – lösen.« Als Hitler bei seiner bereits am 5. November nachdrücklich eingenommenen Haltung – »er habe keine Zeit mehr« – mit allem Starrsinn, zu dem er fähig war, blieb, bat Neurath um seine Entlassung. Sein Argument war, er mache sich nicht zum »Mitschuldigen einer solchen Politik«. Das Abschiedsgesuch wurde zunächst abgelehnt, dann aber am 4. Februar 1938 im Rahmen eines großen personalpolitischen Revirements angenommen.

Unter den unwürdigen Umständen einer unhaltbaren Anschuldigung wegen angeblicher Homosexualität, die von Himmler und seiner Gestapo mit eingefädelt worden war, wurde gleichzeitig ein zweiter, noch weitaus gefährlicherer Widersacher vom 5. November, der Oberbefehlshaber des Heeres, Fritsch, kaltgestellt. In einem damals seltenen Akt von Mut, Charakterstärke und unabhängiger Urteilsbildung stellte sich ein weiterer, stummer Zeuge der Ereignisse vom 5. November, der durch sie ebenfalls äußerst alarmierte Oberst Hoßbach, Ende Januar 1938 hinter Fritsch. Er war von dessen Ehrenhaftigkeit überzeugt und kündigte dem »Führer« persönlich in der Reichskanzlei aus Protest seinen Dienst als Wehrmachtadjutant auf. Der Reichskriegsminister Blomberg gab Hitler offenbar trotz seiner Einwände keinen Anlaß, an seiner seit 1933 stets bewiesenen Loyalität zu zweifeln. Er brachte sich durch eine aufsehenerregende Mesalliance selbst um Amt und Würden; dies geschah wahrscheinlich sogar gegen den Willen Hitlers, aber mit aktiver Unterstützung seines Erzfeindes Göring, der ihn in Kenntnis der belastenden Akten über die Braut wohl bewußt in eine Falle stolpern ließ. Der Luftwaffenchef rächte sich damit für die Demütigung, die ihm Blomberg wenige Wochen zuvor zugefügt hatte. So hatte also am Ende auch der Generalfeldmarschall seine »Quittung« – freilich etwas anders als Neurath, Fritsch und Hoßbach – für den 5. November 1937 bekommen.

Die Auseinandersetzungen vom 5. November 1937 waren also offenkundig mit der Anlaß für ein bereits drei Monate später erfolgendes grundlegendes Revirement im Auswärtigen Amt und in der Wehrmachtspitze. Beide Institutionen wurden am 4. Februar 1938 zu willfährigen Instrumenten des Hitlerschen Kriegskurses gleichgeschaltet. Personell und institutionell war mit dem Oberkommando der Wehrmacht, mit Keitel, Brauchitsch und Ribbentrop die Bahn frei für die Forcierung dieses Kurses. Der Diktator hatte endlich das Ziel erreicht, das er in einem Gespräch mit General Beck, dem Generalstabschef des Heeres, längst angepeilt hatte: »Die Wehrmacht ist ein Instrument der Politik. Ich werde der Armee ihre Aufgabe zuweisen, wenn der Augenblick gekommen ist. Die Armee hat diese Aufgabe zu lösen und nicht zu diskutieren, ob die Aufgabe richtig oder falsch gestellt ist.«[12]

Nun, diskutiert wurde nach dem 5. November 1937 nicht mehr, jedenfalls nicht mehr in einem Kreis, in dem der »Führer« hätte Widerspruch erwarten müssen.

Die Konferenzteilnehmer schienen sich darüber einig gewesen zu sein, daß über Hitlers grundsätzlich bekundete Entschlossenheit zu einem Angriffs- und Eroberungskrieg hinaus damals weder »Beschlüsse akuter und konkreter Art hinsichtlich der Vorbereitung eines Angriffskrieges« gefaßt, noch ein »Kriegsplan« und ein fest umrissenes Zeitschema zu seiner Umsetzung entworfen worden sind (Hoßbach).

Offenbar waren die Spitzen des Reichskriegsministeriums und das Oberkommando der Luftwaffe ganz anderer Ansicht und fühlten sich – auch ohne ausdrücklich überlieferte Weisung Hitlers – zum sofortigen Handeln verpflichtet. Jedenfalls sprach Blomberg unverzüglich mit dem Chef des Wehrmachtamtes in seinem Ministerium, dem General Wilhelm Keitel. Dieser informierte seinerseits den Obersten Alfred Jodl, Chef

[12] Zitiert nach Gackenholz, Reichskanzlei, S. 466.

der Abteilung Landesverteidigung und ein ähnlich bedingungsloser Gefolgsmann des »Führers« wie Keitel und Blomberg, über den Inhalt der Führerkonferenz. Die Information erreichte Jodl etwa gleichzeitig auch aus dem Generalstab der Luftwaffe. Danach scheint Göring seine Eindrücke von der Konferenz umgehend in die »Weisung« an seine Luftwaffe umgesetzt zu haben, sich kurzfristig auf eine kriegerische Aktion gegen die Tschechoslowakei einzustellen.

Jodl war zwar zunächst irritiert durch gewisse Abweichungen zwischen beiden Informationssträngen hinsichtlich der Dringlichkeit der einzuleitenden militärischen Operationen. Er führte sie wohl nicht ganz zu Unrecht auf das Fehlen eines verbindlichen Konferenzprotokolls zurück. Ausdrücklich durch Blomberg und Keitel gedeckt und offenbar inzwischen auch direkt durch die »Hoßbach-Niederschrift«, die zudem noch die Paraphe des Reichskriegsministers trug, über den Konferenzverlauf informiert, schritt der Oberst jedoch mit großer Beflissenheit zur militärischen Tat.

Von einem ausdrücklichen Befehl Hitlers ist, wie gesagt, nichts bekannt. Aber der Apparat des Reichskriegsministeriums unter dem Generalfeldmarschall funktionierte perfekt, ja sogar überperfekt. Denn er nahm die Absichten seines »Führers« gleichsam schon vorweg, um sie bereits *vor* einem entsprechenden offiziellen Schritt aus der Reichskanzlei eilfertig in militärische »Weisungen« umzusetzen. Blomberg scheint etwaige moralische Skrupel und militärische Bedenken, sollte er sie denn am 5. November noch gegen Hitlers Kriegskurs gehabt haben, inzwischen erfolgreich verdrängt zu haben.

Offenbar war aber auch noch aus einem anderen Grund in der Bendlerstraße Eile geboten: Göring setzte, durch den Verlauf des 5. November wohl geradezu animiert, mit seiner »Weisung« an den Generalstab der Luftwaffe erneut und diesmal verstärkt zu seinen bekannten »Extratouren« an und stellte so die Homogenität der obersten Wehrmachtführung gerade in der sensiblen Phase der Angriffsvorbereitungen entscheidend in Frage.

Am 7. Dezember 1937 zog Blomberg die generalstabsmäßige Konsequenz aus den offensiven Ausführungen Hitlers vom Monat vorher. Unter loyaler Mitarbeit seines Generalstabchefs Ludwig Beck[13], der von Hoßbach persönlich über Verlauf und

[13] Zu Beck vgl. Gerhard Meinck, Hitler und die deutsche Aufrüstung 1933 bis 1937. Wiesbaden 1959, S. 186f.; Klaus-Jürgen Müller, Generaloberst Ludwig

Inhalt der Besprechung vom 5. November informiert worden war[14], erließ der Reichskriegsminister den »1. Nachtrag« zur »Weisung für die einheitliche Kriegsvorbereitung der Wehrmacht vom 24. Juni 1937«, die ebenfalls seine Unterschrift trug. Zwei später folgende Anlagen wurden angekündigt. Zunächst wurde Göring implizit wieder an die Leine gelegt durch den Hinweis, die Weisung vom 24. Juni zusammen mit dem 1. Nachtrag würden »auch die Grundlage für die zum 1. April 1938 neu zu bearbeitende Aufmarschanweisung der Luftwaffe« bilden. In voller Übereinstimmung mit Hitlers Gedankengängen vom 5. November heißt es dann: »Die Weiterentwicklung der außenpolitischen Lage läßt den Fall ›Rot‹ (Zweifrontenkrieg mit Schwerpunkt West, d. Verf.) in seiner Wahrscheinlichkeit immer mehr gegen den Fall ›Grün‹ (Zweifrontenkrieg mit Schwerpunkt Südost gegen die Tschechoslowakei, der Verf.) zurücktreten ... Die politischen Voraussetzungen für die Auslösung des Falles ›Grün‹ haben sich nach den Weisungen des Führers und Reichskanzlers geändert, die Ziele eines derartigen Krieges erweitert.«

Der Schwerpunkt aller Mobilmachungs- und Aufmarscharbeiten sei »schon jetzt auf den Fall ›Grün‹ zu legen«. Der in der Weisung vom 24. Juni enthaltene Abschnitt über den Zweifrontenkrieg mit Schwerpunkt Südost (Aufmarsch »Grün«) sei unter Streichung durch eine Neufassung zu ersetzen. Blombergs ausdrückliches Verbot, durch entsprechende Maßnahmen »bei Stäben und Truppen die Vermutung auszulösen, als ob schon im Jahre 1938 mit einem Krieg zu rechnen sei«, und sein Befehl, alles zu unterlassen, was »den vorgesehenen planmäßigen Aufbau der Wehrmacht und ihrer Mobilmachung schädigen oder unterbrechen« könnte, deuten zum einen auf die Absicht, bis zum »blitzartigen« Losschlagen äußerste Geheimhaltung zu wahren, und zum anderen auf das Bemühen, dem eigenwilligen Luftwaffenchef die Zügel anzulegen. Die bereits am 7. Dezember angekündigte Neufassung des Falles »Grün« wurde von Hitler am 13. Dezember mit dem ausdrücklichen Hinweis auf die von ihm am 5. November entwickelten Absichten gebilligt

Beck. Generalstabschef des Deutschen Heeres 1933–1938. Einige Reflexionen und neuere Forschungsergebnisse. In: ders., Armee, Politik und Gesellschaft in Deutschland 1933–1945. Paderborn 1979, S. 79, 92; ders., General Ludwig Beck. Studien und Dokumente zur politisch-militärischen Vorstellungswelt und Tätigkeit des Generalstabschefs des Deutschen Heeres 1933–1938. Boppard 1980.

[14] Hoßbach, Zwischen Wehrmacht und Hitler, S. 218f.

und mit Datum vom 21. Dezember 1937 den drei Oberkommandos übersandt.

Ein Vergleich zwischen der ursprünglichen Weisung über einen »Zweifrontenkrieg mit Schwerpunkt Südost (Aufmarsch ›Grün‹)« vom 24. Juni 1937 und ihrer Neufassung vom 21. Dezember zeigt, daß die ursprünglich mehr defensiven und präventiven Ziele gegenüber der Tschechoslowakei innerhalb eines halben Jahres in konsequenter militärstrategischer und operativer Fortschreibung der »Hoßbach-Niederschrift« einen eindeutig offensiven und aggressiven Charakter angenommen haben; aus der militärischen Routinearbeit des Generalstabes war die konkrete Aggressionsvorbereitung geworden, vorerst noch ohne genaue Festlegung eines Zeitpunktes: »Hat Deutschland seine volle Kriegsbereitschaft auf allen Gebieten erreicht, so wird die militärische Voraussetzung geschaffen sein, einen Angriffskrieg gegen die Tschechoslowakei und damit die Lösung des deutschen Raumproblems auch dann zu einem siegreichen Ende zu führen, wenn die eine oder andere Großmacht gegen uns eingreift.« An diesem Satz irritiert das Wörtchen »damit«; denn daß eine Eroberung der Tschechoslowakei schon »die Lösung des deutschen Raumproblems« bringen würde, konnte im Ernst damals niemand glauben. Eine eindeutige Erklärung für diese mißverständliche Formulierung läßt sich nicht finden.

Die folgenden Passagen halten sich weitgehend an die »Hoßbach-Niederschrift«; aller Wahrscheinlichkeit nach hat sie der Neufassung vom 21. Dezember zugrunde gelegen: Der Angriff gegen die Tschechoslowakei sollte weiterhin die »Verteidigungsfähigkeit unserer Westbefestigungen« zur Voraussetzung haben, »die es erlaubt, auch gegen eine vielfache Überlegenheit die Westgrenze des Deutschen Reiches mit schwachen Kräften auf lange Zeit zu halten«. Dennoch werde die Staatsführung um eine Vermeidung des Zweifrontenkrieges bemüht sein, dem »Deutschland nach menschlichem Ermessen militärisch oder wirtschaftlich nicht gewachsen ist«. Der Zeitpunkt der Auslösung des Falles »Grün« werde nur dann »noch um Jahre hinausgeschoben werden müssen«, wenn sich die internationale Lage nicht oder nur langsam zu Deutschlands Gunsten entwikkeln würde.

Diese Relativierungen decken sich fast wörtlich mit den Einwänden Blombergs, Fritschs und Neuraths gegenüber Hitlers Vortrag am 5. November. Sie werden jedoch sogleich im Sinne des Hitlerschen Optimismus entkräftet: Sofern die Tschechoslowakei »durch Englands Abneigung gegen einen allgemeinen europäischen Krieg, durch seine Uninteressiertheit an den mitteleuropäischen Problemen und durch einen zwischen Italien und Frankreich im Mittelmeer ausbrechenden Konflikt« aller Wahrscheinlichkeit nach nur noch auf die Hilfe der Sowjetunion rechnen könne, »so wird der Fall ›Grün‹ auch *vor* (im Original unterstrichen) der erreichten vollen Kriegsbereitschaft eintreten«. Das Kriegsziel im Falle »Grün« werde »stets die rasche Besitznahme von Böhmen und Mähren unter gleichzeitiger Lösung der österreichischen Frage im Sinne der Einbeziehung Österreichs in das Deutsche Reich (sein). Um dieses letztere Ziel zu erreichen, werden militärische Machtmittel nur dann erforderlich sein, wenn andere Mittel nicht zum Erfolg geführt haben.« Die operativen Aufträge an die drei Wehrmachtteile hielten sich ganz im Rahmen dieser strategischen Zielsetzung gegen die Tschechoslowakei und in zweiter Linie auch gegen Österreich.

Das geschilderte Ereignis vom 5. November 1937 sollte noch einen bemerkenswerten Epilog haben – die verschlungene Odyssee der einzigen direkten schriftlichen Überlieferung. Oberst Hoßbach fertigte nach eigener Aussage aus freien Stükken zwischen dem 5. und 10. November aus dem Gedächtnis und mit Hilfe seiner stichwortartigen Notizen, die er sich während der Konferenz unter den Blicken Hitlers gemacht hatte, eine »Niederschrift« über den Ablauf an, und zwar in nur einem handschriftlichen Exemplar. Es handelte sich also ausdrücklich um eine nachträgliche und teilweise geraffte Wiedergabe, nicht jedoch um ein wortgetreues und vollinhaltliches »Protokoll«, wie nach dem Kriege bisweilen irreführenderweise behauptet worden ist. Der Adjutant bat Hitler daraufhin zweimal, die Niederschrift durchzulesen, sie eventuell zu korrigieren und dann abzuzeichnen. Hitler behauptete, keine Zeit zur Lektüre zu finden. Darauf gab Hoßbach seine Ausarbeitung in einer einzigen Fassung an Blomberg, der nach späterer Erinnerung des Autors seine Initialen »Bl« auf die erste Seite gesetzt haben soll. Zusätzlich will er vor Blomberg dieses Dokument noch Beck gezeigt haben; ob außerdem noch Fritsch einen Blick hineingeworfen hat, war dem Obersten nicht mehr erinnerlich.

Erst sechs Jahre später, im Kriegswinter 1943/44, sollte das Dokument wieder auftauchen. Der Oberst i. G. Graf Kirchbach erhielt im November von der Kriegsgeschichtlichen Abteilung des Generalstabes den Auftrag, die aus Berlin in das schlesische Liegnitz evakuierte Hinterlassenschaft des Oberbefehlshabers des Heeres, des 1941 entlassenen Generalfeldmarschalls von Brauchitsch, zu sichten und zu ordnen. Dabei fand er u. a. einen versiegelten Umschlag »Niederschrift des Obersten Hoßbach«. Wie dieser aus dem Reichskriegsministerium zum Oberbefehlshaber des Heeres gelangt ist, entzieht sich unserer Kenntnis. Graf Kirchbach will sich nach eigenen Angaben sofort der »ungeheure(n) geschichtlichen Wichtigkeit« des Dokumentes bewußt gewesen sein und deshalb seine Tochter um die geheime Anfertigung einer maschinenschriftlichen Kopie gebeten haben, »um es später verwenden zu können, zu (sic!) Aufklärung des deutschen Volkes«[15]. Kirchbach bestätigte die Richtigkeit der Kopie durch seine Unterschrift. Das Original legte er versiegelt in den Aktenbestand zurück. Es sollte nie mehr auftauchen.

Die Abschrift gab Kirchbach seinem Schwager Viktor von Martin zur sicheren Aufbewahrung. Wiederum zwei Jahre später, im Herbst 1945, ließ Martin diese Abschrift, möglicherweise um Kirchbach zu helfen, der sich damals in amerikanischer Kriegsgefangenschaft befand, über die britische Militärregierung den Nürnberger Anklagebehörden zukommen. Leider versäumte er es, von der Abschrift seines Schwagers noch eine Kopie für sich einzubehalten. Auch soll er bei der englischen Übersetzung des Dokumentes geholfen haben. Eine Fotokopie der Abschrift des Grafen Kirchbach, nicht ihr von Martin ausgehändigtes Original, ging als Beweisstück 386-PS für die Vorbereitung eines Angriffskrieges und eine »Verschwörung gegen den Frieden« in die Nürnberger Anklagematerialien ein und wurde im April 1946 zum erstenmal in der Monatsschrift ›Die Wandlung‹ veröffentlicht.

Während des Nürnberger Prozesses haben die Angeklagten Göring, Neurath und Raeder und die Zeugen Blomberg und Hoßbach sowie auch die Verteidiger auf eindringliches Befragen der Anklagevertreter die Authentizität von 386-PS niemals bezweifelt. Ihre Bedenken richteten sich lediglich gegen die Deutung der Niederschrift und ihre Auswertung, nicht aber gegen ihre inhaltliche Substanz. Hoßbach selbst gab bei seiner Zeugenvernehmung im März 1946 »auf Grund der mir vorge-

[15] Göran Henrikson, Das Nürnberger Dokument 386-PS (das »Hoßbach-Protokoll«). Eine Untersuchung seines Wertes als Quelle. In: Probleme deutscher Zeitgeschichte. Stockholm 1971, S. 160.

legten Photokopie« der Auffassung Ausdruck, daß er »nicht mehr mit Sicherheit sagen könne, ob es sich bei der Photokopie um eine genaue wörtliche Wiedergabe meiner Niederschrift handele, daß ich jedoch nach Inhalt, Abfassung und Stil in summa eine Wiedergabe meiner eigenen Niederschrift als vorliegend annehmen müsse«[16].

Auch in seinem 1949 erschienenen Buch ›Zwischen Wehrmacht und Hitler‹ kommt Hoßbach »nach reiflicher Prüfung« des ihm vorliegenden Textes der Niederschrift zu der Ansicht, daß er »in summa ... eine Wiedergabe des Originals darstellt«. Nur für die Wiedergabe der Diskussion macht er die Einschränkung: »Es ist vor der Geschichte eine Unterlassungssünde meinerseits, daß die Stellungnahme Blombergs und Fritschs bei der Besprechung am 5. 11. 1937 nicht im vollständigen Umfange und nicht in der tatsächlich erfolgten dialektischen Schärfe in meiner Handschrift vom 10. 11.1937 angeführt worden ist.«[17]

Erst 1951/52 äußerten Kirchbach und Martin plötzlich den Verdacht, die amerikanischen Anklagebehörden hätten an der ihnen ursprünglich ausgehändigten Kopie Kirchbachs von der »Hoßbach-Niederschrift« vor allem im Diskussionsteil verfälschende Streichungen zum Schaden der am 5. November 1937 gegen Hitlers Angriffsplanungen protestierenden Konferenzteilnehmer Neurath und Fritsch vorgenommen. Diese verkürzte und entstellte Fassung hätten sie dann als Photokopie Hoßbach zur Stellungnahme vorgelegt, als Anklagedokument im Prozeß verwandt und schließlich in der Zeitschrift ›Die Wandlung‹ zur Veröffentlichung freigegeben. Daraufhin meldete sich auch Hoßbach noch einmal zu Wort. Er habe zwar in Nürnberg das ihm dort als Photokopie vorgelegte Dokument inhaltlich anerkannt, »seiner Erinnerung nach aber sei das ursprüngliche Protokoll (sic!) umfangreicher gewesen«[18].

Von all diesen Verdächtigungen und Zweifeln an der Authentizität der seit Nürnberg bekannten »Hoßbach-Niederschrift« hat im Grunde nur Bestand, was im übrigen von Hoßbach seit 1946 bestätigt wurde: In dem Diskussionsteil seiner Aufzeichnungen sind die Einwendungen Fritschs, Blombergs und Neuraths gegen Hitler offenbar nur sehr gerafft und verkürzt wiedergegeben. Alles spricht dafür, daß dieses Versäumnis auf Hoßbach selbst bei der Ausfertigung der Urschrift zurückgeht.

[16] Henrikson, Das Nürnberger Dokument 386-PS, S. 161.
[17] Hoßbach, Zwischen Wehrmacht und Hitler, S. 219f.
[18] Henrikson, Das Nürnberger Dokument 386-PS, S. 161.

Dieser Teil unserer Quelle darf also nur mit gewissen Vorbehalten zur Rekonstruktion der Führerbesprechung herangezogen werden. Damit ist jedoch keineswegs die gesamte »Hoßbach-Niederschrift« als ein »Schlüsseldokument« für das Denken und Planen Hitlers entwertet oder irrelevant, wie das rechtsradikale Kreise aus durchsichtigen Gründen der Entlastung des NS-Regimes immer wieder behauptet haben[19].

Im Gegenteil, nach einer Würdigung aller geschichtlichen Spuren des Ereignisses vom 5. November 1937 und einer gründlichen quellenkritischen und inhaltlichen Untersuchung seiner Überlieferung in der »Hoßbach-Niederschrift« kann das Urteil des Historikers nur lauten: Hitlers Vortrag ist in seinen gedanklichen Grundzügen treffend wiedergegeben. Für jeden der dort geäußerten Gedanken gibt es teilweise seit ›Mein Kampf‹ vergleichbare Zeugnisse, und zwar vor und nach dem 5. November. Für eine spätere Redigierung oder gar Verfälschung der ursprünglichen »Niederschrift« gibt es keine schlüssigen Beweise. Zwar wurden damals in der Reichskanzlei weder Beschlüsse gefaßt oder verbindliche »Weisungen« erteilt, noch fand so etwas wie eine »Verschwörung« statt, wie die alliierten Ankläger nach 1945 behaupteten. »Und doch hat Hitler an diesem Tage jene Politik angekündigt, die in den Jahren 1938 und 1939, wenn auch unter ganz anderen Voraussetzungen und in anderer Abfolge zur Durchführung gelangte. Der 5. November 1937 wie der 4. Februar 1938 (Entlassung von Neurath, Blomberg und Fritsch, d. Verf.) gehören zu den Schicksalstagen unserer jüngsten Geschichte.«[20] Es sollte hinzugefügt werden: Der

[19] Vgl. u.a. Anonymus, Die »Schlüssel-Dokumente« des Nürnberger Tribunals (IMT). In: Nation Europa 12 (1962) 5; Udo Walendy, Wahrheit für Deutschland. Die Schuldfrage des Zweiten Weltkrieges. Vlotho 1964, in dieser Richtung auch das umstrittene Buch von David L. Hoggan, Der erzwungene Krieg. 7. Aufl., Tübingen 1966. Zu Hoggan vgl. Gotthard Jasper, Über die Ursachen des Zweiten Weltkrieges. Zu den Büchern von A. J. P. Taylor und David L. Hoggan. In: Vierteljahreshefte für Zeitgeschichte (VfZ) 10 (1962), S. 311–340; Hermann Graml, David L. Hoggan und die Dokumente. In: Geschichte in Wissenschaft und Unterricht (GWU) 14 (1963), S. 442ff.; Walther Hofer, Die Entfesselung des Zweiten Weltkrieges. Frankfurt a.M. 1964, S. 432ff.

[20] Walter Bußmann, Zur Entstehung und Überlieferung der »Hoßbach-Niederschrift«. In: ders., Wandel und Kontinuität in Politik und Geschichte. Ausgewählte Aufsätze zum 60. Geburtstag, hrsg. v. Werner Pöls. Boppard 1973, S. 240. In diesem Zusammenhang sei auch noch hingewiesen auf eine kritische Auseinandersetzung mit dem erwähnten Aufsatz von Gackenholz von Peter Graf Kielmannsegg, Die militärisch-politische Tragweite der Hoßbach-Besprechung. In: VfZ 8 (1960), S. 269–275. Zur »Hoßbach-Niederschrift« als »Schlüs-

5. November war auch deshalb ein »Schicksalstag«, weil an diesem Tag das Tischtuch zwischen Hitler und einer dem Kriegskurs widerstrebenden Heeresleitung unter dem Generalobersten Fritsch wohl endgültig zerschnitten und damit der Weg geebnet worden ist für bedingungslose Gefolgsleute wie Keitel und Brauchitsch.

Das Ziel der folgenden Darstellung wird sein, den 5. November 1937 als einen »Schicksalstag« unserer jüngeren Geschichte in die Gesamtentwicklung der nationalsozialistischen Außen- und Kriegspolitik zwischen »Machtergreifung« 1933 und der »Entfesselung« (Hofer) des Zweiten Weltkrieges durch Deutschland am 1. September 1939 einzuordnen.

seldokument« vgl. weiter Andreas Hillgruber, Quellen und Quellenkritik zur Vorgeschichte des Zweiten Weltkrieges. In: Gottfried Niedhart (Hrsg.), Kriegsbeginn 1939. Entfesselung oder Ausbruch des Zweiten Weltkriegs? Darmstadt 1976, S. 369–395; Klaus Hildebrand, Deutsche Außenpolitik 1933–1945. Kalkül oder Dogma? 2., überarbeitete Aufl. Stuttgart 1973, S. 55 ff.

II. Der Weg in den Zweiten Weltkrieg

1. Nationalsozialistische Außenpolitik zwischen Kontinuität und Bruch

Auf der 21. Versammlung deutscher Historiker 1951 in Bremen hielt der Marburger Historiker Ludwig Dehio über das Thema ›Deutschland und die Epoche der Weltkriege‹ einen Vortrag, der in Fachkreisen wie ein Paukenschlag wirkte und der Forschung neue Perspektiven öffnete[1]. Die Historikerzunft hatte sich bis dahin hauptsächlich der Aufgabe verschrieben, das Dritte Reich und seine Kriegspolitik als einen »Betriebsunfall« (Leo Stern) aus dem umfassenden Gesamtzusammenhang der jüngeren preußisch-deutschen Geschichte herauszulösen, die Zäsuren bei 1933 und 1945 zu setzen und damit in apologetischer Abwehrhaltung einer von Siegermacht und »Re-education« diktierten »faschistischen Ahnenreihe« von Luther über Friedrich II., Bismarck, Ludendorff bis hin zu Hitler den Boden zu entziehen. Unter heftigem Protest seiner Kollegen wollte Dehio eine Legende zerstören. Unter Rückgriff auf eine frühere Arbeit[2] stellte er den »Hegemonialkampf« in Europa als »Leitbegriff« in den Mittelpunkt seiner Erörterungen. Er sprach davon, daß die beiden Weltkriege »untereinander als zwei Akte desselben Dramas« eng zusammenhingen und beide als Hegemonialkämpfe »aufs höchste gesteigert die wohlbekannten Familienzüge jener europäischen Hauptkriege« zeigten, »wie sie bezeichnet werden durch die Namen Karls V. und Philipps II., Ludwigs XIV. und Napoleons I.«[3]. Dehio maß »in der Kette der Hegemonialkriege dem deutschen Doppelgliede seine einzigartige Bedeutung« zu[4]. Denn nur Deutschland habe zweimal als »Hegemonialmacht unserer Zeit« auf dem Wege zur europäischen Hegemonie zugleich »die zentralen Lebensnerven der englischen Weltmacht« unmittelbar bedroht. »Unser an sich typischer Imperialismus nahm damit einen singulären Zug an, obgleich draußen im kolonialen Bereich die Reibungs-

[1] In etwas erweiterter Fassung gedruckt in: Ludwig Dehio, Deutschland und die Weltpolitik im 20. Jahrhundert. Frankfurt a.M. 1961, S. 9–32.
[2] Ludwig Dehio, Gleichgewicht oder Hegemonie. Krefeld o.J.
[3] Dehio, Deutschland und die Weltpolitik, S. 9.
[4] Ebenda, S. 11.

flächen anderer Imperialismen mit dem englischen viel umfangreicher waren als die des unseren«[5]. »Man mag die Bedeutung des deutschen Hegemonialkampfes auch so ausdrücken: er entwickelte in höherem Maße als alle seine Vorgänger zerstörende Gewalt im materiellen wie im geistigen Bereich.«[6]

Thematisch hatte Dehio einen Grundakkord angeschlagen, der bis heute mit immer neuen Variationen die Diskussion gleichsam leitmotivisch bestimmen sollte: die Kontinuität zwischen Erstem und Zweitem Weltkrieg, der Hegemonialkampf Deutschlands in Europa, kolonialer Imperialismus und das Verhältnis zu England.

Der Streit um Dehios Thesen war jedoch nur ein gedämpftes Vorspiel für die erbitterten, weit über die engere »Zunft« hinaus in einer breiten nationalen und internationalen Öffentlichkeit geführten Auseinandersetzungen, die der Hamburger Historiker Fritz Fischer, sich Dehio ausdrücklich verbunden fühlend, in den sechziger Jahren mit seinen bahnbrechenden Untersuchungen zur wilhelminischen Außenpolitik und zu den deutschen Kriegszielen im Ersten Weltkrieg auslösen sollte[7]. Ein unscheinbarer, im Vorwort versteckter Satz lenkte die leidenschaftliche Kontroverse um Fischers ›Griff nach der Weltmacht‹ in Bahnen, die die ursprünglich beabsichtigte Aufschlüsselung der deutschen Kriegszielpolitik 1914 bis 1918 schnell verließen: das Buch weise über sich hinaus, »indem es bestimmte Denkformen und Zielsetzungen für die deutsche Politik im Ersten Weltkrieg aufzeigt, die weiterhin wirksam geblieben sind. Von daher gesehen, dürfte es auch ein Beitrag zu dem Problem der Kontinuität in der deutschen Geschichte vom Ersten bis zum Zweiten Weltkrieg sein«.

Damit aber war die Aufmerksamkeit der Fachwelt und der geschichtlich interessierten Öffentlichkeit mit Nachdruck auf langfristige Traditions- und Kontinuitätslinien gelenkt, in denen dann Bedeutung und Standort des Dritten Reiches, »Hitlers Ort in der Geschichte des preußisch-deutschen Nationalstaates«[8] neu zu bestimmen waren. Bismarcks Nationalstaat mit seinen inneren und äußeren Problemen, die ihn in der Mitte

[5] Ebenda, S. 15.

[6] Ebenda, S. 30.

[7] Fritz Fischer, Griff nach der Weltmacht. Die Kriegszielpolitik des kaiserlichen Deutschland 1914/18. Düsseldorf 1961, S. 12.

[8] Klaus Hildebrand, Hitlers Ort in der Geschichte des preußisch-deutschen Nationalstaates. In: Historische Zeitschrift (HZ) 217 (1973), S. 584–632.

Europas bereits seit seiner Geburtsstunde 1870/71 belastet haben, rückte in den Mittelpunkt der kritischen Betrachtung, um die Wurzeln des Ersten und des Zweiten Weltkrieges freizulegen. »Die durchgängigen Linien, die verbindenden Züge über die Epocheneinschnitte hinweg, welche Bismarck-Zeit, Wilhelminische Ära, Weimarer Republik und ›Drittes Reich‹ voneinander trennen, drängen sich ihm (dem Historiker) viel mehr als bestimmendes Element in dieser heute abgeschlossenen und daher als Ganzes überschaubaren Geschichte auf als die Brüche und Neuansätze, die dem Historiker der älteren Generation als Zeitgenossen geradezu als das Charakteristische in der jüngsten deutschen Geschichte erscheinen.«[9] Noch prägnanter hat es ein anderer Experte der nationalsozialistischen Außenpolitik formuliert: »Hitlers ›Programm‹ aber integrierte prinzipiell alle seit Bismarcks Tagen in der deutschen Gesellschaft vorhandenen politischen Forderungen, wirtschaftlichen Notwendigkeiten und sozial-psychologischen Erwartungen.«[10]

Gerade die Zeithistoriker haben sich daran gewöhnt, mit einem zentralen Begriffspaar – »Kontinuität« und »Diskontinuität« – gleichsam als Leitperspektive zu arbeiten, das jedoch enorme theoretische und methodische Schwierigkeiten aufwirft und bisher nur vereinzelt einer gründlichen Bestimmung unterworfen worden ist[11].

Der Versuch, Kontinuitätslinien vom »Zweiten« zum »Dritten Reich« über die Weimarer Republik hinweg zu ziehen und in diese dann die Außen- und Kriegspolitik ab 1933 einzubetten, kann und darf nicht heißen, die deutsche Geschichte seit 1870/71 eindimensional und undifferenziert, wie dies vielfach aus durchsichtigen politischen Gründen nach 1945 geschehen ist, zur Vorgeschichte zweier Weltkriege zu denaturieren. »Gewiß ist Kontinuität nicht Identität«[12], und der Begriff selbst ist »eine so allgemeine, universal-geschichtliche Kategorie«[13], daß es zunächst gilt, sich darüber zu verständigen, wovon man denn

[9] Andreas Hillgruber, Kontinuität und Diskontinuität in der deutschen Außenpolitik von Bismarck bis Hitler. In: ders., Großmachtpolitik und Militarismus im 20. Jahrhundert. Düsseldorf 1974, S. 11.

[10] Klaus Hildebrand, Deutsche Außenpolitik 1933–1945. Kalkül oder Dogma? 2., überarbeitete Aufl. Stuttgart 1973, S. 144.

[11] Vgl. u.a. Thomas Nipperdey, 1933 und die Kontinuität der deutschen Geschichte. In: HZ 227 (1978), S. 86–111.

[12] Fritz Fischer, Bündnis der Eliten. Zur Kontinuität der Machtstrukturen in Deutschland 1871–1945. Düsseldorf 1979, S. 8.

[13] Ebenda, S. 7.

konkret spricht, wenn man mit dem schwammigen Terminus »Kontinuität« (oder seinem Gegenbegriff »Diskontinuität«) argumentiert. Es ist also notwendig, genau die Ebene zu bestimmen und zu begründen, auf der *eine* Kontinuitätslinie aus einer tendenziell vielleicht unbegrenzten Fülle sowohl relativ autonom nebeneinander herlaufender als auch miteinander verschränkter, teils kürzerer, teils längerer »Kontinuitäten« analytisch herauspräpariert und oft unzulässig isoliert dargestellt wird.

Das am 30. Januar 1933 berufene Kabinett Hitler mit dem konservativen Konstantin von Neurath als Reichsaußenminister konzipierte und betrieb seine Außenpolitik zunächst unter dem prägenden Eindruck von drei entscheidenden geschichtlichen Vorgängen, in denen sich aus nationaler Perspektive zugleich die Grundzüge deutscher Außenpolitik seit etwa einem halben Jahrhundert manifestierten: Dies war zum einen der wilhelminische Imperialismus seit 1890 mit seinem Höhepunkt im deutschen »Griff nach der Weltmacht« vor und im Ersten Weltkrieg; zum zweiten das abrupte vorläufige Ende dieses Weltmachtstrebens durch die Niederlage von 1918 und der aus der Auflehnung gegen diese Niederlage geborene Revisionismus der Weimarer Republik und zum dritten das Schockerlebnis der Weltwirtschaftskrise mit seinen Konsequenzen für die Außenpolitik der Präsidialkabinette Brüning, Papen und Schleicher.

Ein Austausch der gesellschaftlich-ökonomischen Eliten fand 1918/19 ebensowenig statt wie 1933. Auch die außenpolitischen Führungskräfte im Auswärtigen Amt und in den anderen, im weitesten Sinne mit Außenpolitik befaßten Reichsressorts (Reichswirtschaftsministerium, Reichsfinanzministerium, Reichsernährungsministerium, Reichsbank) überlebten die »Revolution« von 1918/19 ebenso wie die »Säuberungen« von 1933, sofern sie nicht dem »Arierparagraphen« zum Opfer fielen[14]. An den »Schalthebeln der Macht«, vor allem im wichtigen »zweiten Glied« der Ministerialbürokratie, in der Wirtschaftsbürokratie, in den Vorstandsetagen von Industrie, Handel und Banken und in den (gleichgeschalteten) Verbänden saßen nach wie vor Männer, deren politisches Weltbild durch das kaiserli-

[14] Zu den personellen Kontinuitäten im Auswärtigen Amt und seiner Stellung im NS-Herrschaftssystem vgl. die eindringliche Studie von Hans-Jürgen Döscher, Das Auswärtige Amt im Dritten Reich. Diplomatie im Schatten der »Endlösung«. Berlin 1987.

che Deutschland, den Weimarer Revisionismus und die Präsidialdiktatur seit Brüning geprägt war. Sie hatten schon vor 1933 wichtige Schlüsselpositionen inne und bürgten dementsprechend auch nach 1933 sowohl personell und institutionell als auch konzeptionell für eine kontinuierliche außenpolitische Linie.

Tief und fest verankert im außenpolitischen Denken und Planen der »wilhelminischen Imperialisten«[15], die weit über 1933 hinaus repräsentiert waren durch Männer wie den Reichsbankpräsidenten (1933–1939) und Reichswirtschaftsminister (1934 bis 1937) Hjalmar Schacht, den Führer der Kolonialbewegung Franz Xaver Ritter von Epp oder auch durch den Kolonialfachmann und »Außenminister« der Deutschen Bank, Dr. Kurt Weigelt, die über Göring auf die deutsche Außenpolitik hofften Einfluß nehmen zu können[16], war die konzeptionelle Verbindung von mitteleuropäischer Kontinentalhegemonie, überseeischem Kolonialerwerb und gleichberechtigtem Weltmachtstatus neben Großbritannien, den USA und Rußland. Ein deutsch beherrschtes »Mitteleuropa«, zunächst als Friedens-, dann ab 1914 als Kriegsziel, war wie kaum eine andere außenpolitische Konzeption dazu geeignet, die Brücke der Kontinuität kontinentalhegemonialer Zielvorstellungen seit dem ausgehenden 19. Jahrhundert über den Ersten Weltkrieg und die Weimarer Republik hinweg bis zum nationalsozialistischen Lebensraumdenken zu schlagen.

Das wilhelminische »Mitteleuropa«-Programm war eine Art außenpolitischer »Schirm«, unter dem sich die unterschiedlichsten Kräfte und Konzeptionen in Politik, Wirtschaft und Gesellschaft sammeln konnten: Da gab es Anwälte einer modernen Form mehr indirekter politisch-ökonomischer Beherrschung »Mitteleuropas« mit Hilfe der überlegenen deutschen Wirtschafts- und Kapitalmacht, die sogenannten »liberalen Imperialisten« um den Reichskanzler von Bethmann-Hollweg (1909 bis

[15] Dieser Begriff stammt von Klaus Hildebrand, Vom Reich zum Weltreich. Hitler, NSDAP und koloniale Frage 1919–1945. München 1969, und bezeichnet führende Repräsentanten in Staat, Wirtschaft und Gesellschaft, die durch das Wilhelminische Deutschland zwischen 1890 und 1918 geprägt worden waren.

[16] Zur Rolle Görings jetzt die Monographie von Stefan Martens, Hermann Göring. »Erster Paladin des Führers« und »zweiter Mann im Reich«, Paderborn 1985; ders., Hermann Göring: Der »zweite Mann« im Dritten Reich? In: Francia 12 (1985), S. 473–490; Richard J. Overy, Goering. The »Iron Man«. London 1984; Alfred Kube, Pour le mérite und Hakenkreuz. Hermann Göring im Dritten Reich. München 1986.

1917). Sie repräsentierten die Exportindustrien, den Außenhandel, Banken und Schiffahrt und plädierten vielfach – ebenso wie das AEG-Vorstandsmitglied Walter Rathenau und der Reeder Albert Ballin – für einen engeren wirtschaftlichen Anschluß Großbritanniens an »Mitteleuropa«. Durch eine geschickte Handhabung wirtschaftlicher, finanzieller und politischer Instrumentarien (gegebenenfalls auch Schaffung eines zollpolitisch geeinten europäischen Wirtschaftsblockes) sollten sich Annexionen, kriegerischer Gewalteinsatz und direkte Raumbeherrschung erübrigen. Um den Kern eines hochindustrialisierten »Großdeutschen Wirtschaftsraumes« (Deutschland, Österreich) herum sollte sich im Rahmen einer »ligue commerciale« ein Kranz abhängiger Rohstoff- und Nahrungsmittelproduzenten sowie von Abnehmern deutscher Industrieprodukte gruppieren mit dem Schwerpunkt Südosteuropa, über den Donau- und Balkanraum hinaus bis zur Türkei. Die traditionelle Stoßrichtung des deutschen Imperialismus seit dem ausgehenden 19. Jahrhundert entlang der Bagdad-Bahn und auf der Linie Berlin-Saloniki-Bagdad sollte bis in den Zweiten Weltkrieg hinein für die deutschen Wirtschaftskreise nichts von ihrer Faszination einbüßen.

Eng dem mitteleuropäischen Wirtschaftsverband unter deutscher Führung zugeordnet waren im Denken der »Mitteleuropäer«, etwa Schachts, weitere »Ergänzungsräume«: Nordosteuropa (Baltische Staaten), der skandinavische Raum, Westeuropa mit Frankreich und den Benelux-Staaten sowie Italien und gegebenenfalls auch Spanien.

In dem Maße, wie sich sowohl vor 1914 als auch vor 1939 zunehmend die Gefahr eines Kriegseintrittes Englands und Frankreichs gegen Deutschland abzeichnete, gewann die »Mitteleuropa«-Konzeption eine zusätzliche geostrategische und kriegswirtschaftliche Funktion: »Mitteleuropa« mit den zugeordneten »Ergänzungsräumen« sollte die Rohstoff- und Lebensmittelzufuhren in der ersten Phase des Krieges bis zur militärischen Niederringung Frankreichs und Rußlands sichern, damit dann von einer umfassend ausgebauten kontinentaleuropäischen Plattform aus die globale Auseinandersetzung mit dem Britischen Empire und den USA mit einiger Aussicht auf Erfolg eingeleitet werden konnte.

Umstritten war die politische und wirtschaftliche Zuordnung Rußlands, später auch Polens zu »Mitteleuropa«. Schon in der Spätbismarckzeit und in der Ära des Reichskanzlers von Caprivi (1890–1894) zeichnete sich trotz Abschluß des wichtigen deutsch-russischen Handelsvertrages von 1894 in den mitteleuropäischen Hegemonialplänen eine ausgesprochen antirussische Komponente ab. Abgelöst wurde sie in der Weimarer Republik im Anschluß an den Vertrag von Rapallo (1922) mit auf energisches Drängen der deutschen Investitionsgüterindustrien, die sich in den forcierten Industrialisierungskurs der Sowjetunion ab 1928 unter Stalin als Zulieferer und Kreditgeber hofften einschalten zu können[17], von einer Linie der erfolgreichen deutsch-sowjetischen Kooperation mit gemeinsamer revisionistischer Frontstellung gegen Polen, bei zeitweise engem Zusammenspiel von Reichswehr und Roter Armee. Die abrupte Kehrtwendung nach dem 30. Januar 1933 gegen die Sowjetunion und hin zu Polen sollte dann deutliche Kritik bei jenen »Mitteleuropäern« in Wirtschaft, Armee und Auswärtigem Amt auslösen, die die umfangreichen Wirtschaftsressourcen der Sowjetunion bei der Absicherung der kontinentaleuropäischen Rohstoff- und Nahrungsmittelautarkie gerade auch gegen eine Bedrohung aus dem Westen für unverzichtbar hielten und deshalb energisch für freundschaftliche Beziehungen mit Moskau plädierten.

Ganz frei von inneren Widersprüchen ist das Rußlandbild der »Mitteleuropäer« – Bismarck eingeschlossen – seit der Spätbismarckzeit nie gewesen. Dies mag später mit ein Grund dafür gewesen sein, daß sich auch die ursprünglich prorussischen Kräfte am Ende relativ widerstandslos in den antisowjetischen Kriegs- und Eroberungskurs der Nationalsozialisten einfügten. So sehr an sich die politische und vor allem auch die wirtschaftliche Vernunft die deutsche Außenpolitik immer wieder nach Osten auf einen Ausgleich mit dem zaristischen und dann dem bolschewistischen Rußland verwiesen, besonders wenn sich ein Konflikt mit den Westmächten und damit eine bedrohliche Zweifrontensituation abzeichneten, so unverkennbar ist doch auch, daß die »Mitteleuropa«-Konzeption von Anfang an von gewissen Bedrohungsgefühlen aus dem Osten bestimmt war. Die schon früh bei den Deutschen ausgeprägte völkisch-rassistische Geringschätzung der »halbasiatischen Barbarei« stand in auffallendem Kontrast zu einer tiefverwurzelten Furcht, eine

[17] Vgl. dazu Hartmut Pogge von Strandmann, Großindustrie und Rapallopolitik. Deutsch-sowjetische Handelsbeziehungen in der Weimarer Republik. In: HZ 222 (1976), S. 265–341; ders., Rapallo-Strategy in Preventive Diplomacy. New Sources and New Interpretations. In: Volker R. Berghahn und M. Kitchen (Hrsg.), Germany in the Age of Total War. London 1981, S. 123–146.

mit deutschem Kapital und industriellem »know-how« entwikkelte und modernisierte »russische Dampfwalze« wenige hundert Kilometer östlich von Berlin werde sich eines Tages nach Westen in Bewegung setzen und dann mit ungestümer und unwiderstehlicher Kraft Deutschland in der Mitte Europas auf der ganzen Frontlinie einer kontinentalen Hegemonialstellung von der Ostsee bis zum Bosporus gleichsam erdrücken. Auch dagegen, so lautete die Schlußfolgerung schon bei den kaiserlichen Reichsleitungen vor 1914 und dann in den Kriegszieldiskussionen während des Ersten Weltkrieges, gelte es, sich durch den Aufbau einer unangreifbaren Stellung des Reiches in Mitteleuropa zu schützen.

Allerdings sei nicht verschwiegen, daß bei den antirussisch akzentuierten »Mitteleuropa«-Konzeptionen subjektiv empfundene Angst- und Bedrohungsgefühle einerseits und geschickte Manipulationstechniken andererseits kaum voneinander zu trennen waren. Denn die »russische Gefahr«, das »Einkreisungstrauma« und die geostrategische »Mittellage« Deutschlands mit der stets virulenten Möglichkeit eines Zweifrontenkrieges ließen sich von Bismarck bis Goebbels geschickt für innen- und außenpolitische Ziele instrumentalisieren: innenpolitisch für die Disziplinierung und später für die Terrorisierung der Nation, für ihre psychologische Mobilisierung für den »großen Krieg« und für die Immunisierung des bestehenden politisch-sozialen Systems gegen Auflehnung und Revolution; außenpolitisch für die Erzwingung der britischen Neutralität und des »Appeasement«, wenn Rußland in die Rolle des Bedrohers »abendländischer Kultur und Zivilisation« manövriert werden konnte.

Deutlich abgesetzt gegen die »Mitteleuropa«-Konzeption der »liberalen Imperialisten« war schon vor dem Ersten Weltkrieg die Ideologie der chauvinistisch-alldeutschen und völkischen Kreise. Sie hatten ihren gesellschaftlichen Rückhalt im wesentlichen bei den wirtschaftsimperialistischen Interessen der Schwerindustrie und der Großlandwirtschaft. Das Denken dieser Kräfte war schon früh ideologisch-völkisch, vielfach sogar bereits mit rassistischen Anklängen imprägniert. Schon im Ersten Weltkrieg wurde hier, wie Fischer überzeugend nachgewiesen hat, ein häufig uferloser Annexionismus propagiert. Im Interesse einer krisensicheren Versorgung der deutschen Wirtschaft mit Rohstoffen (Eisenerz) setzten sich schwerindustrielle und landwirtschaftliche Gruppen für die direkte militärische Beherrschung Belgiens, Nordfrankreichs und des Erzbeckens von Longwy-Briey im Westen, im Osten für die Annexion eines polnischen Grenzstreifens, die Eroberung von Siedlungsland in Rußland und die Angliederung der russischen Erzgruben ein. Der »Eisenbahnvormarsch« der dritten Obersten Heeresleitung Hindenburg-Ludendorff tief hinein in das geschlagene und sich auflösende Rußland Anfang 1918, der Diktatfrieden von Brest-Litowsk (3. März 1918) und von Bukarest (7. Mai 1918) sowie die deutsche Ukrainepolitik weisen bereits wichtige Züge des deutschen Imperialismus auf, die sich dann, rassebiologisch und geopolitisch ideologisiert und radikalisiert, nach dem deutschen Überfall auf die Sowjetunion am 22. Juni 1941 wiederfinden sollten.

Dem »Mitteleuropa«-Konzept, das bei formaler Respektierung fremder nationalstaatlicher Souveränitäten eine unangreifbare politisch-wirtschaftliche Vormachtstellung Deutschlands auf dem Kontinent anvisierte, eng zugeordnet war schon vor 1914 die Vorstellung von einem deutschen »Mittelafrika«: nach dem Anschluß der portugiesischen (Angola, Mocambique), später dann auch der belgischen (Kongo, Katangaerze) und eines Teiles der französischen Kolonien sollte sich eine geschlossene, von Deutschland beherrschte Landbrücke quer durch den schwarzen Kontinent von Südwest- bis Ostafrika erstrecken, die die traditionelle Stoßrichtung des britischen Imperialismus auf der Linie Kap-Kairo von Osten und Westen her durchschnitt. Auch dieses »Mittelafrika«-Programm war in der 1935 gleichgeschalteten Kolonialbewegung ungebrochen bis in den Zweiten Weltkrieg hinein lebendig.

Mochten die »Mitteleuropa«-Pläne und ihre Trägergruppen, Mittel und Formen ihrer Begründung und Durchsetzung seit dem ausgehenden 19. Jahrhundert auch sehr unterschiedlicher Natur und oft nur schwer auf einen gemeinsamen Nenner zu bringen sein, so war ihnen doch eines gemeinsam: ein geopolitisches und neomerkantilistisches Lebensraumdenken mit dem Ziel, die kleindeutsche Basis des Deutschen Reiches von 1871 in der Mitte Europas wirtschaftlich und machtpolitisch zu verbreitern und damit für Deutschland und die benachbarten europäischen Staaten in einem wie immer strukturierten Verbund als »vierte Weltmacht« in einem Weltstaatensystem der Zukunft eine Überlebenschance gegenüber dem wachsenden Druck des Britischen Weltreiches, der USA und Rußlands zu sichern. Dahinter stand als Motor die ganze Dynamik des deutschen Wirtschafts- und Bevölkerungswachstums seit den 1870er Jahren.

»Die unwiderstehliche Tendenz auf Bildung größerer Marktgebiete, die trotz politischer Selbständigkeit der Teile fähig sind, gegenüber den großen Welthandelsreichen mit Nachdruck für ihre gemeinsamen wirtschaftlichen Interessen aufzutreten«, formulierte schon 1890 der bekannte Nationalökonom Gustav Schmoller die Erwartungshaltung einer ganzen Generation, »nötigt uns in Europa aber zu einer Neubildung völkerrechtlicher Art, die in die alten Schablonen und Vertragsformen nicht hineinpaßt, die weder Staatenbund, noch Meistbegünstigung, sondern ein drittes, Neues zwischen beiden ist«[18]. Schmoller sah in einem mitteleuropäischen Zollbund die einzige Möglichkeit, »die höhere und alte europäische Kultur vor dem Untergange« zu retten in einer Zeit, in der »die Signatur der Weltgeschichte des 20. Jahrhunderts bestimmt sein wird durch die Konkurrenzkämpfe des russischen, englischen und amerikanischen und etwa noch des chinesischen Weltreiches«[19]. Unmittelbar nach Ausbruch des Ersten Weltkrieges, am 7. September 1914, formulierte es dann Walter Rathenau noch einmal knapp und bündig: »Mitteleuropa geeinigt unter deutscher Führung gegen Amerika und England einerseits, gegen Rußland andererseits, politisch und wirtschaftlich gefestigt.«[20]

Es sollte einem Carl Schmitt vorbehalten bleiben, dieses hier noch überwiegend wirtschaftsimperialistisch, machtpolitisch und geostrategisch bestimmte Großraumdenken zu ideologisieren und weiterzuentwickeln in Richtung auf eine »deutsche Monroedoktrin« im Zeichen des völkischen Überlegenheitsanspruches. »Der Zusammenhang von Reich, Großraum und Nichtinterventionsprinzip ist grundlegend.«[21] Die Bezeichnung »Reich ... kennzeichnet am besten den völkerrechtlichen Sachverhalt der Verbindung von Großraum, Volk und politischer Idee«. Der »Begriff einer konkreten Großraumordnung« ist für Schmitt identisch mit dem »völkerrechtliche(n) Begriff des Reiches ... als einer von bestimmten weltanschaulichen Ideen und Prinzipien beherrschten Großraumordnung, die Interventionen raumfremder Mächte ausschließt und deren Garant und Hüter ein Volk ist, das sich dieser Aufgabe gewachsen zeigt«[22].

[18] Zitiert nach Fritz Fischer, Krieg der Illusionen. Die deutsche Politik von 1911 bis 1914. Düsseldorf 1969, S. 28.

[19] Ebenda, S. 74.

[20] Ebenda, S. 204.

[21] Carl Schmitt, Völkerrechtliche Großraumordnung. Berlin, Leipzig, Wien, 3. Aufl. 1941, S. 36.

[22] Ebenda, S. 47.

Der jähe Absturz Deutschlands auf dem um 1890 so hoffnungsvoll unter dem Beifall fast der ganzen Nation eingeschlagenen Weg zur Weltmachtstellung sollte eine Grundregel bestätigen, die schon vor 1914 der Reichskanzler von Bethmann-Hollweg und viele mit ihm warnend ausgesprochen hatten: »Mitteleuropa« in seiner mehr machtpolitischen Variante als europäische Kontinentalhegemonie, die sich vor und im Kriege immer stärker vor die rein ökonomische schob, war als Sprungbrett zur »vierten Weltmacht« nur zu verwirklichen, wenn die Berliner Regierung das Reich mit seiner europäischen Mittellage bündnispolitisch sorgfältig nach West und Ost oder wenigstens nach der einen Richtung absicherte und auf die sicherheitspolitischen Empfindlichkeiten seiner Nachbarn, insbesondere auf die der Seemacht Großbritannien Rücksicht nahm. So rückte England als »Schlüssel im Schloß der deutschen Außenpolitik und ihrer expansiven Herausforderungen von Bismarck über Wilhelm II. und Tirpitz bis hin zu Hitler«[23] schon vor 1914 in eine zentrale Position.

Das Wilhelminische Deutschland hat durch sein imperiales Ausgreifen als »Weltmacht« und seine Flottenpolitik gerade die kontinentaleuropäischen und bündnispolitischen Voraussetzungen für ein Gelingen dieses Ausgreifens verspielt. Der Revisionismus in der Weimarer Republik führt unter drei Aspekten zu einem genaueren Verständnis der nationalsozialistischen Außenpolitik nach 1933: Zum ersten stellte er eines der konstitutiven konzeptionellen Bindeglieder zwischen wilhelminischer und nationalsozialistischer Außenpolitik, zwischen Erstem und Zweitem Weltkrieg dar; zum zweiten schuf er die machtpolitischen Grundlagen, auf denen Hitler 1933, all seinen Haßtiraden gegen die »Weimarer Systemzeit« zum Trotz, aufbauen konnte, und zum dritten fungierte der Revisionismus psychologisch als eine wichtige Brücke, auf der nicht nur die konservativen Führungsschichten, sondern nahezu die gesamte Nation mehr oder weniger problemlos ihren Weg ins Dritte Reich gehen und sich mit dem Regime arrangieren konnten.

Denn nach der Niederlage von 1918 herrschte in Deutschland breite Übereinstimmung darüber, daß die nationale Sicherheit künftig nur dann garantiert war, wenn es innerhalb kurzer Zeit gelingen würde, die »Fesseln von Versailles« abzustreifen, die internationale Bündnis- und Handlungsfähigkeit sowie den Sta-

[23] Hildebrand, Deutsche Außenpolitik 1933–1945, S. 28.

tus einer europäischen Großmacht zurückzugewinnen. Der Versailler Vertrag hatte zwar den ersten Anlauf zur Weltmacht blockiert und die Großmachtstellung des Bismarckreiches zunächst zerstört, ihm »aber – was entscheidend werden sollte – potentiell die Chance zu ihrer Wiedergewinnung« belassen[24]. Ein erneuter »Griff nach der Weltmacht« auf der Grundlage eines wiedererlangten Großmachtstatus in Europa war zwar vorerst reine Utopie, wurde aber als Zielperspektive niemals aus dem Auge verloren.

Der Revisionismus als Kern nationaler Sicherheitspolitik hatte mehrere Aspekte: einen territorialen (Wiederherstellung der Grenzen von 1914, Anschluß Österreichs, Räumung der besetzten Gebiete, Aufhebung der Entmilitarisierung des Rheinlandes), einen finanziellen (Lösung der Reparationsfrage), einen militärpolitischen (Aufhebung der deutschen Rüstungsbeschränkungen, Wiederherstellung der uneingeschränkten Wehrhoheit), einen politisch-moralischen (Revision der Kriegsschuldthese des Artikels 231), einen kolonialpolitischen (Rückgabe der ehemaligen Kolonien), einen machtpolitischen (Anerkennung Deutschlands als Großmacht) und einen ökonomischen (Wiedererlangung der handelspolitischen Souveränität und Ausbau der deutschen Wirtschaftskraft). Die finanziellen und wirtschaftlichen Revisionsziele waren 1933 erreicht, die territorialen und militärpolitischen mit der Räumung der besetzten Gebiete 1930 und der Anerkennung der militärischen Gleichberechtigung Deutschlands im Dezember 1932 der Lösung ein bedeutsames Stück nähergebracht, die kolonialpolitischen zunächst in den Hintergrund gerückt, ohne jedoch je aus dem Blickfeld zu geraten[25].

Schon den Zeitgenossen war der enge Zusammenhang zwischen machtpolitischem und ökonomischem Revisionismus bewußt. Der Reichsaußenminister Gustav Stresemann (1923 bis 1929) entwickelte Mitte der zwanziger Jahre außenpolitische Leitperspektiven, die auch für seine Nachfolger bis 1938 verbindlich bleiben sollten[26]. Mit Stresemann wurde 1923 »ein Ex-

[24] Hillgruber, Kontinuität und Diskontinuität, S. 24.

[25] Vgl. dazu Hildebrand, Vom Reich zum Weltreich, und Peter Krüger, Die Außenpolitik von Weimar. Darmstadt 1985.

[26] Vgl. Dirk Stegmann, »Mitteleuropa« 1925–1934. Zum Problem der Kontinuität deutscher Außenhandelspolitik von Stresemann bis Hitler. In: Dirk Stegmann, Bernd-Jürgen Wendt, Peter-Christian Witt (Hrsg.), Industrielle Gesellschaft und Politisches System. Bonn 1978, S. 203–221.

ponent der wirtschaftlich akzentuierten Variante deutscher Großmachtpolitik«[27] in die Leitung der Berliner Außenpolitik berufen. Schon kurz nach Abschluß des Locarno-Abkommens im Oktober 1925 sprach er sich ausdrücklich für eine »Ausnutzung der Wirtschaft durch Politik« aus[28]. Als Maxime deutscher Außen- und Revisionspolitik forderte er zu prüfen, »ob es nicht für uns möglich sei, politische Fragen auf wirtschaftlichem Wege zu lösen und unter dem Gedanken dieser unserer (wirtschaftlichen) Machtstellung zu versuchen, den Dingen seit Versailles eine andere Wendung zu geben«. In der zentralen wirtschaftlichen Stellung Deutschlands im Herzen Europas als Konsumenten- und als Schuldnerland sowie in der Tatsache, daß die ökonomische Gesundung Europas, wie schon der bekannte englische Nationalökonom John Maynard Keynes 1919 hervorgehoben hatte, nicht ohne die Gesundung Deutschlands denkbar war, sah der Reichsaußenminister »die einzige große Waffe unserer Außenpolitik« und eine wesentliche Voraussetzung dafür, daß Deutschland »als Großmacht sich wieder in das Konzert der Mächte einschalten könnte«. »Das einzige, worin wir noch groß sind«, erklärte Stresemann am 22. April 1926 vor dem schwerindustriellen Langnamverein, »ist unsere Wirtschaft. Mit ihr können wir anderen Ländern Freundlichkeiten erweisen oder feindlich gegen sie vorgehen.«[29] »Die Grundlage für den Wiederaufstieg (Deutschlands) sollten nicht militärische Mittel, sondern vielmehr das Gewicht der Wirtschaftsmacht bilden. Mit Hilfe des deutschen Wirtschaftspotentials, der wirtschaftlichen Größe des Deutschen Reiches sollte eine dementsprechende Stellung erlangt werden.«[30]

Außenpolitik betreiben mit Hilfe der Wirtschaftsmacht – was hieß diese Maxime konkret? In der Ära Stresemann wurden gleich in mehrfacher Hinsicht entscheidende Grundlagen für das offensive und expansive Auftreten der deutschen Außenpolitik ab 1930 geschaffen: Mit der Rekonstruktion des Handelsvertragssystems ab 1925 (1927 deutsch-französischer Handels-

[27] Hillgruber, Kontinuität und Diskontinuität, S. 26.

[28] Rede Stresemanns vor der »Arbeitsgemeinschaft Deutscher Landsmannschaften in Groß-Berlin«, 14. 12. 1925. In: ADAP 1918–1945, Serie B, Bd. I, 1. Göttingen 1982, Anhang II, S. 729ff.

[29] Zitiert nach Karl-Heinrich Pohl, Weimars Wirtschaft und die Außenpolitik der Republik 1924–1926. Vom Dawes-Plan zum Internationalen Eisenpakt. Düsseldorf 1979, S. 290, Anm. 22.

[30] Werner Weidenfeld, Gustav Stresemann. Der Mythos vom engagierten Europäer. In: GWU 12 (1973), S. 745.

vertrag), dem Wiederaufbau der deutschen Schwerindustrie, der Modernisierung, Rationalisierung und Konzentration der deutschen Wirtschaftskraft mit Hilfe amerikanischer Dollaranleihen (1925 I. G. Farben, 1926 Vereinigte Stahlwerke als größter Stahlkonzern Europas), mit der nationalen und internationalen Kartellbildung als Instrument internationaler Marktaufteilung und -beherrschung (1926 Internationale Rohstahlgemeinschaft unter führender deutscher Beteiligung) und mit der beginnenden »pénétration économique« Österreichs und Südosteuropas.

Besonders in drei Richtungen wurden schon in den zwanziger Jahren wirtschaftliche Maßnahmen bewußt in den Dienst des politischen Revisionismus gestellt und mit ihm synchronisiert: In der deutsch-französischen Annäherung zwischen 1924 und 1926 wurden, wie Pohl nachgewiesen hat[31], die politisch-diplomatischen Schritte in der Sicherheitspolitik, beim Locarno-Pakt (1925), beim deutschen Eintritt in den Völkerbund (1926) und beim Ringen um die Rheinlandräumung und um die Aufhebung der alliierten Militärkontrollen auf deutschem Boden eng abgestimmt mit den 1924 anlaufenden Verhandlungen über einen deutsch-französischen Handelsvertrag und mit den privatwirtschaftlichen Gesprächen um den Abschluß eines »Eisenpaktes« zwischen den Schwerindustrien beider Länder. Denn zu den Grundmaximen Stresemannscher Revisionspolitik gehörte es, daß der Wiederaufstieg Deutschlands zur europäischen Großmacht nur in enger Kooperation mit Frankreich und unter Berücksichtigung des legitimen französischen Sicherheitsinteresses am Rhein zu erreichen war. Bereits sein Nachfolger Curtius (1929–1931) und auch später Neurath (1932–1938) beherzigten diese Maxime nicht mehr und brachen damit einen Grundstein aus der Stresemannschen Linie heraus.

Die politische Zusammenarbeit mit der Sowjetunion seit dem Vertrag von Rapallo (1922) und dem Berliner Vertrag (1926) mit ihrer deutlich antipolnischen revisionistischen Spitze stand in engem Zusammenhang mit der Expansion der deutschen Investitionsgüterindustrie und deutscher Anleihen auf dem russischen Markt[32] sowie der geheimen Zusammenarbeit zwischen Reichswehr und Roter Armee.

Nach Südosten schließlich sollten die eifrig wieder betriebene »›Eindeutschung‹ sozusagen der österreichischen Wirtschaft«[33]

[31] Vgl. Pohl, Weimars Wirtschaft und die Außenpolitik.
[32] Vgl. Pogge von Strandmann, Großindustrie und Rapollopolitik.
[33] Interner Sprachgebrauch im Auswärtigen Amt, zit. nach Stegmann, »Mittel-

und das Bemühen, die »österreichisch-Wiener Balkaninteressen mit dem reichsdeutschen Bestreben eines gesteigerten Verkehrs nach Süd-Osten zu beiderseitigem Nutzen in Einklang zu bringen«[34], gleich drei außenpolitische Funktionen erfüllen: Es galt, über eine zunächst mehr ökonomische und rechtliche »Angleichung« Österreichs (so lautete die verharmlosende Sprachregelung) den Weg für den späteren politischen Anschluß zu ebnen, in einem zweiten Schritt dann »zu einer Lockerung der Kleinen Entente«[35] (Tschechoslowakei, Rumänien, Jugoslawien) beizutragen und damit die nach 1918 aufgebaute französische Hegemonie im Donauraum zu erschüttern. Schließlich wollte man über Wien als Schaltstelle und Drehscheibe die traditionelle politische und wirtschaftliche Vormachtstellung Deutschlands vor dem Ersten Weltkrieg in Südosteuropa bis hin zur Türkei wiedererlangen.

Analysiert man diese enge Verbindung von Politik und Ökonomie, von Binnen- und Außenwirtschaft, von staatlich-bürokratischem und privatwirtschaftlichem Sektor sowie zwischen Sicherheits-, Revisions- und Großmachtpolitik, dann läßt sich eine Antwort erwarten auf die Frage nach dem »qualitativen Sprung« im Jahre 1933 sowie nach den Gemeinsamkeiten und Unterschieden zwischen der Revisionspolitik Stresemanns und seiner Nachfolger einerseits und der Expansionspolitik Hitlers andererseits. Weiterhin gibt eine Analyse der Außenwirtschaftsbeziehungen vor allem zwischen 1930 und 1934[36], unter den Präsidialkabinetten Brüning (1930–1932), Papen (Juni bis November 1932) und Schleicher (Dezember 1932 – Januar 1933) und im ersten Jahr der Regierung Hitler, den Blick frei auf den Umschwung von einer mehr defensiven Sicherheits- und Revisions- zu einer offensiven Expansionspolitik.

Die gerade für das Deutschland der Zwischenkriegszeit so typische enge Verklammerung von Politik und Ökonomie, von

europa«, S. 212; zur Anschlußfrage vgl. Harro Molt, »... Wie ein Klotz inmitten Europas«. »Anschluß« und »Mitteleuropa« während der Weimarer Republik 1925–1931. Frankfurt, Bern, New York 1986.

[34] Äußerung des deutschen Gesandten in Wien, Pfeifer, gegenüber dem Auswärtigen Amt vom 18. 11. 1924, zit. nach Stegmann, »Mitteleuropa«, S. 208.

[35] Bezogen auf einen Ausbau der deutsch-jugoslawischen Handelsbeziehungen erscheint diese Formulierung in: ADAP, Serie B, Bd. III. Göttingen 1968, S. 44: AA (Köpke) an DG Belgrad, 2. Januar 1926.

[36] Vgl. Doerte Doering, Deutsche Außenwirtschaftspolitik 1933–1935. Die Gleichschaltung der Außenwirtschaft in der Frühphase des nationalsozialistischen Regimes. Berlin 1969.

Revisionismus und Expansionismus wird aber nur verständlich vor dem Hintergrund personeller, institutioneller und struktureller Kontinuitätslinien, die das Jahr 1933 als »qualitativen Sprung« unter außenpolitischem Aspekt zunächst einmal erheblich relativieren. Dies sei unter drei Perspektiven exemplarisch verdeutlicht.

1. Die hohe personelle und institutionelle Konstanz in der staatlichen Wirtschaftsbürokratie zwischen 1924 und 1945 und deren enge institutionalisierte Kooperation mit dem Auswärtigen Amt verbürgten eine relativ konfliktfreie Abstimmung zwischen Außen- und Außenwirtschaftspolitik und einen einheitlichen und kontinuierlichen Kurs in der Außenwirtschaftspolitik über alle politischen Brüche hinweg. Außenwirtschaftliche und revisionspolitische Kontinuität waren im Auswärtigen Amt verkörpert durch die Reichsaußenminister Stresemann (1923 bis 1929), Curtius (1929–1931) und von Neurath (1932–1938), Staatssekretär Bernhard von Bülow (1930–1936), ein engagierter Verfechter des wirtschaftlichen Revisionismus, sowie auf der »zweiten Ebene« vor allem durch Karl Ritter, seit 1924 Leiter der Handelspolitischen Abteilung (vor 1936 »Abteilung Wirtschaft«) und seinen Nachfolger Emil Wiehl (1937–1944). Beide arbeiteten vertrauensvoll mit Hans Posse zusammen, der von 1924 bis 1938 zunächst als Ministerialdirektor, dann ab 1933 als Staatssekretär und überzeugter Nationalsozialist für die Handelspolitik im Reichswirtschaftsministerium verantwortlich war. Als energische Verfechter einer mitteleuropäischen Wirtschaftsgemeinschaft unter deutscher Führung bildete für Ritter, Wiehl und Posse nach 1933 »der nationale Machtstaatsgedanke die ideologische Brücke für eine loyale Zusammenarbeit mit den Nationalsozialisten«[37]. Ab 1934 erhielten sie mit Hjalmar Schacht an der Spitze des Reichswirtschaftsministeriums die Unterstützung eines weiteren engagierten »Mitteleuropäers« noch aus dem kaiserlichen Deutschland. Mit ihren langjährigen Erfahrungen in der deutschen Handelspolitik und ihren engen Verbindungen zur Privatwirtschaft galten Ritter und Posse »als *die* Repräsentanten der außenwirtschaftlichen Interessen der Industrie im Bereich der staatlichen Administration«[38], nach der nationalsozialistischen Machtübernahme ge-

[37] Eckart Teichert, Autarkie und Großraumwirtschaft in Deutschland 1930 bis 1939. Außenwirtschaftspolitische Konzeptionen zwischen Wirtschaftskrise und Zweitem Weltkrieg. München 1984, S. 54.

[38] Ebenda.

genüber den dogmatischen »Autarkisten« um Darré u.a. als Garanten »wirtschaftlicher Vernunft« im neuen Regime.

Die Wünsche der für die Außenwirtschaft zuständigen Ressorts wurden mit der Außenhandelspolitik des Reiches in dem 1925 gegründeten, meist geheim unter Vorsitz des Vertreters des Auswärtigen Amtes tagenden interministeriellen »Handelspolitischen Ausschusses« (HPA) abgestimmt. In der Weltwirtschaftskrise wurde der HPA »zeitweilig zur Schaltstelle der Politik« und zum »Gravitationskern der Ministerialbürokratie«[39] mit der wichtigen Aufgabe, die Kabinettsentscheidungen vorzubereiten.

2. Die deutsche Industrie zeichnete sich seit 1924/25 durch einen vergleichsweise hohen Grad innerer Organisation und Konzentration aus. Nationale und internationale Kartelle (Deutsche Rohstahlgemeinschaft, Internationale Rohstahlgemeinschaft[40]), Absprachen der Eisen- und Stahlproduzenten mit der eisenverarbeitenden Industrie im sogenannten AVI-Abkommen 1924–1926[41], Syndikate und Zusammenschlüsse zu mächtigen Großunternehmen wie I.G.-Farben oder Vereinigte Stahlwerke boten die strukturellen Voraussetzungen für eine Monopolisierung des inneren und teilweise auch der äußeren Märkte durch die deutsche Großindustrie. Ihre Interessenvertretung in großen Wirtschaftsverbänden gab den straff organisierten Großkonzernen insbesondere in der Schwerindustrie (Eisen/Stahl/Kohle), der Großlandwirtschaft, aber auch in den mehr exportorientierten Sektoren (Chemie, Elektroindustrie, Maschinenbau) die Möglichkeit, mit einer Stimme zu sprechen und sich mit ihren Wünschen an den Verfassungsorganen und den Parteien vorbei direkt an die Ministerialbürokratie zu wen-

[39] Joachim Radkau, Entscheidungsprozesse und Entscheidungsdefizite in der deutschen Außenwirtschaftspolitik 1933–1940. In: Geschichte und Gesellschaft (GG) 2 (1976) 1, S. 33–65.

[40] Zur Kartellentwicklung in der Zwischenkriegszeit vgl. u.a. Pohl, Weimars Wirtschaft und die Außenpolitik; Jacques Bariety, Das Zustandekommen der Internationalen Rohstahlgemeinschaft (1926) als Alternative zum mißlungenen »Schwerindustriellen Projekt« des Versailler Vertrages. In: Hans Mommsen, Dietmar Petzina, Bernd Weisbrod (Hrsg.), Industrielles System und politische Entwicklung in der Weimarer Republik. Düsseldorf 1974, S. 543–552; sowie die Beiträge von Nocken, Pohl, Wurm und Teichova in: Gustav Schmidt (Hrsg.), Konstellationen internationaler Politik 1924–1932. Bochum 1983, Teil III, S. 165ff.

[41] Ulrich Nocken, Inter-Industrial Conflicts and Alliances as Exemplified by the AVI-Agreement. In: Mommsen u.a. (Hrsg.), Industrielles System, S. 693 bis 704.

den. Dies geschah in der Regel über besondere Handels- und Zollpolitische Ausschüsse der Großverbände.

3. Auf Grund dieser zentralen Strukturmerkmale eines »Organisierten Kapitalismus« konnte man »seit 1925 von einer relativ engen Synchronisation von privater Organisationswirtschaft und staatlicher Macht sprechen«[42]. Es war kein Zufall, daß gerade von der Schwerindustrie seit Ende der zwanziger Jahre energische Vorstöße unternommen wurden, um aus dieser engen Zusammenarbeit von Wirtschaft und Staat störende Einflüsse des Parlaments oder der Verfassung auszuschalten, und daß die offensive Dynamisierung der wirtschaftlichen und politischen Revisionspolitik unter Brüning mit der Etablierung der Präsidialdiktatur und einer weitgehenden Ausschaltung der Verfassungsorgane von politischen Entscheidungsprozessen zusammenfiel. Allerdings blieb es bis in die späten dreißiger Jahre hinein stets ein gravierendes Problem, die mehr protektionistischen und binnenmarktorientierten Interessen der Landwirtschaft, Schwerindustrie und von Teilen der Großchemie in einem deutsch beherrschten europäischen »Großwirtschaftsraum« mit den Welthandelsinteressen von Ausfuhrindustrien, Überseehandel, Banken und Schiffahrt in Einklang zu bringen.

Seit dem Erscheinen von Karl Dietrich Brachers wegweisendem Buch über ›Die Auflösung der Weimarer Republik‹ (1955) haben wir uns daran gewöhnt, den Reichskanzler Heinrich Brüning vor allem wegen seiner Innenpolitik als einen der Wegbereiter des Hitlerschen Diktaturstaates zu sehen. Dies ergibt Sinn, wenn wir an die im Frühjahr 1930 etablierte »Präsidialdiktatur« und an die verheerenden Folgen der Deflationspolitik, etwa Massenarbeitslosigkeit und politische Radikalisierung, denken. Zur Diskussion steht eine, in der Forschung sehr viel weniger umstrittene These, nach der auch der Außenpolitiker Brüning und sein Kabinett – wenn auch naturgemäß ungewollt – wichtige Meilensteine auf dem Wege zur nationalsozialistischen Außenpolitik gesetzt haben. Die Weltwirtschaftskrise markierte auch einen Wandel in der deutschen Außen- und Aufrüstungspolitik, so daß mit vollem Recht »die neuere Forschung zur Außenpolitik der autoritären Regierungen in Deutschland dieser Politik eine Qualität zugemessen hat, die sie substantiell und tendenziell stärker der Außenpolitik nach 1933 als der Stre-

[42] Stegmann, »Mitteleuropa«, S. 205.

semanns zuordnet«[43]. Mit Blick auf die Berufung von Bülows, eines ausgeprägten nationalen Machtpolitikers, zum Staatssekretär im Auswärtigen Amt im Juni 1930, wird hervorgehoben, »daß in den gut drei Jahren zwischen dem Tod Stresemanns und dem Machtantritt Hitlers die Nachfolger Stresemanns den Revisionskurs der deutschen Außenpolitik erheblich forcierten« und vor allem von der Prämisse Stresemanns abgingen, nach der erfolgreiche Revision nur in einer umfassenden Verständigung mit den anderen Großmächten, insbesondere mit Frankreich auf dem Boden kollektiver Sicherheit im Rahmen des Völkerbundes möglich sei[44].

Eine stärker apologetische Sicht deutet den ab 1930 forcierten wirtschaftlichen, reparations- und aufrüstungspolitischen Revisions- und Expansionskurs und die energisch einsetzenden Bemühungen um den Aufbau eines von Deutschland hegemonisierten »Großwirtschaftsraumes« in Mittel- und Südosteuropa vor allem als eine Reaktion der Regierung Brüning und der deutschen Wirtschaft auf den nationalistischen Rechtsruck und den Wahlsieg der NSDAP im September 1930, nach außen als eine Folge des dramatischen Zusammenbruchs des internationalen Handels- und Kreditsystems, der weltweiten Agrarkrise und überall einsetzender Autarkietendenzen der Großmächte sowie auf den Zusammenbruch des internationalen Systems kollektiver Sicherheit im Völkerbund. Ein Blick zurück in die Ära Stresemann zeigt jedoch, daß dies nur die halbe Wahrheit ist. Sicher wurde auch das Deutsche Reich durch den Übergang Englands und der USA (1930 Smoot-Hawley-Tarif) zum Schutzzoll, die britische Pfundabwertung und die Präferenzen von Ottawa, die rasche Erosion der internationalen Wirtschaftsordnung, dramatische Kapitalabzüge insbesondere der Amerikaner, eine allgemeine Entflechtung der Weltwirtschaft mit gegenseitiger Abkapselung der nationalen Wirtschaftsräume und schließlich durch den Fehlschlag der Londoner Weltwirtschaftskonferenz, die im Juli 1933 versuchte, das Weltwährungssystem zu stabilisieren und den Welthandel zu liberalisieren, gezwungen, mit nationalwirtschaftlichen und protektioni-

[43] Dieter Gessner, Das Ende der Weimarer Republik. Darmstadt 1978, S. 34; vgl. auch Sören Dengg, Deutschlands Austritt aus dem Völkerbund und Schachts »Neuer Plan«. Zum Verhältnis von Außen- und Außenwirtschaftspolitik in der Übergangsphase von der Weimarer Republik zum Dritten Reich 1929–1934. Frankfurt, Bern, New York 1986.

[44] Eberhard Kolb, Die Weimarer Republik. München 1984, S. 198.

stischen Lösungen der Krise Herr zu werden. Die Weltwirtschaftskrise verschärfte jedoch nur einen offensiven Revisionskurs, der schon Jahre vorher weitgehend autonom und ohne internationalen Krisendruck von der Wirtschaftsbürokratie und der Privatwirtschaft konzipiert und eingeleitet worden war. »Bei alledem kann von einem Bruch mit den Vorstellungen Stresemanns kaum gesprochen werden, es handelt sich vielmehr um eine Neuakzentuierung des alten Ziels, nämlich die ökonomische – und langfristig auch politische – Zurückdrängung Frankreichs in Südosteuropa. Dabei wurde freilich die Stresemannsche Komponente der gleichzeitigen kalkulierten Annäherung an Frankreich und die USA verlassen.«[45] Der Revisionskurs der Präsidialregierung Brüning manifestierte sich in einer Reihe spektakulärer außenpolitischer und außenwirtschaftlicher Schritte mit dem gemeinsamen Ziel der Errichtung eines deutschen »Informal Empire« in Südosteuropa[46].

Brüsk wurde der Europa-Plan Briands vom 1. Mai 1930 von der Berliner Regierung am 11. Juli zurückgewiesen. Denn er hätte eine Zementierung der Versailler Ordnung und der französischen Vormachtstellung in Europa sowie einen Verzicht Deutschlands auf seine Revisionsansprüche gegenüber Polen bedeutet. Schon im August 1929 hatte Bernhard von Bülow französische Pan-Europa-Vorstellungen entschieden abgelehnt und ein Pan-Europa nur für den Fall befürwortet, daß »es uns die Möglichkeit bietet, unsere zentrale geographische Lage auszuwerten, und nicht umgekehrt uns hindert, unsere geographische Lage gegen die Alliierten auszuspielen«[47].

Die »ökonomische« und revisionistische deutsche Antwort auf den »politischen« und antirevisionistischen Europa-Plan Briands war das Projekt einer deutsch-österreichischen Zollunion. Es wurde am 17. März 1931 durch eine Indiskretion in der Wiener Presse vorzeitig bekannt und scheiterte am Ende vor allem am vehementen Widerstand Frankreichs. Das Projekt

[45] Stegmann, »Mitteleuropa«, S. 215.

[46] Hans-Jürgen Schröder, Südosteuropa als »Informal Empire« Deutschlands 1933–1939. Das Beispiel Jugoslawien. In: Jahrbücher für Geschichte Osteuropas NF 23 (1975), S. 70–96; ders., Deutsche Südosteuropapolitik 1929–1936. Zur Kontinuität deutscher Außenpolitik in der Weltwirtschaftskrise. In: GG 2 (1976) 1, S. 5–32; ders., Der Aufbau der deutschen Hegemonialstellung in Südosteuropa 1933–1936. In: Manfred Funke (Hrsg.), Hitler, Deutschland und die Mächte. Materialien zur Außenpolitik des Dritten Reiches. Düsseldorf 1976, S. 757–773.

[47] Bülow an Eisenlohr, 7. August 1929, zit. nach Schröder, Deutsche Südosteuropapolitik, S. 14.

sollte ein erster Schritt zum politischen »Anschluß« Österreichs sein und das Tor nach Südosteuropa für Deutschland aufstoßen. Gleichzeitig blockierte die Berliner Regierung im Verein mit der italienischen rigoros alle Versuche vor allem von französischer und britischer Seite (März 1932 Tardieu-Plan), durch einen wirtschaftlichen und zollpolitischen Zusammenschluß der Donaustaaten ohne Beteiligung Deutschlands für die Agrarproduzenten Südosteuropas einen größeren Markt zu schaffen und sie damit wirtschaftlich zu retten. Wieder war es Bülow, der die deutschen Einwände gegen die antirevisionistischen Bemühungen der Pariser und auch der Londoner Regierung im Donauraum pointiert formulierte. Er sah in der »Abriegelung Südosteuropas vom deutschen Export« eine »schwere Schädigung der deutschen Wirtschaft«. Seine »geographische Lage unmittelbar vor den Toren Südosteuropas« gebe Deutschland bei seiner Wirtschaftsstruktur die »natürliche Bestimmung, wichtigster Lieferant und Abnehmer der Agrarstaaten Südosteuropas zu sein«. Insofern sei ein »wirtschaftlicher Zusammenschluß der Donaustaaten *ohne* Deutschland ... gleichbedeutend mit einem Zusammenschluß dieser Staaten *gegen* Deutschland«. Kein Wirtschaftsgebiet sei durch seine Aufnahmefähigkeit für Agrarprodukte Südosteuropas geeigneter und von der »Natur berufener« als Deutschland, um die südosteuropäische Agrarkrise zu beheben[48]. Heftig war auch Bülows Reaktion auf den Tardieu-Plan im Frühjahr 1932: Mit dem Plan solle der »Wirtschaftsexpansion Deutschlands donauwärts ... ein Riegel vorgeschoben« und damit das »Schreckgespenst der Bildung eines wirtschaftlichen ›Mitteleuropa‹ ... endgültig gebannt werden«. Auch strebe Frankreich mit der geplanten wirtschaftlichen Gesundung des Donauraumes eine Rettung seiner zahlreichen und höchst gefährdeten Anleihen in diesem Raum an und damit eine Verewigung seines Kapitaleinflusses[49].

Einen ausgesprochen revisionistischen Akzent hatte weiterhin der Abschluß von Präferenzverträgen mit Rumänien (27. Juni 1931) und Ungarn (18. Juli 1931). In diesen Präferenzverträgen vollzog Deutschland demonstrativ seine Abkehr von einem multilateralen Handelsvertragssystem auf der Basis der Meistbegünstigung und seine Hinwendung zur Bilateralisie-

[48] Aufzeichnung Bülow, Anlage zu Bülow an Reichskanzler, 25. Januar 1932, zit. nach Schröder, Deutsche Südosteuropapolitik, S. 17.

[49] AA (Bülow) an DG Wien, Budapest, Prag, Bukarest, Belgrad, Sofia, 30. März 1932, ebenda, S. 18.

rung und Regionalisierung eines komplementären Außenhandels zwischen einem Industriestaat in der Mitte Europas und einem angrenzenden Kranz von Rohstoff- und Nahrungsmittelproduzenten. Nach der Auffassung des Auswärtigen Amtes handelte es sich bei der Präferenzpolitik in Südosteuropa »um mehr ... als nur um einige Tausend Tonnen Futtergetreide und Mais«. Angesichts der Aktivitäten kapitalkräftiger europäischer Industriestaaten wie Frankreich, mit denen Deutschland »als Kreditgeber heute weniger als je auf dem Balkan konkurrieren« könne, müsse sich Deutschland mit Hilfe der Präferenzpolitik die »wirtschaftlichen und politischen Zukunftsmöglichkeiten offenhalten«[50].

Diese Politik der »schärferen Gangart« mobilisierte aber sogleich im In- und Ausland Widerstände, so daß die beiden Verträge nicht in Kraft treten konnten. Die USA protestierten energisch und erfolgreich gegen die offenkundige Verletzung ihrer Meistbegünstigungsrechte. Die Großlandwirtschaft wehrte sich gegen die Einfuhr von Getreide aus dem Donauraum, und die export- und weltmarktorientierten Branchen (Elekroindustrie, Teile des Maschinenbaus, Chemie) meldeten Bedenken an gegen den antifranzösischen Kurs der Reichsregierung, gegen ungesunde Autarkie- und Großraumtendenzen, gegen eine räumliche Verengung der deutschen Ausfuhrwirtschaft auf den Südosten und eine Gefährdung der lebensnotwendigen Welthandelsbeziehungen des Reiches. Noch mußten also die hohe Ministerialbürokratie und die mit ihr eng kooperierende Schwerindustrie erhebliche liberale und freihändlerische Widerstände gegen die kontinentale Wirtschaftsoffensive mit deutlich antifranzösischer und revisionistischer Zielsetzung überwinden, bis es gelang, die auseinanderstrebenden Wirtschaftsinteressen[51] unter dem widersprüchlichen Motto »Autarkie *und* Welthandel« auf das gemeinsame Ziel eines »Großwirtschaftsraumes« in Europa zu verpflichten, das als Integrationsformel bewußt unpräzise formuliert war.

Wirtschaftlicher und politischer Revisionismus, wirtschaftlicher »Ergänzungsraum Südosteuropa«, »Mitteleuropäische

[50] AA (Ritter) an Deutsche Botschaft Moskau, 22. Juli 1931, ebenda, S. 16.

[51] Vgl. dazu Dieter Gessner, Agrardepression und Präsidialregierungen in Deutschland 1930–1933. Probleme des Agrarprotektionismus am Ende der Weimarer Republik. Düsseldorf 1977; Tilman P. Koops, Zielkonflikte der Agrar- und Wirtschaftspolitik in der Ära Brüning. In: Mommsen u.a. (Hrsg.), Industrielles System, S. 852–868.

Wirtschaftsgemeinschaft«, »gesunde Nationalwirtschaft«, »Autarkie im Großwirtschaftsraum«, Bilateralisierung und Regionalisierung des Außenhandels, gezielte Schaffung »struktureller Abhängigkeiten« durch langfristige Bindung der Agrar- und Rohstoffproduzenten an den deutschen Markt und Mobilisierung der deutschen Wirtschaftskraft für machtpolitische Expansionsbestrebungen – dies war ein Bündel von gleichgerichteten Zielen, das die hohe Ministerialbürokratie im Auswärtigen Amt und im Reichswirtschaftsministerium um Bülow, Ritter und Posse im Zusammenwirken mit der Schwerindustrie seit 1930 beharrlich und kontinuierlich auch über 1933 hinaus verfolgte.

Das nationalsozialistische Ziel der Schaffung eines »Großwirtschaftsraumes« stand also, soweit es Mittel- und Südosteuropa betraf, eindeutig in der Tradition des deutschen liberalkapitalistischen Imperialismus seit dem ausgehenden 19. Jahrhundert und in der Tradition der deutschen Kriegsziele im Ersten Weltkrieg. Eine Aktualisierung und zusätzliche Rechtfertigung erfuhr dieses Ziel eines blockadesicheren und verteidigungsfähigen Versorgungsraumes in Europa, der im Kriegsfall nicht unter Feindeinwirkung stehen würde, durch die traumatischen Erfahrungen der britischen Fernblockade 1914 bis 1919 und durch die Weltwirtschaftskrise mit dem Übergang auch der anderen Großmächte zu einer mehr raumgebundenen nationalen Wirtschaftspolitik: die USA in der »westlichen Hemisphäre« Nord- und Südamerikas, England und Frankreich in ihren Kolonialreichen und Japan in Fernost.

Nach dieser nationalistischen »Großraumkonzeption«, wie sie besonders ab 1930 im Auswärtigen Amt, in der Wirtschaftsbürokratie, im schwerindustriellen »Langnam-Verein«, im »Mitteleuropäischen Wirtschaftstag« und in vielen anderen Gremien vertreten wurde, sollten die überkommene, aber schon durch den Ersten Weltkrieg gefährdete Arbeitsteilung und Verflechtung zwischen den Industrienationen weiter zugunsten eines »großen, mehrnationalen, aber eng verflochtenen Wirtschaftsraum(es)« (Volkmann) in Europa unter deutscher Führung gelockert werden.

Bereits unter Brüning wurden seit 1930 die wirtschaftstheoretischen Konzeptionen und die kommerziellen Methoden entwickelt und erprobt, auf denen dann die nationalsozialistische Außen- und Außenwirtschaftspolitik kontinuierlich aufbauen konnte: Devisenbewirtschaftung (ab 15. Juli 1931), wachsender Staatsinterventionismus, eine »zielbewußte planmäßige Gestaltung ... der zwischenstaatlichen Wirtschaftsvorgänge von einem nationalen Mittelpunkt aus«[52], schrittweise Ablösung des Prinzips des Freihandels und der Meistbegünstigung durch Präferenzen, Umstrukturierung multilateraler Waren- und Kapitalströme hin zu einem bilateralen Güteraustausch zwischen Rohstoff- und Agrarproduzenten auf der einen, Industriestaaten auf der anderen Seite, Umstellung des Außenhandels auf das devisenlose Verfahren des Clearings und auf Kompensationsabkommen. Damit antwortete Deutschland auf die verstärkten Devisenabflüsse seit 1930, auf die zahlreichen Devisenkontrollen und Zahlungsschwierigkeiten in Südosteuropa sowie auf den Übergang Großbritanniens zum Schutzzoll und auf die britische Pfundabwertung. Das allgemeine Schlagwort damals in Deutschland – Exportsteigerung und Verbesserung der Konkurrenzsituation für deutsche Industrieerzeugnisse auf den europäischen Märkten – konnte nicht darüber hinwegtäuschen, daß hinter derartigen ökonomischen Parolen stets auch geostrategische, macht- und raumpolitische Ambitionen standen. In diesem Zusammenhang wurde auch das Schlagwort »Autarkie« nach einem zeitgenössischen Urteil wieder »mit einem Mal zu einem der meistbegegnenden Worte in der Tagespresse und in Zeitschriften«[53].

Die nahezu als identisch verwandten Begriffe »Autarkie«, »Großwirtschaftsraum« und »Lebensraum« waren aus mehreren Gründen vieldeutig und schwammig: Dahinter verbargen sich, wie schon im Kaiserreich hinter dem Begriff »Mitteleuropa«, sehr unterschiedliche Konzeptionen zu ihrer konkreten Verwirklichung und ihrer räumlichen Dimension in Industrie und Handel, in der Bürokratie des Reichswirtschafts- und Reichsfinanzministeriums, im Auswärtigen Amt, in der Wehrmacht und schließlich auch in der nationalsozialistischen Führung selbst.

Darüberhinaus bot diese Vieldeutigkeit und Ambivalenz die Möglichkeit, die unterschiedlichsten Ziele, Wünsche und Absichten durch Begriffe und Parolen zu integrieren und den Interessenten das Gefühl zu geben, daß die Regierung sich in ihrer

[52] Werner Sombart in einem 1932 gehaltenen Vortrag über ›Die Zukunft des Kapitalismus‹, zit. nach Hans-Erich Volkmann, Die NS-Wirtschaft in Vorbereitung des Krieges. In: Wilhelm Deist, Manfred Messerschmidt, Hans-Erich Volkmann, Wolfram Wette (Hrsg.), Ursachen und Voraussetzungen der deutschen Kriegspolitik (Das Deutsche Reich und der Zweite Weltkrieg, Bd. 1). Stuttgart 1979, S. 186.

[53] Oswald von Nell-Breuning, Autarkie. In: Stimmen der Zeit 63 (1932) 124, S. 28, zit. nach Volkmann, NS-Wirtschaft, S. 186.

Außenhandelspolitik von deren Wünschen werde leiten lassen. So waren die Nationalsozialisten schon vor der »Machtergreifung«, aber auch später kaum an einer eindeutigen inhaltlichen Festlegung interessiert. Denn gerade die Vagheit der Begriffe und Zielperspektiven erlaubte es den traditionellen »wilhelminischen Eliten« (Hildebrand) in Wirtschaft, Bürokratie und Armee im Bewußtsein scheinbar identischer Interessen ein ganzes Stück des Weges mit den nationalsozialistischen »Autarkisten« zusammenzugehen. Sie gaben sich dabei der Hoffnung hin, wenn es denn konkret »zum Schwur« kommen werde, die Außenpolitik schon in die richtige Richtung steuern zu können. »Mitteleuropa« und »Großwirtschaftsraum« boten ungeachtet tiefgreifender Differenzen zwischen den einzelnen Wirtschaftsbranchen das gemeinsame programmatische Dach, unter dem sich 1933 der Übergang von der Weimarer Republik zum Dritten Reich relativ gleitend und reibungslos vollziehen ließ. »Die NSDAP übernahm in der Weltwirtschaftskrise nicht nur die Idee der Autarkie im wirtschaftlichen Großraum, sondern sie ergänzte dieses zunächst auf handels- und vertragspolitischen Grundlagen beruhende Konzept um eine aggressiv-machtpolitische Komponente.«[54] Schließlich wurde der Begriff »Autarkie« bewußt zu einem Instrument nationalsozialistischer Agitation und Propaganda entwickelt, um zusammen mit einer Reaktivierung alter »Einkreisungstraumata« auch unpopuläre außenpolitische Schritte und den »Lebensraumkrieg« in der Bevölkerung zu legitimieren, ihr äußerste Opfer abzuverlangen und sich ihre Loyalität für das Regime zu sichern.

Spätestens bei dem Begriff »Lebensraumkrieg« muß jedoch unter Berufung auf Hitlers ›Mein Kampf‹ und sein ›Zweites Buch‹ sowie unter Hinweis auf Jacobsens wegweisendes Werk ›Nationalsozialistische Außenpolitik 1933–1938‹ der Einwand formuliert werden, daß sich die bisher skizzierte traditionelle deutsche Revisions- und Großmachtpolitik, selbst wenn sie ab 1930 wieder deutlich aggressive und expansive Züge annahm, nur sehr partiell mit der rassenideologischen und sozialdarwinistischen Fundierung der nationalsozialistischen Außenpolitik durch Hitler, ihren uferlosen Raumzielen, ihrer Gewaltideologie, ihren »revolutionären« Methoden und ihrer starken Beeinflussung durch verschiedene außenpolitische Dienststellen der NSDAP gedeckt hat.

[54] Ebenda, S. 196f.

Etwas überspitzt läßt sich sagen, daß sich alle »Ingredienzien« des eklektischen außenpolitischen »Programmgebräus« Hitlers bereits im politischen Denken, aber auch in der politischen Praxis Deutschlands (und nicht nur Deutschlands) seit dem 19. Jahrhundert nachweisen lassen: wirtschaftliches Groß- und Lebensraumdenken, ein teilweise uferloser Annexionismus und Expansionismus nach Osten vor allem im Ersten Weltkrieg, völkisches Denken und rassebiologischer Antisemitismus, Sozialdarwinismus mit der Proklamation des Rechtes des Stärkeren, die »natürliche Auslese« durch Kampf und der gleichsam »naturgegebene« Führungsanspruch der germanischen Rasse, die Propagierung von Krieg und Gewalt als legitime Mittel der Auseinandersetzung zwischen den Völkern, die damit einhergehende Militarisierung der Gesellschaft und ihrer sozialen Normen, Wirtschaftsimperialismus, Ausbeutung fremder Völker und Umsiedlungspläne im Osten, Antibolschewismus und germanisches Überlegenheitsgefühl gegenüber den »slawischen Untermenschen« und schließlich die »Geopolitik« eines Karl Haushofer bzw. ihr Mißbrauch als pseudowissenschaftliches Fundament für die Begründung, Propagierung und Popularisierung des deutschen Weltmachtanspruches.

Durchaus nationalsozialistisch und in diesem Sinne auch qualitativ neuartig und »revolutionär« waren die ideologische Radikalität und Konsequenz, mit der Hitler diese »Ingredienzien« zu einem »Programm« zusammenfügte, sie erstmals in der deutschen Geschichte zu einer Art offizieller und verbindlicher »Staatsdoktrin« erhob und sie dann in der Außen- und Kriegspolitik bis 1945 mit schrecklichen Folgen für die Betroffenen – Millionen europäischer Juden, Russen, Polen und viele andere Besatzungsopfer – verwirklichte bzw. hat verwirklichen lassen.

Nationalsozialistische Außenpolitik gründete programmatisch in der unheilvollen Verbindung von »Raum« und »Rasse«, Antibolschewismus und rückwärtsgewandter Agrarutopie (Siedlungsland im Osten). Hitlers Denken kreiste mit fast manischer Besessenheit um eine Maxime, für ihn die Triebkraft allen außenpolitischen Handelns: die Selbst- und Forterhaltung der Art und die Sicherstellung der materiellen Existenzgrundlagen »der durch den Staat zusammengefaßten Rasse auf diesem Planeten«[55]. Dem »Wahn der Weltwirtschaft« und der »Erpressung durch die internationale Hochfinanz« erteilten er und sei-

[55] Adolf Hitler, Mein Kampf, 143.–144. Aufl. München 1935, S. 728.

ne Partei von vornherein eine klare Absage. Da es für Hitler und seine Bewegung nur dynamisches Wachstum geben konnte, Geburtenrückgang oder gar »Sterilisation« zu sozialen Spannungen führen mußten (Hoßbach-Niederschrift), andererseits aber der Lebensraum für das rassisch höherwertige Volk begrenzt war, kam der »Außenpolitik des völkischen Staates« die primäre Aufgabe zu, »zwischen der Zahl und dem Wachstum des Volkes einerseits und der Größe und Güte des Grund und Bodens andererseits ein gesundes, lebensfähiges, natürliches Verhältnis« zu schaffen[56]. »Die nationalsozialistische Bewegung muß versuchen, das Mißverhältnis zwischen unserer Volkszahl und unserer Bodenfläche – diese als Nährquelle sowohl wie auch als machtpolitischer Stützpunkt angesehen – ... zu beseitigen.«[57] Nationalsozialistische Außenpolitik hatte den Zweck »der Erhaltung, Förderung und Ernährung unseres Volkes für die Zukunft«[58].

Da es Hitler klar war, daß für die utopischen deutschen Siedlungspläne auf dem Kontinent kein freier Raum mehr zur Verfügung stand und die geplante »Ostkolonisation« in dichtbesiedelten Gebieten überall auf erbitterten Widerstand stoßen würde, war der Krieg mit zwingender Logik die »Orientierungsmarke seiner Außenpolitik«[59]. Daraus leitete sich ein spezifisches Politikverständnis des Nationalsozialismus ab: »Politik ist die Kunst der Durchführung des Lebenskampfes eines Volkes um sein irdisches Dasein« mit dem Ziel, »der jeweiligen Volkszahl die zur Ernährung notwendige Raummenge zu sichern«; dementsprechend war Außenpolitik »die Kunst, einem Volke den jeweils notwendigen Lebensraum in Größe und Güte zu sichern«, und Innenpolitik »die Kunst, einem Volke den dafür notwendigen Machteinsatz in Form seines Rassenwertes und seiner Zahl zu erhalten«[60].

Krieg und Gewalt waren in Hitlers sozialdarwinistischem Denken gleichsam das Naturgesetz des permanenten Lebens-

[56] Ebenda.

[57] Ebenda, S. 732.

[58] Ebenda, S. 687.

[59] Manfred Messerschmidt, Außenpolitik und Kriegsvorbereitung. In: Deist u.a. (Hrsg.), Ursachen und Voraussetzungen, S. 539; eine Innen- und Außenpolitik überzeugend verklammernde Gesamtdarstellung des Dritten Reiches jetzt bei Hans-Ulrich Thamer, Verführung und Gewalt. Deutschland 1933–1945. Berlin 1986.

[60] Hitlers Zweites Buch. Ein Dokument aus dem Jahre 1928. Eingeleitet und kommentiert von Gerard L. Weinberg. Stuttgart 1961, S. 62; vgl. auch S. 47f.

kampfes eines Volkes. In der »Begrenzung des Lebensraumes« lag für Hitler »der Zwang zum Lebenskampf, im Lebenskampf dafür aber die Voraussetzung zur Entwicklung«[61]. Diese mit allen Mitteln der Propaganda und Erziehung betriebene Verklärung der Gewalt und des Krieges als eines legitimen Regel- und Normalfalles, das ewige Pochen auf dem Recht des Stärkeren, waren spezifisch nationalsozialistische Erscheinungen. Sie ließen alle Ansätze einer Militarisierung und ideologischen Mobilisierung der Gesellschaft mit Hilfe einer Gewaltideologie im Kaiserreich und auch im Ersten Weltkrieg, ja selbst die chauvinistischen Bemühungen der Alldeutschen weit hinter sich. Hier war die überkommene Trennung von Krieg und Frieden letztendlich aufgehoben oder, um mit Hitler zu sprechen, »die beiden Begriffe Friedens- oder Kriegspolitik« mußten »sofort in ein Nichts versinken«[62].

Aber auch in einem anderen Sinne galten traditionelle Unterscheidungen nicht mehr: Der Unterschied zwischen Innen- und Außenpolitik war aufgehoben. Alles löste sich in eine einheitliche Politik der »Wiederwehrhaftmachung« des Volkes und der Kriegsvorbereitung auf, bei der es nur noch zwischen einer mehr innenpolitisch akzentuierten »abschirmenden« Phase am Anfang und einer anschließenden Aktivierung mit dem Ziel einer optimalen internationalen Konstellation für die Auslösung des »Lebensraumkrieges« zu differenzieren galt. »Denn so sehr die Innenpolitik der Außenpolitik das völkische Kraftinstrument liefern muß, so sehr muß aber auch die Außenpolitik durch die von ihr eingeschlagenen Handlungen und Maßnahmen die Bildung dieses Instruments fördern und unterstützen.«[63] Nach Hitler war es »zunächst Aufgabe der deutschen Innenpolitik, dem deutschen Volk wieder eine zweckmäßige militärische Organisation seiner nationalen Kraft zu geben. Da aber die Formen der heutigen Reichswehr diesem Zwecke nie genügen können und umgekehrt durch außenpolitische Momente bestimmt sind, ist es Aufgabe der deutschen Außenpolitik, alle Möglichkeiten herbeizuführen, die die Wiederorganisation eines deutschen Volksheeres gestatten könnten.«[64] »Dieses Schwert zu schmieden, ist die Aufgabe der innenpolitischen Leitung eines Volkes; die Schmiedearbeit zu

[61] Ebenda, S. 47.
[62] Ebenda, S. 48.
[63] Ebenda, S. 107.
[64] Ebenda, S. 111 f.

sichern und Waffengenossen zu suchen, die Aufgabe der außenpolitischen.«[65]

Der Weg nach Osten zur »Bodenpolitik der Zukunft« auf der Grundlage eines Bündnisses mit England und Italien nach der Ausschaltung Frankreichs bot sich für den nationalsozialistischen Lebensraumimperialismus unter mehreren Aspekten an: In diese Richtung hatte schon die Kriegszielpolitik des kaiserlichen Deutschlands, zuletzt nach dem Zusammenbruch des Zarenreiches 1917, fast uferlose Ambitionen entwickelt, in denen sich die Hoffnung deutscher Kolonisten auf Siedlungsland mit dem Annexionismus schwerindustrieller Kreise, etwa in den Erzgebieten des Donez-Beckens Kreise verbanden. Insofern war die östliche Expansionsrichtung den »wilhelminischen Eliten« bereits vertraut. Dem »Blick nach dem Osten«[66] schienen sich nahezu unbegrenzte Möglichkeiten für die Erschließung durch den deutschen Pflug zu bieten. Möglichen Bedenken gegen eine Helotisierung, Vertreibung oder gar Vernichtung der einheimischen Bevölkerung, wie sie u.a. Hjalmar Schacht gegenüber Hitler formulierte, setzten die Nationalsozialisten Rassenideologie und Herrenmenschendünkel entgegen, der in den Slawen zur Kulturschöpfung unfähige »Untermenschen« sah; alldeutschem Denken war dies bereits vor 1914 nicht ganz fremd. Schließlich schien die Sowjetunion selbst »rassenpolitisch« ein leichtes Opfer und reif für die innere Auflösung und den Untergang. Hier zeichnete sich in den Programmschriften Hitlers sehr früh schon jene unheilvolle Verbindung von Antibolschewismus und Judenhaß ab, der die Sowjetunion mit erbarmungsloser Konsequenz sofort nach dem deutschen Überfall am 22. Juni 1941 zum ersten Experimentierfeld für den »Holocaust« werden ließ. Antisemitismus, Antibolschewismus und Raumdenken sind als Kernbestandteile nationalsozialistischer Außen- und Kriegspolitik nicht voneinander zu trennen.

Die Bolschewisierung der Sowjetunion hat nach Hitler dem russischen Volk »die staatenbildende Wirksamkeit des germanischen Elementes in einer minderwertigen Rasse«[67] genommen. An die Stelle des »germanischen Kern(es)« sei in der Führung der Sowjetunion das Judentum als »ein Ferment der Dekomposition« getreten. »Das Riesenreich im Osten ist reif zum Zu-

[65] Hitler, Mein Kampf, S. 689.
[66] Ebenda, S. 742.
[67] Ebenda.

sammenbruch. Und das Ende der Judenherrschaft in Rußland wird auch das Ende Rußlands als Staat sein. Wir sind vom Schicksal ausersehen, Zeugen einer Katastrophe zu werden, die die gewaltigste Bestätigung für die Richtigkeit der völkischen Rassentheorie sein wird.«[68] Die Beschwörung der Jahrhundertkatastrophe, die sich am Ende freilich gegen Deutschland selbst kehren sollte, gab dem Diktator immerhin ein weiteres Propagandamittel zur Rechtfertigung und Scheinlegitimation seiner Außenpolitik in die Hand, das seine Wirkung auf das eigene Volk, aber teilweise auch auf die Öffentlichkeit im westlichen Ausland nicht verfehlen sollte: Hitler als »Retter Europas« vor dem bolschewistischen Ansturm aus dem Osten!

Die Frage, ob Hitler ein reiner Kontinentalpolitiker gewesen ist und dementsprechend sein Endziel in der Eroberung von »Lebensraum im Osten« gesehen hat oder ob es bereits vor 1939 Hinweise darauf gab, daß die Kontinentalhegemonie nur die Basis für eine überseeische Weltmachtstellung darstellen sollte, um, sei es mit Großbritannien oder nach seiner Niederringung, zum Endkampf um die Weltvorherrschaft gegen die USA anzutreten, wird bis heute kontrovers diskutiert.

Die Festlegung Hitlers bereits vor Kriegsbeginn auf rationale und konkrete, wenn auch utopisch anmutende globale Zielvorstellungen und »Stufenpläne« nach der Eroberung von »Lebensraum im Osten« muß Spekulation bleiben, die zudem einen weiteren wichtigen Grundzug nationalsozialistischer Außenpolitik verfehlt: ihre tendenziell uferlose und irrationale Dynamik als Instrument zur totalen ideologischen Mobilisierung und politischen Erfassung der Bevölkerung. Permanenter Lebenskampf, ununterbrochene Mobilisierung, Gewalt und Gewaltandrohung nach innen wie nach außen galten nach Ausweis der »Hoßbach-Niederschrift« und zahlloser anderer Zeugnisse Hitlers als sozialdarwinistisches Lebenselixier der braunen Bewegung, als Garant ihres Bestandes und ihres Wachstums sowie als Ventil für gesellschaftliche Spannungen. »An die Stelle eines im Grunde genommen erstarrten Zustandes« sollte nach Hitler »eine Periode des Kampfes« treten. »Doch wie immer und in allem auf dieser Welt, wird auch hier das Wort seine Geltung behalten, daß ›wer rastet – rostet‹, und weiter, daß der Sieg ewig nur im Angriff liegt. Je größer dabei das Kampfziel, das uns vor Augen schwebt, und je geringer das Verständnis der breiten

[68] Ebenda, S. 743.

Masse im Augenblick dafür sein mag, um so ungeheurer sind aber, den Erfahrungen der Weltgeschichte nach, die Erfolge – und die Bedeutung dieser Erfolge dann, wenn das Ziel richtig erfaßt und der Kampf mit unerschütterlicher Beharrlichkeit durchgeführt wird.«[69] Rationales Kalkül und irrationales Wunschdenken, rassebiologisches Dogma und taktische Virtuosität lagen im Denken Hitlers und in der nationalsozialistischen Politik stets eng beieinander.

Eine vorläufige Bilanz will versuchen, die traditionelle deutsche Macht- und Hegemonialpolitik gegen die spezifischen Züge nationalsozialistischer oder besser: Hitlerscher Außenpolitik abzusetzen:

1. »Mitteleuropa«, »Großwirtschaftsraum Südosteuropa«, »deutsche Vormachtstellung in Europa«, bestimmte Bündniskonstellationen wie der Ausgleich mit England und Italien oder revisionistische Ansprüche auf die »Grenzen von 1914« waren für die nationalkonservativen und noch im Wilhelminismus verwurzelten Eliten Ziele an sich, für Hitler und die nationalsozialistische Außenpolitik nur Zwischen- und Durchgangsstufen für den Lebensraumkrieg im Osten.

2. Der außenpolitische Stil änderte sich: Wurde bis 1933 der Einsatz kriegerischer Mittel als ultima ratio der Außenpolitik stets nur unter der Bedingung einkalkuliert, daß ein hinreichender Aufrüstungsstand der Reichswehr erreicht und damit ein Vabanque ausgeschlossen war, so standen Innen- und Außenpolitik ab 1933 immer eindeutiger im Dienste der Kriegsvorbereitung, und zwar sehr bald ohne Rücksicht darauf, ob die Wehrmacht der Gefahr eines Zweifrontenkrieges gewachsen war oder nicht. Dies bedeutete aber nach der nationalsozialistischen Machtübernahme für außen- und rüstungspolitische Entscheidungen und Handlungen eine sichtliche Tempobeschleunigung in Richtung auf eine psychologische und materielle Kriegsbereitschaft. Ohne Rücksicht auf Rentabilität, Leistungskraft und Verluste entwickelte sich unter der Perspektive von »Wehrwirtschaft« und geplantem Krieg eine Eigendynamik, die den Raubbau und Substanzverschleiß an der eigenen Volkswirtschaft bewußt mit einkalkulierte, in der Hoffnung, daß man sich schon bald an der Kriegs- und Annexionsbeute würde schadlos halten können. »Autarkie« und »Großwirtschaftsraum« trugen einen schillernden Doppelcharakter als Kriegs-

[69] Ebenda, S. 440.

mittel und als Kriegsziel. »Paradoxerweise konnte der Krieg seine ›optimalen‹ Voraussetzungen: Autarkie und Großwirtschaftsraum – ›Lebensraum‹ – überhaupt erst schaffen.«[70]

3. Die rasseideologische und sozialdarwinistische Radikalisierung überkommener Machtpolitik ließ in einer künftigen »Pax Germanica« in Europa keinen Raum mehr für gleichberechtigte und souveräne Bündispartner, sondern nur noch für willfährige Satelliten und Heloten.

4. Die rasche Dynamisierung einer auf Krieg angelegten Innen- und Außenpolitik schuf ihrerseits mit gleicher Geschwindigkeit ab 1933 wehrwirtschaftliche Engpässe im Innern und Widerstände im internationalen Mächtesystem, die den Bewegungsspielraum der deutschen Regierung bis 1939 zunehmend einengten und schließlich die »Flucht nach vorn« in den Krieg als scheinbar unausweichliche Konsequenz erscheinen ließen.

5. Rational kalkulierende Außenpolitik als »Kunst des Möglichen« (Bismarck) hatte sich stets mehrere Wege offengehalten, um international manövrier- und kompromißfähig zu bleiben. So handelten die Weimarer Regierungen, und so handelten auch – vielleicht mit Ausnahme der letzten Monate vor der Julikrise 1914 – die Reichsführungen des kaiserlichen Deutschlands. Demgegenüber prägte ein radikal zugespitztes »Entweder-Oder« nicht nur den Denkstil Hitlers – »Deutschland wird entweder Weltmacht oder überhaupt nicht sein«[71] –, sondern zunehmend auch den Stil der deutschen Außenpolitik, die dann im Zeichen von »Sieg oder Untergang« im Krieg die letzte Aufgipfelung ihrer von Anfang an immanenten Radikalität erreichen und endgültig in die Selbstvernichtung des Regimes einmünden sollte. Es erscheint somit am Ende zweifelhaft, wieweit eine Außenpolitik, die von Anfang an so alternativ- und kompromißlos wie die nationalsozialistische auf den Krieg mit höchstem Einsatz aller Mittel zusteuerte, überhaupt noch diesen Namen verdient.

[70] Messerschmidt, Außenpolitik und Kriegsvorbereitung, S. 536.
[71] Hitler, Mein Kampf, S. 742.

2. Die Jahre 1933 bis 1935: Konsolidierung nach innen, Abschirmung nach außen

Noch am Tage der Ernennung Hitlers zum Reichskanzler, am 30. Januar 1933, übermittelte der Staatssekretär im Auswärtigen Amt, Bernhard von Bülow, den deutschen Missionschefs in einem telegraphischen Runderlaß[1] die Sprachregelung für die Präsentation der neuen Regierung und ihrer Politik im Ausland: die Diplomaten sollten beruhigend auf die betreffenden Länder einwirken und darauf verweisen, daß das Kabinett auch auf den mehrfach geäußerten Wunsch des Reichspräsidenten Hindenburg auf dem Boden der Verfassung gebildet worden sei. Die Regierungsbildung durch die stärkste Reichstagspartei sei unter maßgeblicher Beteiligung der Deutschnationalen und des Stahlhelms erfolgt. Noch schwebende Verhandlungen mit dem Zentrum und der Bayerischen Volkspartei wegen Beteiligung oder Tolerierung könnten sogar eine arbeitsfähige Mehrheit im Reichstag ergeben.

Offenbar kam es dem Staatssekretär gar nicht in den Sinn, daß ausgerechnet sein Hinweis auf so reaktionäre und chauvinistische Gruppen wie den Stahlhelm und Hugenbergs DNVP oder auch auf die »Wiederherstellung sogenannter Harzburger Front«, einen am 11. Oktober 1931 begründeten Zusammenschluß rechtsradikaler Gruppen zur »Nationalen Opposition« zum Sturz Brünings, mit die ungünstigste, weil am stärksten beunruhigende »Visitenkarte« war, die die neue Regierung in den westlichen Hauptstädten abgeben konnte.

Weiterhin böten – so Bülow in dem Zirkular – der Reichsfinanzminister Graf Schwerin-Krosigk und der Reichswehrminister Blomberg Gewähr für eine kontinuierliche Linie in der Finanz-, Währungs- und Militärpolitik; der innenpolitische Kurs der neuen Regierung sei eine rein deutsche Angelegenheit, wie sich ja auch Deutschland einer Einmischung in fremde Angelegenheiten enthalte. Entsprechend dieser Sprachregelung interpretierten die deutschen Botschafter im Vertrauen auf die Vernunft und das außenpolitische Prestige Neuraths die nationalsozialistische Machtübernahme vorwiegend optimistisch. Als einziger Spitzendiplomat quittierte der Vertreter in Washington, Baron von Prittwitz und Gaffron, den Dienst.

[1] ADAP 1918–1945, Serie C 1933–1937, Bd. I, 1. Göttingen 1971, Nr. 1: Runderlaß des Staatssekretärs des Auswärtigen Amtes von Bülow, 30. Januar 1933.

Vier Tage später, am 3. Februar, folgte Hitler einer Einladung des Reichswehrministers Blomberg zur Feier des 60. Geburtstages des Reichsaußenministers von Neurath im Haus des Chefs der Heeresleitung, des Generals Kurt von Hammerstein-Equord. Hier entwickelte der neuernannte Reichskanzler in einer zweieinhalbstündigen Rede vertraulich seine Ziele und Gedanken vor den Befehlshabern des Heeres und der Marine. Eine knappe Zusammenfassung der Ausführungen liegt uns in Aufzeichnungen eines der Teilnehmer, des Generalleutnants Liebmann, vor (vgl. Dokument 1)[2]. Als »Ziel der Gesamtpolitik« proklamierte er die »Wiedergewinnung der pol(itischen) Macht«, auf die die gesamte Staatsführung eingestellt werden müsse.

Im einzelnen würde dies für die Innenpolitik eine »völlige Umkehrung der gegenwärt(igen) innenpol(itischen) Zustände in D(eutschland)« bedeuten. Das hieß konkret Beseitigung des Pazifismus, Ausrottung des Marxismus, Umerziehung des gesamten Volkes, die Jugend eingeschlossen, »auf den Gedanken, daß nur d(er) Kampf uns retten kann u(nd) diesem Gedanken gegenüber alles zurückzutreten hat«, weiterhin Wehrertüchtigung der Jugend und Stärkung des Wehrwillens, eine drastische Verschärfung der Rechtssprechung, »straffste autoritäre Staatsführung« sowie »Beseitigung des Krebsschadens der Demokratie«. Für die Außenpolitik proklamierte Hitler den »Kampf gegen Versailles«, eine Gleichberechtigung bei der Abrüstungskonferenz in Genf sowie die Sorge um Bundesgenossen. Das Wirtschaftsprogramm sollte im Dienste der Rettung der Bauern und der Siedlungspolitik stehen, um das Arbeitslosenheer abzubauen. All dies könne aber nur ein vorübergehendes Aushilfsmittel sein. Eine Absage an eine Ankurbelung des Außenhandels verband der Redner mit seinem bekannten Hinweis auf die Begrenztheit des Lebensraumes für das deutsche Volk. Unabdingbare Voraussetzung für das Hauptziel, die »Wiedererringung der pol(itischen) Macht«, waren für den Reichskanzler der »Aufbau der Wehrmacht« und die Wiedereinführung der allgemeinen Wehrpflicht. Seine Vorstellungen über den Gebrauch der wiedererrungenen politischen und militärischen Macht kleidete Hitler in jenen berühmten Kernsatz, der seitdem in keinem Lehrbuch zur NS-Geschichte fehlt: »Vielleicht Erkämpfung

[2] Nachgedruckt bei Thilo Vogelsang, Neue Dokumente zur Geschichte der Reichswehr 1930–1933. In: VfZ 2 (1954), S. 434f., daraus die folgenden Zitate.

neuer Export-Mögl(ichkeiten), vielleicht – und wohl besser – Eroberung neuen Lebensraums im Osten u(nd) dessen rücksichtslose Germanisierung.« Unmittelbar an die Adresse der Reichswehrführung und des Reichsaußenministers gerichtet waren die beiden Schlußgedanken: Die Wehrmacht als wichtigste Einrichtung im Staate sollte unpolitisch und überparteilich bleiben, sich nicht in die innenpolitischen Auseinandersetzungen einmischen und ihre Selbständigkeit gegenüber der SA behalten. Die Übergangszeit während der Aufrüstung werde äußerst gefährlich sein, und wenn Frankreich Staatsmänner habe, werde es Deutschland in dieser kritischen Periode keine Atempause gönnen, sondern vor Abschluß der Aufrüstung – gegebenenfalls mit seinen osteuropäischen Verbündeten – in Deutschland intervenieren.

Der ›Völkische Beobachter‹ feierte dieses bemerkenswerte Treffen im Hause Hammerstein mit der Überschrift ›Das Reichsheer Schulter an Schulter mit dem neuen Kanzler‹[3]. Von Bekundungen der Opposition gegen Hitlers kriegerische und brutale Ausführungen aus dem Kreis der Teilnehmer ist nichts bekannt. Einige verließen die Runde sichtlich beeindruckt von dem »starke(n) Willen und ideale(n) Schwung« des Kanzlers. Andere wie der Oberstleutnant Fromm (am 20. Juli 1944 Oberbefehlshaber des Ersatzheeres) beschwichtigten aufkommende Sorgen mit der Bemerkung, »daß die maßlosen Vorhaben an der Härte der Tatsachen scheitern und auf ein nüchternes Maß zurückgeführt« werden würden. Einigen fiel auch das Schiller-Wort ein: »Stets war die Rede kecker als die Tat.« Niemand schien bemerkt zu haben, daß der »Führer« in vertraulicher Runde die Friedensmaske hatte fallenlassen und nun sein wahres Gesicht zeigte. Nichts war mehr zu hören von dem noch wenige Tage vorher in der Regierungserklärung öffentlich geäußerten »aufrichtigsten Wunsch« nach »Erhaltung und Festigung des Friedens« sowie nach »Beschränkungen der Rüstungen« nach außen und nach einem »Akt der Versöhnung« im Inneren.

Am 13. März 1933 legte der Staatssekretär Bülow in enger Absprache mit dem Reichswehrministerium seinem Chef Neurath »eine Aufzeichnung über die außenpolitische Lage Deutschlands« vor[4], die dieser am 7. April in gekürzter Fassung

[3] Vgl. Karl Dietrich Bracher, Wolfgang Sauer und Gerhard Schulz (Hrsg.), Die nationalsozialistische Machtergreifung. 2. Aufl. Köln 1962, S. 719f.

[4] Die Denkschrift ist kommentiert und abgedruckt bei Günter Wollstein, Eine Denkschrift des Staatssekretärs Bernhard von Bülow vom März 1933. Wilhelmi-

in eine Ministerbesprechung unter Vorsitz Hitlers einbrachte[5]. In seiner Denkschrift entwickelte Bülow in einem »Drei-Stufen-Plan« außenpolitische Zielvorstellungen, die sich in hohem Maße mit der Konzeption der traditionellen politischen Führungsschicht Deutschlands seit dem Kaiserreich deckten. Es ist anzunehmen, daß Neurath und Bülow, unterstützt von Blomberg, mit diesem Schritt den Reichskanzler im Kabinett gleich zu Anfang nachdrücklich und verbindlich auf die alleinige institutionelle Verantwortlichkeit des Auswärtigen Amtes, programmatisch auf die Traditionslinien des wilhelminischen Imperialismus und des Weimarer Revisionismus festlegen wollten. Neurath tat dies in genauer Kenntnis der Rede Hitlers vom 3. Februar.

Die auffallend starke Betonung der Wirtschaftspolitik in der außenpolitischen Lageanalyse deutet auf den beherrschenden Einfluß hin, den die Folgen der Weltwirtschaftskrise damals auf alle Planungen zur Außenpolitik ausübten. Auf der ersten Stufe überwogen nach Ansicht des Staatssekretärs eindeutig die außenpolitischen Passiva: die militärische Schwächung durch den Versailler Vertrag, die Unterlegenheit gegenüber den Nachbarn Polen und Frankreich und die Notwendigkeit, die Auf- und Umrüstungsmaßnahmen »verhältnismäßig langsam und möglichst geräuschlos durchführen zu müssen, um Interventionen, Präventivaktionen und außenpolitische Erschütterungen zu vermeiden«; die Gerüchte über polnische Präventivkriegspläne gegen das nationalsozialistische Deutschland, gegebenenfalls sogar mit Unterstützung Frankreichs, die prekäre finanzielle, kredit- und handelspolitische Lage Deutschlands angesichts einer immer noch starken Außenhandelsabhängigkeit bei einer fortschreitenden Schrumpfung des Außenhandels und einer weltweiten Tendenz zur Autarkie, damit verbunden »eine starke Schwächung der politischen Einflußmöglichkeiten« etwa in Südosteuropa, weil der Agrarprotektionismus die Aufnahmemöglichkeiten des deutschen Marktes noch stark reduzierte.

Neben der passiven Bilanz sah der Staatssekretär nur »geringe Aktiva«, zu denen vor allem die Mittellage Deutschlands im Herzen Europas zählte. Hier sollten die große Aufnahmefähig-

nische Konzeption der Außenpolitik zu Beginn der nationalsozialistischen Herrschaft. In: Militärgeschichtliche Mitteilungen (MGM; 1973) 1, S. 77–94 daraus die folgenden Zitate.

[5] Akten der Reichskanzlei. Regierung Hitler 1933–1938. Die Regierung Hitler, Teil I: 1933/34, Band 1. Boppard 1983, Nr. 93, S. 313ff.

keit des deutschen Marktes, das Interesse der auswärtigen Gläubiger am Wohlergehen ihrer Schuldner, die erwartete führende Rolle Deutschlands in der Überwindung der Weltwirtschaftskrise sowie ein wachsendes Schuldgefühl der Siegermächte von Versailles gegenüber dem Besiegten gezielt zur Rückgewinnung der deutschen Großmachtstellung eingesetzt werden. Die zweite Stufe sollte nach Ansicht Bülows ganz im Zeichen der »Durchführung der Revision von Versailles« stehen. Im Rahmen der territorialen Einzelrevision blieb das Hauptziel nach wie vor »die Umgestaltung der Ostgrenze, wobei die Wiedergewinnung sämtlicher in Frage kommenden polnischen Gebiete gleichzeitig anzustreben und Teil- oder Zwischenlösungen abzulehnen sind. (Nur noch *eine* Teilung Polens.)« Die anzustrebende »Ostlösung« sollte gleichzeitig Danzig, den Korridor, die Memelfrage und das Hultschiner Ländchen umfassen. Neben dem »Ostproblem« skizzierte Bülow für die fernere Zukunft weitere territoriale Revisionsziele: die Grenze Nordschleswigs, die Rückgewinnung von Eupen und Malmedy und zu einem späteren Zeitpunkt auch Elsaß-Lothringens, den Rückerwerb früherer deutscher Kolonien und gegebenenfalls den Erwerb neuer Kolonien und den Anschluß Österreichs, sofern mit einer Gegnerschaft Italiens nicht mehr zu rechnen sei.

In der Abrüstungsfrage plädiert der Verfasser der Denkschrift dafür, »aus naheliegenden taktischen Gründen ... auf der Abrüstungskonferenz nach außen hin als unser Ziel ... den Ausgleich des Rüstungsstandes mit unseren Nachbarn, in erster Linie im Wege der Abrüstung der anderen (ziffernmäßige Beschränkung, Waffenverbote), anzustreben«. Im übrigen konnte Bülow davon ausgehen, daß er hinsichtlich der vorrangigen Bedeutung der Aufrüstung im Kabinett offene Türen einrannte. Blomberg und Neurath sprachen sich zunächst sogar für eine schärfere internationale Gangart auf der Genfer Abrüstungskonferenz aus als der eher zögernde Hitler.

Mit der – wenn auch zurückhaltenden – Erwähnung Elsaß-Lothringens, Österreichs und des Erwerbs neuer Kolonien sprengte die Denkschrift bereits ihren traditionellen Revisionsrahmen und wies auf eine dritte Stufe deutscher Großmachtpolitik. Auch die geopolitischen Argumente Bülows für »die Erstarkung Deutschlands nach allen Richtungen« und seine Andeutungen über die Antriebskräfte und die Wahl der politisch-ökonomischen Mittel ließen aufhorchen und verrieten, daß der

1930 eingeschlagene expansivere und offensivere außenpolitische Kurs unvermindert und unter günstigen Bedingungen sogar verstärkt fortgesetzt werden sollte: Die außenpolitischen Ziele des Reiches sollten sich herleiten »aus der Umwälzung der politischen und wirtschaftlichen Gestaltung insbesondere Europas«, aus seiner geographischen Mittellage, seinen wirtschaftlichen Grundlagen wie Überbevölkerung und eine zu schmale Rohstoffbasis sowie aus der Notwendigkeit für die Industrien aller Länder, neue Gebiete zu erschließen und im Interesse einer ewigen Festschreibung der internationalen Arbeitsteilung die Industrialisierung der Agrarländer zu bekämpfen. Auch die deutschen Minderheiten jenseits der Grenzen und das Auslandsdeutschtum sollten zur Unterstützung dieses expansiven Kurses eingesetzt werden. Des an sich naheliegenden Hinweises auf Polen und die Tschechoslowakei bedurfte es hier nicht mehr.

Bülow war sich ebenso wie Neurath, Blomberg und Hitler vollkommen darüber im klaren, daß es in der kritischen Aufbauphase auf dem Wege zur europäischen Großmacht unter allen Umständen galt, »politische und wirtschaftliche Gefahrenzonen« zu meiden, und daß gerade die Wiederwehrhaftmachung so weit gegen auswärtige Interventionen abgeschirmt werden mußte, daß das Fundament jeder künftigen Großmachtpolitik nicht schon gefährdet war, bevor diese recht eigentlich eingeleitet werden konnte. Deshalb verdienen seine Maximen zur zusätzlichen »Abschirmung« der inneren Reorganisation während der prekären Übergangsphase besondere Beachtung.

Deutschlands »gefährliche Schwäche« schrieb bis auf weiteres einen Kurs des Erstarkens »aus eigener Kraft« vor und eine Politik »ohne Bündnisse und unter elastischer, nach dem Charakter der jeweiligen Probleme zu gestaltender Anlehnung an andere Staaten«. Denn andernfalls drohe dem Reich, daß es gegen seine Interessen an der Seite eines stärkeren Bündnispartners in einen Konflikt mit all seinen Konsequenzen hineingezogen werden konnte. Der Schutz kollektiver Sicherheit durch den Völkerbund, Schiedsverträge und den Kellog-Pakt von 1928 wurde als »problematisch« eingestuft. Im einzelnen plädierte Bülow, die Linie seiner Vorgänger weiterführend, für ein »gutes Verhältnis zu England«, da »der Versuch einer Durchsetzung unserer Revisionswünsche ohne englische Hilfsstellung oder gar im offenen Gegensatz zu England ... aussichtslos sein« würde. Seine äußerst negative Einschätzung der Möglichkeiten »einer dauernden freundschaftlichen Gestaltung der beiderseitigen Beziehungen« mit Frankreich und sein Hinweis auf den »Zusammenstoß« zwischen französischem Antirevisionismus und »dem Drängen der deutschen Außenpolitik in entgegengesetzter Richtung« zeigen, wie weit sich das Auswärtige Amt 1933 schon von der Ära Briand-Stresemann entfernt hatte. Gleiches galt damals auch für den Quai d'Orsay. Das sichtlich abgekühlte Verhältnis zum Nachbarland war reduziert auf die dürre und pragmatische Leitlinie, »daß sich Frankreich nicht unmittelbar bedroht fühlt und uns nicht in den Arm fällt«. Immerhin warnte der Autor vor einer »grundsätzliche(n), demonstrativ betonte(n) Abkehr Deutschlands von Frankreich«, »weil ohne und gegen Frankreich die deutschen Ziele nicht zu verwirklichen sind, sofern wir uns nicht ernstesten Konfliktgefahren aussetzen wollen«.

Die an sich gewünschte enge Zusammenarbeit mit Italien war nur durchzuhalten bei einer Abstimmung der konträren beiderseitigen Interessen »in der österreichischen Frage und in den Problemen des Donauraums«. Denn die deutsche Anschlußpolitik gegenüber Österreich und die expansive Südosteuropapolitik Berlins ließen sich, wie Bülow mit Recht hervorhob, kaum in Einklang bringen mit dem Bestreben Roms, in Kooperation mit Wien und Budapest für sich selbst eine unangreifbare Vormachtstellung in diesem Raum aufzubauen. Im Ausgleich zunächst frontal aufeinanderprallender Stoßrichtungen des deutschen und des italienischen Hegemonialstrebens sollte bis 1937 noch eine der schwierigsten Aufgaben auf die Regierung Hitler warten, bevor dann die Zeit für den Anschluß Österreichs reif war. Deshalb setzte sich der Staatssekretär in der Österreich-Frage vorerst für ein vorsichtiges Taktieren ein, um wenigstens den »gegenwärtigen Schwebezustand Österreichs« zu erhalten. »Die Politik des Reiches wird sich zum Ziele setzen müssen, die inneren Widerstände Österreichs gegen ein Abgleiten in deutschlandfremde politische Kombinationen nach Möglichkeit zu stärken. Bei der heutigen Lage Österreichs wird hierbei die Gewährung fühlbarer wirtschaftlicher Hilfe seitens des Reichs von besonderer Bedeutung sein.« Konkret ging es hier nach dem Fiasko der Zollunions-Pläne 1931 um die Gewährung von Präferenzen für die Einfuhr österreichischer Produkte.

Einen relativ breiten Raum nimmt in dieser Denkschrift wie üblich die für die traditionellen deutschen Führungsschichten vorrangige Zielrichtung des deutschen Imperialismus ein: der Donau- und Balkanraum. Dabei kam der Staatssekretär freilich nicht umhin, auch hier wieder auf den bereits seit der Ära Brüning bestehenden grundsätzlichen Zielkonflikt zwischen großlandwirtschaftlichem Agrarprotektionismus auf der einen und traditionellem Wirtschaftsimperialismus der Industrie auf der anderen Seite einzugehen. Schienen einerseits auf deutsche industrielle Ausfuhrgüter und Kapitalien recht lukrative Absatz- und Anlageräume im »Großwirtschaftsraum Südosteuropa« zu warten, so stellte sich andererseits die immer noch mächtige Agrarlobby in Ostelbien schon im ausgehenden 19. Jahrhundert und dann verstärkt in der Weltwirtschaftskrise vehement gegen alle Versuche, den deutschen Markt im Gegenzug für die konkurrierenden Agrarprodukte des Südostens zu öffnen. Dementsprechend konnten Auswärtiges Amt, Reichswirtschaftsministerium und die interessierten privaten Wirtschaftskreise erst in dem Augenblick zu einer Aktivierung der Südosteuropapolitik ansetzen, als im Juni 1933 der Vertrauensmann der Großagrarier, Alfred Hugenberg, nach seinem skandalösen Auftreten auf der Londoner Weltwirtschaftskonferenz zum Rücktritt von seinen diversen Ämtern als »Wirtschaftsdiktator« (Reichswirtschafts- und Reichsernährungsminister, kommissarischer preußischer Wirtschafts- und Handelsminister) gezwungen und die Großlandwirtschaft gleichgeschaltet wurde. Bis zum Sommer stand also »in schroffem, von Ungarn schwer empfundenen Gegensatz zu unserer politischen Freundschaft« die Tatsache, »daß infolge der deutschen Agrarschutzmaßnahmen fast die ganze Ausfuhr Ungarns nach Deutschland abgeschnitten worden ist«. Bülow leitete daraus die dringende Notwendigkeit ab, recht bald »Zugeständnisse für Kompensationsgeschäfte mit ungarischen landwirtschaftlichen Erzeugnissen« zu machen. Für die anderen Agrarproduzenten wie Rumänien und Jugoslawien galt das Gleiche.

Der hartnäckige Widerstand der Agrarprotektionisten gegen eine Einfuhr landwirtschaftlicher Konkurrenzprodukte aus dem Donauraum mußte auch noch aus einem weiteren, geostrategischen und politischen Grund möglichst bald gebrochen werden. Denn nur so war eines der zentralen und seit zehn Jahren mit großer Regelmäßigkeit immer wieder propagierten Ziele des Auswärtigen Amtes zu erreichen: die Lockerung der Bindungen der Kleinen Entente (Tschechoslowakei, Rumänien, Jugoslawien) an die Schutzmacht Frankreich und die schrittweise innere Auflösung dieses antirevisionistischen Sperriegels gegen ein erneutes deutsches Vordringen nach Südosteuropa. Dies sollte unter Einsatz ökonomischer Mittel geschehen, wie Bülow nicht müde wurde zu betonen: »Das beste Mittel hierfür wäre zweifellos eine Wirtschaftspolitik, die den deutschen Absatzmarkt für die Produkte dieser Länder öffnet. Vor allem Jugoslawien und Rumänien könnten bei ihrer heutigen katastrophalen Wirtschaftslage auf diesem Wege in der Richtung ihrer Außenpolitik maßgebend beeinflußt werden. Auf diesen politischen Erwägungen beruht unsere Politik der wirtschaftlichen Unterstützung der unteren Donaustaaten (Ungarn, Rumänien, Jugoslawien, Bulgarien), die in unserer Bereitwilligkeit zur Gewährung von Getreidepräferenzen und in der Hilfsstellung zum Ausdruck kam, die wir diesen Staaten auf internationalen Konferenzen, zuletzt auf der Konferenz von Stresa, gewährt haben.«[6] Allerdings sei die weitere Zielsetzung, »daß der deutschen Ausfuhr der Weg auf diese besonders entwicklungsfähigen Absatzmärkte für die Zukunft offengehalten werden muß«, in der letzten Zeit »durch fast völlige Abschneidung der landwirtschaftlichen Ausfuhr dieser Staaten nach Deutschland stark beeinträchtigt worden« – ein weiterer Hinweis auf die negativen Wirkungen der landwirtschaftlichen Schutzzollpolitik der Agrarier.

Die Beziehungen zur Sowjetunion und zu Polen standen naturgemäß für Bülow in einem unmittelbaren revisionspolitischen Zusammenhang. Die Erwähnung der russischen »Rückendekkung gegen Polen«, der guten Beziehungen zur Roten Armee und der Wünschbarkeit einer Wiederbelebung des beiderseitigen Warenaustausches durch eine Steigerung der deutschen Einfuhren wurde verknüpft mit der Forderung nach Ratifizierung der Verlängerung des Berliner Vertrages zwischen beiden Staaten vom 24. April 1926. Diese Ratifikation stand seit zwei Jahren an und wurde schließlich nach langwierigen Verhandlungen durch die Unterzeichnung eines Verlängerungsprotokolls am 5. Mai 1933 vollzogen. Mit Polen war eine Verständigung »weder möglich noch erwünscht«. Im Gegenteil, ein »gewisses Maß deutschpolnischer Spannung« sollte erhalten werden, »um die übrige Welt für unsere Revisionsforderungen zu interessieren und um Polen politisch und wirtschaftlich niederzuhalten«. Im Völkerbund sollte Deutschland nach Ansicht Bülows auch weiterhin

[6] Vom 5. bis 20. 9. 1932 fand in Stresa eine Konferenz für mittel- und osteuropäische Wirtschaftsfragen statt.

wie in der Frage der Abrüstung und des Minderheitenschutzes als »Gläubiger« mit entsprechenden Revisionsforderungen und Ansprüchen auftreten. Obwohl die Leistungen keineswegs befriedigend seien, komme jedoch ein Austritt »zur Zeit nicht in Frage«. Vielmehr gelte es, »das Genfer Instrument, das uns in manchen Dingen doch nützlich sein, im Falle unserer Abwesenheit aber sicherlich in vielen Dingen schädlich werden kann, nicht umsonst unseren Gegnern auszuliefern«.

Zusammenfassend setzte sich der Autor der Denkschrift noch einmal dafür ein, »außenpolitische Konflikte möglichst solange zu vermeiden, bis wir weiter erstarkt sind«, und in der Zwischenzeit die Weltwirtschaftskrise als »die große Chance« zu benutzen, »durch planmäßiges Vorgehen die allgemeinen Übel rascher als andere zu überwinden und damit zu einer für uns vorteilhaften Neugestaltung der weltwirtschaftlichen Situation zu gelangen«. In einer für die damalige Übergangssituation zwischen Weimarer Revisionismus und nationalsozialistischer Expansions- und Kriegspolitik sehr typischen Wendung stand auch ein Konservativer wie Bülow, der wohl Welten vom Denken eines Hitler entfernt gewesen sein mag, der Ambivalenz eines »außenpolitischen Gottesfriedens« von einigen Jahren Dauer in Europa doch recht skeptisch gegenüber: So sehr »eine Periode relativer außenpolitischer Ruhe« als ein »natürliches Gegenstück zu dem vierjährigen Programm für den Wiederaufbau im Innern« (offenbar eine Anspielung auf Hitlers Regierungserklärung) geeignet sein werde, Deutschland »in ganz anderer Weise zu Kräften kommen (zu) lassen als die Entfesselung ständigen außenpolitischen Kampfes«, so sehr dürften doch auch die erheblichen Nachteile nicht übersehen werden: Die Gegner Deutschlands könnten »alles auf eine spätere nochmalige Verlängerung des Gottesfriedens und damit eine Befestigung des Status quo anlegen«. Ferner werde es schwer sein, den »Gottesfrieden« in einer Form zu realisieren, die »nicht nur jede Anerkennung der gegenwärtigen Grenzen ausschließt, sondern, wie es für uns erforderlich wäre, die Grenzfragen als anerkannt offene Fragen erscheinen läßt«. Nachdem Neurath diese Denkschrift seines Staatssekretärs am 7. April 1933 dem Kabinett gekürzt vorgetragen hatte, wurde die Diskussion auf den 12. Mai vertagt[7]. Im Mittelpunkt dieser Ministerbesprechung stand dann

[7] Akten der Reichskanzlei, I, 1, Nr. 126.

die für Deutschland als nicht sehr hoffnungsvoll eingeschätzte Entwicklung auf der Genfer Abrüstungskonferenz. Neurath und Blomberg plädierten unter diesem Eindruck für eine »Politik des leeren Stuhles« in Genf oder sogar für einen Austritt aus der Konferenz, während sich Hitler merklich zurückhielt.

In vielem bestand im Frühjahr 1933 ein auffallend harmonischer programmatischer Gleichklang zwischen den konservativen Eliten und Hitler. Er wurde durch das ausdrückliche Bekenntnis Hitlers zum uneingeschränkten Waffenmonopol der Reichswehr gegenüber der SA am 3. Februar noch zusätzlich gestützt. Dieser Gleichklang erstreckte sich auf die Beschleunigung und Intensivierung der Aufrüstung (wobei Hitler seine Ressortchefs sogar noch bremsen mußte) ebenso wie auf die als notwendig empfundene äußere »Abschirmung« der inneren Wiederwehrhaftmachung. Einigkeit bestand über die Forcierung des Revisionismus, über die permanente propagandistische Vorbereitung der Expansion mit Hilfe geopolitischer und geostrategischer Argumente sowie über die strikte Ablehnung einer starren Bündniskonstellation. Gemeinsam berief man sich auf die Überbevölkerung Deutschlands und seine zu schmale Rohstoffbasis. Nationalsozialistische Führung wie Auswärtiges Amt plädierten für den Einsatz wirtschaftlicher Mittel für politische Ziele sowie für die Ausnutzung der deutschen Mittellage in Europa und des nahezu unbegrenzten deutschen Verbrauchermarktes im Dienste machtpolitischer Einflußnahme. Unverkennbar war, wie sehr der Völkerbund an Ansehen verloren und wie sehr die Skepsis gegenüber allen Formen kollektiver Konfliktlösung am Verhandlungstisch und einem Interessenausgleich mit den Nachbarstaaten, vor allem Frankreich, zugenommen hatte.

Damit war bereits 1933 der gemäßigte politische Revisionsansatz Stresemanns aus den zwanziger Jahren »auch ohne das Eingreifen Hitlers wieder verschüttet«. Gedeckt durch Neurath und Blomberg und in Übereinstimmung mit den traditionellen Führungsschichten in Politik und Gesellschaft, griff Bülow in seiner Denkschrift auf die Konzeption wilhelminischer Groß- und Weltmachtpolitik zurück, die »durch die Ausweitung der politischen Fernziele, durch die Betonung der militärpolitischen Vorstellungen und die damit verbundenen innenpolitischen Implikationen einen geeigneteren Anknüpfungspunkt für die nationalsozialistischen Intentionen darstellte als die Konzeption Stresemanns«[8].

Allerdings hing nun nach dem 30. Januar 1933 alles davon ab, wie lange sich Hitler an die mit dem Reichspräsidenten von Hindenburg bei seiner Berufung zum Reichskanzler geschlossene Vereinbarung gebunden fühlen würde, die Außen- und die Wehrpolitik allein der Regie Neuraths und Blombergs zu überlassen. Denn sowohl der Führung des Auswärtigen Amtes als auch der Reichswehrführung mußte spätestens seit dem 3. Februar bewußt sein, daß die deutsche Außen- und Wehrpolitik in dem Augenblick, da sich Hitler selbst zum »Zugführer« machen und seine außenpolitisch ambitionierten Paladine wie Ribbentrop, Rosenberg und Göring ins erste Glied holen würde, doch am Ende eine andere Richtung nehmen würde: Lebensraumkrieg gegen die Sowjetunion und eine rasseideologisch motivierte Weltherrschaft. Schließlich dürften sich auch für einen Konservativen wie Bülow hinter dem von ihm angesprochenen »vierjährigen Programm für den Wiederaufbau im Innern«, das es nach außen »abzuschirmen« galt, ganz andere, nämlich rechtsstaatliche, Vorstellungen über die »Wiederwehrhaftmachung« der Bevölkerung verborgen haben als die, die Hitler mit brutaler Offenheit am 3. Februar vorgetragen hatte.

Die Durchsetzungschancen des außenpolitischen Kurses der neuen Regierung nach der »Machtergreifung« hingen ganz wesentlich auch von ihrem Bewegungsspielraum im internationalen Mächtesystem ab. Dieser war zunächst ganz erheblich. Das internationale System kollektiver Sicherheit von 1919 befand sich seit dem Einfall der Japaner in die Mandschurei 1932, ohne daß sie Sanktionen des Völkerbundes befürchten mußten, und seit dem Auszug Japans in Genf in einem Prozeß zunehmender innerer Auflösung. Es machte einem System bilateraler Abmachungen Platz, das zur bevorzugten Strategie nationalsozialistischer Außen- und Erpressungspolitik gegenüber den Nachbarstaaten werden sollte. Der gleichzeitig erfolgende Zusammenbruch der Weltwirtschaft und der weltweiten Kapitalbeziehungen ließ überall, vor allem in den westlichen Industriestaaten und in Japan, traditionelle Autarkie- und Großraumpläne wieder aktuell werden und veranlaßte die Staaten, voneinander weitgehend isoliert und autonom nach vorrangig nationalwirtschaftlichen Auswegen aus der Weltkrise zu suchen. Somit

[8] Wollstein, Eine Denkschrift, S. 81.

stellte Deutschlands Weg in die Großraumwirtschaft damals keinen Sonderfall dar. Er ließ sich überdies besonders in dem Augenblick, als die Londoner Weltwirtschaftskonferenz im Sommer 1933 vornehmlich am Widerstand Washingtons gegenüber multilateralen Ansätzen zur Bewältigung der Weltwirtschaftskrise gescheitert war, nach innen und nach außen durch den Hinweis auf die Versäumnisse der anderen überzeugend vertreten. Selbst die nationalsozialistischen »Lebensraumpläne« schienen unter dem Aspekt weltweiter Trends zur geschlossenen Nationalwirtschaft auf den ersten Blick nicht so abwegig.

Die Nachbarstaaten Deutschlands, England, Frankreich und Sowjetrußland[9], waren damals tief in ihre eigenen immensen ökonomischen, gesellschaftlichen und politischen Schwierigkeiten verstrickt und suchten sie durch eine Politik der Friedensbewahrung nach außen (Appeasement) ohne den Zwang zu einem neuen internationalen Wettrüsten zu beheben. Gleiches galt für die USA und ihren politischen Isolationismus.

Frankreich als stärkste Militärmacht des Kontinents befand sich innenpolitisch in einem Zustand der Paralyse seines politischen Systems, so daß es auf eine aktive Außen- und Sicherheitspolitik in den dreißiger Jahren weitgehend verzichtete und zum Juniorpartner Großbritanniens wurde. Seine sterile und phantasielose Defensivstrategie hinter der Maginot-Linie war überdies geeignet, unter den mittelost- und südosteuropäischen Bündnispartnern (Polen, Kleine Entente) ein tiefes Mißtrauen gegenüber der französischen Unterstützungsbereitschaft zu säen. Die Folge war eine langsame Erosion des von Frankreich ursprünglich aufgebauten und garantierten osteuropäischen »cordon sanitaire« gegen Deutschland und die Sowjetunion. Die Weltwirtschaftskrise trieb diesen inneren Auflösungsprozeß der antideutschen Front von 1919/20 noch weiter voran und veranlaßte die krisengeschüttelten kleineren Staaten in Ostmittel- und Südosteuropa, sich auch wirtschaftlich immer eindeutiger nach Deutschland zu orientieren.

Großbritannien, seinerseits vor schwer lösbare wirtschaftliche und gesellschaftliche Probleme im Innern gestellt und überdies außenpolitisch damals noch sehr intensiv auf sein Weltreich orientiert[10], sah keine Veranlassung, in das von Frankreich hin-

[9] Zur sowjetischen Außenpolitik vgl. Bianka Pietrow, Stalinismus, Sicherheit, Offensive. Das »Dritte Reich« in der Konzeption der sowjetischen Außenpolitik 1933 bis 1941. Melsungen 1983.

[10] Zur »Appeasement«-Politik vgl. u. a. Gustav Schmidt, England in der Krise.

terlassene Sicherheitsvakuum einzutreten und auf dem Kontinent über seine Locarno-Verpflichtungen von 1925 hinaus neue Bindungen zur Garantie der »balance of power« einzugehen. Die gleichzeitige Herausforderung des Britischen Empires und seines Mutterlandes damals an drei neuralgischen Punkten durch Japan (Fernost), Italien (Mittelmeer und Afrika) und das nationalsozialistische Deutschland (Westeuropa) zwang die Londoner Regierung, um eine Verzettelung und Überstrapazierung der beschränkten eigenen militärischen Kräfte zu verhindern, gewisse Prioritäten des Ausgleiches und der Entspannung zu setzen. Das war der Kern der »Appeasement«-Politik, die schon von Zeitgenossen oft als eine Politik der Schwäche und der Kapitulation vor den Diktatoren mißverstanden und diskreditiert worden ist, jedoch Mitte der dreißiger Jahre eine durchaus vernünftige und angemessene Doppelstrategie von »peace and rearmament« beinhaltete.

Hitlers propagandistisch groß herausgestrichener Anspruch, Europa vor dem Bolschewismus zu retten, fiel unter dem Eindruck der Schreckensmeldungen aus Rußland über das Terrorregime Stalins und seine innenpolitischen »Säuberungen« ab 1937 nicht nur im Inland, sondern auch bei den konservativbürgerlichen Führungsschichten des westlichen Auslandes auf fruchtbaren Boden. So sprach der britische Premierminister Chamberlain nur vom »halbasiatischen Rußland«. Gleiches galt für Hitlers permanente Beteuerungen, Deutschland wünsche nichts mehr als internationale »Gleichberechtigung« unter den Großmächten, selbst wenn sich hinter dieser geschickt verharmlosenden »Gleichberechtigungsstrategie« eine »verdeckte Aggressionsvorbereitung«[11] und der »Auftakt zur Expansionspolitik im Gewande traditioneller Revisionsforderungen«[12] verbargen. Die pausenlosen Friedensbeteuerungen des Diktators, für die stellvertretend hier nur seine berühmte Friedensrede vor dem Reichstag am 17. Mai 1933 genannt sei, verfehlten nicht ihre Wirkung auf eine Welt, die noch unter den Folgen des

Grundzüge und Grundlagen der britischen Appeasement-Politik (1930–1937). Opladen 1981; Bernd-Jürgen Wendt, Economic Appeasement. Handel und Finanz in der britischen Deutschland-Politik 1933–1939. Düsseldorf 1971.

[11] Hans-Adolf Jacobsen, Nationalsozialistische Außenpolitik 1933–1938. Frankfurt/Berlin 1968, S. 391.

[12] Manfred Messerschmidt, Außenpolitik und Kriegsvorbereitung. In: Wilhelm Deist u.a. (Hrsg.), Ursachen und Voraussetzungen der deutschen Kriegspolitik. Stuttgart 1979, S. 559; vgl. auch Klaus Hildebrand, Deutsche Außenpolitik 1933–1945. Kalkül oder Dogma? 2., überarbeitete Aufl. Stuttgart 1973, S. 30.

Ersten Weltkrieges litt, nichts sehnlicher als eine international garantierte und kontrollierte Abrüstung und dauerhaften Frieden wünschte. In dieser Welt fanden pazifistische Strömungen ein nicht unerhebliches Echo – dies galt vor allem für Großbritannien und die USA, weit weniger für Frankreich und leider kaum für Deutschland[13].

Schließlich konnte Hitler nicht nur auf einen breiten machtpolitischen Konsens in den konservativen Führungsschichten von Bürokratie, Wirtschaft und Reichswehr, sondern auch auf ein gesichertes Fundament bauen, das seine Vorgänger durch ihre revisionspolitischen Erfolge seit Stresemann errichtet hatten. Er durfte von dem großen Vertrauenskapital und dem internationalen Ansehen Deutschlands zehren, das die Weimarer Regierungen, zuletzt Brüning, mit ihrer korrekten, wenn auch innenpolitisch heftig umstrittenen »Erfüllungspolitik« vor allem in London und Washington angespart hatten. Ihnen war es mit zu verdanken, daß die einst feste Überzeugung von der Vernünftigkeit der Versailler Friedensordnung überall im Ausland ins Wanken geraten war und vielfach einem Gefühl der Schuld und der Pflicht zur Wiedergutmachung gegenüber dem geschlagenen Deutschland und seiner Behandlung nach 1918 Platz gemacht hatte. Dieses Schuldgefühl gegenüber den als berechtigt anerkannten »German grievances« verband sich in Londoner Regierungskreisen mit einer wachsenden Gereiztheit gegenüber den Franzosen, weil diese sich vor allem in der Frage der internationalen Abrüstung ungebrochen starr zeigten und nach wie vor mit großer Hartnäckigkeit auf einer Respektierung des Versailler Vertrages durch Deutschland bestanden.

So bahnten sich 1933 im europäischen Kräftesystem wichtige Veränderungen an, die Deutschland in seiner Mittellage auf dem Wege zu einer neuen hegemonialen Großmachtstellung auf dem Kontinent bei einiger Geduld nach Osten, Südosten und Westen einen wachsenden außenpolitischen Handlungsspielraum in Aussicht stellten. Eine der zentralen Fragen der weiteren Betrachtung wird es sein, wieweit die Berliner Diplomatie aus dieser relativ günstigen Ausgangslage im Interesse ihrer oben dargestellten machtpolitischen Ziele hat Nutzen ziehen können.

[13] Vgl. dazu Wolfram Wette, Ideologien, Propaganda und Innenpolitik als Voraussetzungen der Kriegspolitik des Dritten Reiches. In: Deist u.a. (Hrsg.), Ursachen und Voraussetzungen, S. 25–173.

Den erwähnten wichtigen Aktivposten standen jedoch von Anfang an nicht unerhebliche systembedingte Passiva gegenüber, die die deutsche Außenpolitik zunehmend beeinträchtigen und blockieren und Deutschland international wieder isolieren sollten. Denn die brutalen Methoden der »Wiederwehrhaftmachung« im Innern mit der unterschiedslosen Verfolgung von Pazifisten, Demokraten, Liberalen, Sozialdemokraten und Kommunisten sowie die Erklärung des Bürgerkrieges gegen die Juden mit dem Boykott vom 1. April 1933 weckten in den westlichen Hauptstädten Abscheu und Entsetzen, aber auch tiefes Mißtrauen, ob es denn künftig noch sinnvoll sein könne, gegenüber diesen abstoßenden Bekundungen eines neuerwachten »Prussianism« und »Kasernenhofstaates« Konzessionsbereitschaft zu zeigen. Die paramilitärischen Umtriebe der SA und die allgemein zu beobachtende Militarisierung der deutschen Gesellschaft taten ein übriges, um vor allem Franzosen und Polen zu alarmieren, die französische Haltung in der Abrüstungsfrage wieder zu versteifen und auch in London Zweifel zu säen, ob denn die massive Kritik an der französischen Rüstungspolitik angesichts der deutschen Herausforderungen mit den Sicherheitsinteressen Europas überhaupt noch vereinbar sei.

Die europäische Entwicklung zwischen 1933 und 1935 war durch zwei grundsätzlich konträre Tendenzen geprägt: hier die deutsche Forderung nach einer autonomen und ungebundenen Aufrüstung entsprechend den eigenen Machtinteressen, dort die wiederholten Versuche der Westmächte, das immer aggressivere Dritte Reich auch noch nach seinem Austritt aus dem Völkerbund am 14. Oktober 1933 wieder in ein wie immer geartetes multilateral vereinbartes und kontrolliertes System kollektiver Sicherheit und Abrüstung einzubinden.

Dem Kabinett Hitler war außenpolitisch keine lange Atempause vergönnt, wie es manche im Interesse der vorrangigen inneren »Gleichschaltung« gehofft haben mögen. Denn in der zentralen Frage der Aufrüstung standen Entscheidungen an, die keinen längeren Aufschub duldeten. Es wird zu oft übersehen, daß bereits vor der nationalsozialistischen »Machtergreifung« in den letzten Jahren der Weimarer Republik mit dem ersten (1928/29–1932) und dem zweiten (1932/33–1938) Aufrüstungsprogramm, wenn auch zunächst geheim und noch in der Planungsphase, eine militärpolitische Dynamik in Gang gesetzt worden war, die ihre Schatten weit vorauswarf. Sie entwickelte eine gewisse Eigengesetzlichkeit und immanente Sachzwänge, denen sich die neue Regierung, wollte sie nicht das Steuer radikal herumwerfen, nicht entziehen konnte und im übrigen auch gar nicht wollte. Die 1932 unter Schleicher als Reichswehrminister eingeleitete dynamische Rüstungsentwicklung mußte mit innerer Notwendigkeit über kurz oder lang, würde sie nicht kurzfristig gebremst werden, auf eine zunächst geheime und dann offene einseitige Revision der Militärartikel des Versailler Vertrages und damit auf eine gründliche Veränderung der politischen und militärischen Ordnung nicht nur in Deutschland, sondern in Europa hinauslaufen. »Der Prozeß des Mächtigwerdens hatte seine eigene Dynamik«, schreibt einer der besten Kenner dieses Themas[14]. »Aufrüstung stärkte nicht nur die deutsche militärische Macht, sondern provozierte Reaktionen, die die eigene Rüstung und Politik und die Ermöglichungen einer militärischen Revisionspolitik negativ beeinflußten.«

Die entscheidenden Aufrüstungsdaten für die Reichswehr waren Hitler und Blomberg mit dem zweiten Rüstungsprogramm vom März und dem Umbauplan vom November 1932 bereits durch die Initiativen Schleichers vorgegeben: Erhöhung des 100000-Mann-Heeres (sieben Divisionen) bis zum Frühjahr 1938 mit Hilfe von Berufssoldaten und Reservisten auf ein 21-Divisionen-Feldheer mit einer Stärke von 570000 Mann. Die vielschichtige und umfassende Bedeutung einer solchen Aufrüstungsentscheidung wird erst vor dem Hintergrund des Kriegsbildes der Zukunft verständlich, das bereits in den zwanziger Jahren aus den Erfahrungen des Ersten Weltkrieges entwickelt worden ist und dann für die weiteren rüstungspolitischen Schritte bis zum Beginn des Zweiten Weltkrieges verbindlich bleiben sollte. Es wurde von einem breiten Konsens aller militärischen, politischen und ökonomischen Führungskreise innerhalb und außerhalb der NSDAP getragen. Schon 1926 zog der damalige Reichsverkehrsminister im Kabinett Luther, Krohne, die Folgerungen aus dem seit dem Weltkrieg grundlegend veränderten Begriff der Landesverteidigung und formulierte rich-

[14] Michael Geyer, Militär, Rüstung und Außenpolitik. Aspekte militärischer Revisionspolitik in der Zwischenkriegszeit. In: Manfred Funke (Hrsg.), Hitler, Deutschland und die Mächte. Materialien zur Außenpolitik des Dritten Reiches. Düsseldorf 1976, S. 240; ders., Aufrüstung oder Sicherheit. Die Reichswehr in der Krise der Machtpolitik 1924–1936. Wiesbaden 1980. Zur Frage der Aufrüstung vgl. auch Wilhelm Deist, Die Aufrüstung der Wehrmacht. In: Deist u.a. (Hrsg.), Ursachen und Voraussetzungen, S. 371–532.

tungsweisend zum Problem »Landesverteidigung und Wehrmacht«: »Es gibt überhaupt kein Gebiet, das der Staat für die Vorbereitung und Durchführung eines künftigen Krieges nicht heranzuziehen hat.« Die Aufgabe der Landesverteidigung obliege »nicht dem Reichswehrministerium, sondern der Gesamtheit aller Ministerien unter Verantwortung des Reichskanzlers«[15]. Ein ganz ähnliches Bild vom »Volkskrieg der Zukunft« entwarf 1928 Hauptmann Georg Thomas, zehn Jahre später als Generalmajor und Chef des »Wehrwirtschaftsstabes« im OKW eine der Schlüsselfiguren in der wirtschaftlichen Kriegsvorbereitung. Mit der Ausarbeitung aus dem Heereswaffenamt der Reichswehr »über Zweck, Notwendigkeit und Umfang der wirtschaftlichen Aufstellungsvorarbeiten« markierte er eine bemerkenswerte Kontinuität von den Erfahrungen des Ersten Weltkrieges zu den Planspielen für einen neuen Waffengang: »Moderner Krieg ist nicht mehr ein Kampf der Heere, sondern ein Existenzkampf der betr. Völker. Alle Mittel des Landes müssen dem Kriege dienstbar gemacht werden, neben den Menschen in erster Linie die Industrie und Wirtschaft. Mit fortschreitender technischer Ausstattung der Heere wird eine schnelle Umstellung der Industrie und Wirtschaft auf den Krieg immer wichtiger.«[16]

Der Krieg der Zukunft würde ein totaler sein und die Grenzen zwischen Militär und Zivil aufheben. Was Hitler radikal ideologisiert und unverhüllt, aber ohne auf Widerspruch zu stoßen, am 3. Februar den Oberbefehlshabern der Reichswehr vortrug, war im Grunde längst Allgemeingut: Die gesamte Nation wurde im modernen technisierten Massen- und Materialkrieg zum Instrument der Kriegsvorbereitung und -führung. Wirtschaft und Gesellschaft mußten schon im Frieden auf den Krieg hin ausgerichtet, alle Bereiche des öffentlichen und staatlichen Lebens nach militärpolitischen Gesichtspunkten organisiert werden. Krieg und Rüstung waren nur noch Teilbereiche eines umfassenden militärisch-politisch-gesellschaftlich-massenpsychologisch-ökonomischen Komplexes. Die Reichswehrführung strebte schon Mitte der zwanziger Jahre die Ausrichtung der gesamten Innenpolitik auf die Bedürfnisse eines kommenden Krieges an, die allerdings damals in einem demokrati-

[15] Zit. ebenda, S. 376.

[16] Die Denkschrift ist abgedruckt in: Georg Thomas, Geschichte der deutschen Wehr- und Rüstungswirtschaft 1918–1943/4, hrsg. v. Wolfgang Birkenfeld. Boppard 1966, S. 488ff., hier S. 489.

schen Gemeinwesen nicht durchsetzbar war. Ausgehend von dieser realistischen Einsicht erschien es der militärischen Führung sinnvoll, die Weichen rechtzeitig (ab 1928/29) mit dem Anlaufen des ersten Rüstungsprogrammes auf einen autoritären Staat hin zu stellen. Neben den militärischen waren schon im Ersten Weltkrieg der Wirtschafts- und der Propagandakrieg getreten. Die Entscheidung zum Krieg durfte sich künftig nicht mehr nur am »Militärhandwerk«, an strategischen und taktischen Planungen und an der Zahl der zur Verfügung stehenden Truppen orientieren, sondern sie mußte darüber hinaus die rüstungsindustriellen Kapazitäten, das technische Know-how und die Leistungskraft der modernen Volkswirtschaft, die Finanzkraft des Staates, die Möglichkeit des Außenhandels und einer blockadesicheren Versorgung aus dem Ausland sowie die gesamten Rohstoff- und Nahrungsmittelreserven mit einkalkulieren. Das Trauma der »Novemberrevolution« von 1918 ließ die nationalsozialistische Führung ihr ganz besonderes Augenmerk auf die »Heimatfront« und die psychologische Mobilisierung und Durchhaltekraft der Bevölkerung richten.

Wenn überhaupt irgendwo, dann fanden die nationalsozialistischen Rüstungsanstrengungen bis in die Ära Speer (1942 bis 1945) hinein in der totalen Mobilisierung aller Kräfte des Volkes ihre Grenzen. Denn das Regime glaubte selbst im Kriege noch, einem terrorisierten und drangsalierten Volk nicht jene materiellen Opfer und Entbehrungen im Konsumgüterbereich zumuten zu können, die an sich einem totalen Krieg und seiner Vorbereitung angemessen gewesen wären. Das schon vor dem Krieg und dann besonders ab 1939 zwangsrekrutierte Millionenheer von Konzentrationslagerinsassen, ausländischen Zwangsarbeitern und Kriegsgefangenen leistete der Illusion unter den Machthabern Vorschub, es werde auch die in Militärkreisen heftig kritisierte Strategie von »Kanonen *und* Butter« schließlich zum »Endsieg« führen.

Deutschland war schon 1933 auf dem Wege zum Militärstaat, selbst wenn dieser Weg nach außen hin noch durch attraktive und verharmlosende Schlagworte wie »Arbeitsbeschaffung«, »Krisenbekämpfung«, »aktive Konjunkturpolitik« und »nationales Aufbauwerk« getarnt wurde. Im Sommer 1933 schufen Hitler, die Reichswehrführung und der Reichsbankpräsident Schacht die langfristigen finanziellen Voraussetzungen für die Aufrüstung. Sie einigten sich vorläufig auf einen achtjährigen Finanzrahmen für die im einzelnen noch festzulegenden Aufrüstungsmaßnahmen. Schacht stimmte zu, für diese Periode eine auf 35 Milliarden Reichsmark begrenzte Summe zu reservieren, allerdings nur unter der Bedingung, daß bei der 1934 voll einsetzenden Aufrüstungsfinanzierung über Mefo-Wechsel bestimmte Sicherungen gegen ein unkontrolliertes Ingangsetzen einer inflationären Lohn-Preis-Spirale beachtet würden, etwa eine beginnende Rückzahlungsfrist nach spätestens fünf Jahren, eine Kontrolle des Geld- und Kapitalmarktes, eine Respektierung des Gesamtvolumens und ein Einfrieren des Preis- und Lohnniveaus. Die Nichteinhaltung dieser Bedingungen sollte Schacht später mit seinem Rücktritt in Raten, zunächst 1937 als Reichswirtschaftsminister und dann 1939 als Reichsbankpräsident, beantworten. Immerhin wurden dadurch auf dem Sektor der Rüstungsfinanzierung schon 1933 langfristige Vorgaben eingepflockt, die nicht über Nacht wieder aufzuheben waren.

Der Zwang zur umfassenden Vorbereitung des totalen Krieges der Zukunft hatte zwei weitreichende Konsequenzen, mit denen sich die politische und militärische Führung ebenfalls schon 1933 konfrontiert sah, ohne sie je voll in den Griff zu bekommen: den Aufbau einer einheitlichen Koordinations- und Führungsstruktur an der Spitze des Reiches und eine langfristige, in sich konsistente und alle politischen, militärischen und wirtschaftlichen Bereiche aufeinander abstimmende Planung.

Die Reichswehrführung unter Blomberg und Reichenau mußte für das »Bündnis« mit Hitler, sein reibungsloses Funktionieren bis 1938 und für die Anerkennung der autonomen Stellung der Reichswehr im nationalsozialistischen Staat einen hohen Preis zahlen. Sie zahlte ihn aus einem traditionellen »Professionalismus« des preußisch-deutschen Offizierskorps heraus offenbar gern und freiwillig: die Reduktion ihrer Verantwortung für die Landesverteidigung allein auf die militärische Komponente und die weitgehende Ausschaltung aus dem zentralen wehrwirtschaftlichen und auch aus dem außenpolitischen Kompetenzbereich.

Durch diesen Verzicht auf eine enge Abstimmung zwischen Außenpolitik, »Wehrwirtschaft« und Aufrüstung war zugleich aus dem konservativen Revisionsprogramm, wie es von Bülow für die traditionellen Führungsgruppen vertrat, bereits 1933 ein Kernelement herausgebrochen: Die Prämisse, daß Deutschland erst dann zu einer territorialen Revision und zu einer aktiven Hegemonialpolitik in Europa unter Einkalkulierung auch des bewaffneten Konfliktes übergehen könne, wenn es einen Rüstungsstand erreicht habe, der jedes Sicherheitsrisiko gegenüber Frankreich und Polen, den beiden von der »Landesverteidigung« her seit langem anvisierten potentiellen Gegnern, ausschloß. Es war in schroffem Gegensatz zur Ära Groener und auch noch zur Konzeption seines Nachfolgers Schleicher »symptomatisch für die neue Linie der Militärpolitik, daß Blomberg trotz des gegebenen und in der Phase der beginnenden Aufrüstung noch verstärkten militärischen Schwächezustandes der Reichswehr zu den ausgesprochenen Befürwortern einer einseitigen, außenpolitisch nicht abgesicherten deutschen Aufrüstung gehörte«[17] und hierin den »österreichischen Gefreiten« an Entschlossenheit und Tempo am Anfang sogar noch übertraf.

Dem Dritten Reich hat es von Beginn an bis zu seinem Ende an einer straffen und koordinierenden Spitzengliederung für die Planung und Durchführung des Krieges gefehlt. Die zentralen Bereiche »Wehrwirtschaft« und Außenhandel, Außenpolitik, Militärpolitik und Strategie fielen auseinander, und selbst im engeren Sektor der Rüstungswirtschaft, bei Bedarfsplanung und Zuteilungswesen, sah es nicht besser aus. Materielle Rüstung, personeller Aufbau und Einsatzplanungen waren nicht aufeinander abgestimmt. Zu welchen katastrophalen Folgen dies führte, läßt die Vorgeschichte der Führungskonferenz vom 5. November 1937 exemplarisch deutlich werden.

Reichswehr- und Reichswirtschaftsministerium lagen in einem ständigen Kompetenzkonflikt um die Zuständigkeiten für die »Wehrwirtschaft«[18]; die am 1. November 1934 aus dem Befehlsbereich des Chefs der Heeresleitung aus- und in das dem Reichswehrminister Blomberg unterstellte Wehrmachtamt eingegliederte »Abteilung für Wehrwirtschaft und Waffenwesen«, später »Wehrwirtschaftsstab«, unter Oberst Georg Thomas hatte, obwohl formal über die Rüstungsindustrie hinaus für die wirtschaftliche Kriegsvorbereitung zuständig, kein großes Durchsetzungsvermögen in dem allgemeinen Kompetenzengerangel. Die Luftwaffe unter Göring und die Marine unter Raeder hatten ihren eigenen Draht zu Hitler, wenn es um die Zuteilung der knappen wehrwirtschaftlichen Rohstoffe ging. Eben-

[17] Deist u. a. (Hrsg.), Ursachen und Voraussetzungen, S. 399.

[18] Zu dem chaotischen Kompetenzengerangel in der Führungsspitze des Dritten Reiches vgl. die Ausführungen von Wolfgang Sauer in: Bracher, Sauer, Schulz (Hrsg.), Die nationalsozialistische Machtergreifung, S. 793 ff.

sowenig konnte sich Schacht nach seiner Ernennung zum »Generalbevollmächtigten für die Kriegswirtschaft« am 21. Mai 1935 mit der Übernahme der Leitung über die gesamte wirtschaftliche und finanzielle Kriegsvorbereitung (mit Ausnahme der Rüstungsindustrien, die weiter dem Reichskriegsministerium unterstellt blieben) gegenüber Göring durchsetzen, als dieser über das Amt des »Bevollmächtigten für den Vierjahresplan« 1936 zum »Wirtschaftsdiktator« aufstieg. Das Reichskabinett, der 1933 gebildete »Reichsverteidigungsrat« sowie der aus Ministerialreferenten gebildete »Reichsverteidigungsausschuß« traten als mögliche Koordinierungsinstanzen bald in den Hintergrund.

Die einseitig forcierte deutsche Aufrüstungspolitik mußte zunächst noch, jedenfalls nach außen, dem durch die Genfer Fünfmächteerklärung vom 11. Dezember 1932 gesteckten Rahmen kollektiver internationaler Abrüstungsbemühungen eingepaßt werden. Hier war als wichtigster Grundsatz der Abrüstungskonferenz festgelegt worden, »Deutschland und den anderen durch Vertrag abgerüsteten Staaten die Gleichberechtigung zu gewähren in einem System, das allen Nationen Sicherheit bietet«. Die deutsche Seite sprach in den am 3. Februar 1933 in Genf anlaufenden komplizierten Verhandlungen von »Gleichberechtigung«, »Abrüstung« und allgemeinem Friedenswillen. Sie verwies dabei nicht ungeschickt immer wieder auf ihre längst erbrachten Vorleistungen, hatte dabei aber längst auf militärische Stärke, Revisionspolitik und europäische Hegemonie gesetzt. Neurath und Blomberg, die ihre Strategie eng aufeinander abgestimmt hatten, mußten aber davon ausgehen, daß die Internationalisierung der Abrüstungsfrage der eigenen ungebundenen Aufrüstung nur Fesseln anlegen und die fortgesetzten Verstöße gegen die Militärartikel von Versailles sich nicht mehr lange würden geheimhalten lassen. Dieser Zwang zur Illegalität und zur Geheimhaltung konnte sich künftig nur noch bremsend auf das anvisierte Aufrüstungstempo auswirken. So nahte also in Genf die »Stunde der Wahrheit« für die deutsche Delegation, deren Leiter, der Botschafter Nadolny, gerade deshalb in Berlin auf eine wirkliche Abrüstungsvereinbarung drang. Das ganze Gebäude der Tarnung und »Abschirmung« drohte bald wie ein Kartenhaus zusammenzufallen.

Auswärtiges Amt und Reichswehrführung zogen aus diesem Dilemma bereits im Mai übereinstimmend die Konsequenz, alle Vermittlungsvorschläge besonders Großbritanniens und Italiens abzublocken, Frankreich in die Ecke des am Scheitern der Konferenz Schuldigen zu drängen und es gegebenenfalls durch kompromißloses Drohen und Auftrumpfen auf einen Konferenzabbruch ankommen zu lassen. Hitler verhielt sich zunächst vor allem Frankreich gegenüber sehr viel flexibler und weniger schroff als Neurath. Im Interesse einer ungehinderten Durchführung der inneren »Gleichschaltung« und einer Entspannung des internationalen Klimas scheint er bis zum Herbst des Jahres daran gedacht zu haben, der Konferenz doch noch eine Chance zu geben.

Bei dem pausenlosen scharfen Zusammenprall zwischen französischem Sicherheitsverlangen und den deutschen Wünschen nach Gleichberechtigung hatten die Deutschen zunächst durchaus günstige Karten, waren es doch vor allem die Engländer langsam leid, auf die Intransigenz der Pariser Regierung in der Frage einer weltweiten Abrüstung dauernd Rücksicht nehmen zu müssen. Als sich jedoch das Konferenzklima für Deutschland infolge der innerdeutschen Ereignisse (Terror, Judenverfolgungen und paramilitärische Umtriebe der SA) zunehmend verschlechterte und die deutsche Delegation am Ende in die Isolierung zu geraten drohte, kamen der britische Premier MacDonald mit seinem Abrüstungsplan vom 16. März und Mussolini mit seinem Viererpaktvorschlag vom Tag darauf der deutschen Delegation indirekt zur Hilfe, so daß sie das Gesicht wahren und am 14. Oktober 1933 Abrüstungskonferenz und Völkerbund verlassen konnte, ohne eine Intervention von außen befürchten zu müssen.

Der MacDonald-Plan sah innerhalb von fünf Jahren eine Angleichung der deutschen, polnischen und französischen Truppenstärken auf jeweils 200000 Mann vor, nach einer gewissen Übergangszeit auch eine volle Gleichberechtigung der materiellen Ausrüstung und die Aufhebung der militärischen Bestimmungen des Versailler Vertrages. Hatte er schon in dieser Form keine Chance, von *allen* Verhandlungspartnern angenommen zu werden, so lieferten die Engländer Anfang Oktober der deutschen Regierung einen geradezu idealen Vorwand, mit einem – längst geplanten, dann aber konkret wohl erst sehr kurzfristig ins Auge gefaßten – Paukenschlag das Genfer Forum zu verlassen, als sie auf französischen Druck hin einen revidierten Abrüstungsplan vorlegten: Gemäß dem nach dem englischen Außenminister so benannten Simon-Plan sollte eine wirkliche internationale Abrüstung erst nach Ablauf einer vierjährigen deutschen Bewährungsphase unter internationaler Kontrolle erfolgen.

Auch Mussolinis Initiative zum Abschluß eines Viererpaktes zwischen Deutschland, Italien, Großbritannien und Frankreich erfuhr in den Sommermonaten unter französischem Druck eine deutliche Verwässerung zum Nachteil Deutschlands. Sah der ursprüngliche Paktvorschlag noch die Restauration des Konzertes der europäischen Großmächte (Art.I), die Anerkennung des Prinzips der Revision der Friedensverträge im Rahmen des Völkerbundes (Art.II) und die Verwirklichung der militärischen Gleichberechtigung für Deutschland im Falle eines Scheiterns der Abrüstungskonferenz (Art.III) vor und wirkte deshalb auf Polen und die Kleine Entente außerordentlich alarmierend, so waren im endgültigen Text vom 15. Juli – wiederum auf Druck Frankreichs – alle Hinweise auf eine mögliche Revision der Versailler Grenzen durch eine nunmehr eindeutige Hervorhebung der an sich längst bekannten Verantwortlichkeit des Völkerbundes hinsichtlich einer solchen Revision (Art. 19 der VB-Satzung) praktisch entwertet. Zwar veranlaßte Hitler unter Beifall Görings und gegen den Einspruch Neuraths noch die feierliche Unterzeichnung in Rom, der deutsche Austritt aus dem Völkerbund sollte den Viterer-Pakt jedoch gegenstandslos machen.

Schien der Ablauf der Genfer Verhandlungen bis zum Herbst 1933 noch einmal zu bestätigen, daß das Auswärtige Amt unter Neurath in der deutschen Außenpolitik uneingeschränkt federführend war und daß sich Hitler an die informelle »Geschäftsgrundlage« der Aufgabenverteilung vom 30. Januar 1933 zu halten gedachte, so hatte der »Führer« in der Ostpolitik diese Grundlage bereits verlassen und einen Kurs eingeschlagen, der ihn zwar von der Bülow-Denkschrift wegführte, seinen eigenen außenpolitischen Zielen offenbar aber ein ganzes Stück näherbrachte.

Das Verhältnis Berlins zu Moskau und Warschau glich seit dem Ersten Weltkrieg dem zweier kommunizierender Röhren: Stieg der Grad der Vertrautheit zu einem der östlichen Nachbarn, so bewegten sich die Beziehungen zum anderen nahezu automatisch gegen Null und umgekehrt. Die Ostpolitik des neuen Regimes entwickelte sich überdies zur Bewährungsprobe für die Autonomie des Auswärtigen Amtes und für das konservative Konzept der »Eindämmung« und »Abnutzung« des nationalsozialistischen Einflusses. Während sich Neurath, Bülow und der Moskauer Botschafter von Dirksen sowie sein Nachfolger Nadolny durch demonstrative Entscheidungen wie den Abschluß eines Kreditabkommens über 140 Millionen Reichsmark am 25. Februar und die Verlängerung des Berliner Vertrages von 1926 am 5. Mai beharrlich darum bemühten, den Draht nach Moskau nicht erkalten zu lassen und das inzwischen zahlreich zerschlagene Porzellan in den beiderseitigen Beziehungen immer wieder zu kitten, näherte sich Hitler, unterstützt von Göring, dem Warschauer Gesandten Moltke und dem neuen Danziger Senatspräsidenten Rauschning sowie unter dem Beifall der deutschen Ausfuhrwirtschaft, zur gleichen Zeit in ebenso demonstrativen Schritten dem verhaßten »Saisonstaat« Polen unter Staatschef Pilsudski und Außenminister Beck. Am 2. Mai empfing er den polnischen Gesandten Wysocki, am 13. Juli verabschiedete er ihn betont freundlich aus Berlin. Gleichzeitig wurden die Spannungen in Danzig abgebaut. Das Gespräch mit dem Nachfolger Lipski am 15. November leitete dann die Schlußphase der Annäherung ein, die ihren Höhepunkt in der offiziellen Beendigung des langjährigen Zollkrieges zwischen beiden Staaten durch den Abschluß eines Handelsvertrages und dann in dem zehnjährigen deutsch-polnischen Nichtangriffspakt vom 26. Januar 1934 fand.

Dieser spektakuläre Schritt trug eindeutig die Handschrift Hitlers. Er bedeutete einen Bruch mit der bisherigen Linie konservativer Revisionspolitik, leitete die schrittweise Entmachtung des Auswärtigen Amtes ein und stieß innenpolitisch selbst in Parteikreisen weithin auf Unverständnis und Ablehnung. Allerdings beinhaltete er ausdrücklich keinen Verzicht auf die Revision der deutschen Ostgrenze, sondern einen Aufschub in eine fernere Zukunft. Für Hitler bedeutete das Abkommen in mehrfacher Hinsicht einen Erfolg. Es war nur wenige Wochen nach der dramatischen einseitigen Aufkündigung der Mitarbeit im System der kollektiven Sicherheit die erste erfolgreiche Bewährungsprobe für die neue Strategie der Bilateralität und hatte dementsprechend für alle späteren Abmachungen so etwas wie Modellcharakter. Weiterhin nahm der Pakt einen gewissen Druck von der deutschen Ostgrenze, wie ernst auch immer die angeblichen Pläne Pilsudskis für eine präventive Intervention in Ostdeutschland gewesen sein mögen, und bereitete, so hoffte Hitler, das Glacis für den späteren Kampf um »Lebensraum im Osten« mit vor. Der Diktator hat seine polnischen Partner nie im Zweifel darüber gelassen, daß eine gemeinsame antisowjetische Stoßrichtung sein eigentliches Anliegen war. So konnte Beck auch im Winter 1938/39 nicht überrascht sein, als die Berliner Regierung die Ernte aus der 1934 gesäten Saat gemeinsamer Bündnispolitik einforderte. Schließlich war mit dem Abkommen in das antideutsche französische Sicherheitssystem in Osteuropa nach dem Locarnopakt von 1925 mit der Festlegung völkerrechtlich unterschiedlich gesicherter Grenzen in West und Ost eine weitere entscheidende Bresche geschlagen und einer möglichen antideutschen Anlehnung Warschaus an Moskau vorgebeugt. Die endgültige Einstellung des seit 1925 laufenden Zollkrieges lag überdies ganz im Interesse der deutschen Ausfuhrwirtschaft.

Eine lange sorgfältig gepflegte Legende will wissen, Neurath habe, um Schlimmeres zu verhüten, in entsagungsvoller Kleinarbeit hinter den Kulissen bis zu seinem Rücktritt Anfang 1938 einen hartnäckigen Kampf geführt, um das Auswärtige Amt als letzte Domäne konservativer Vernunft gegen nationalsozialistische Übergriffe abzuschotten. Neuere Untersuchungen[19] haben jedoch eindeutig ergeben, daß der Chef des Auswärtigen Amtes von Anfang an wie die meisten konservativen Mitarbeiter einen zweideutigen Kurs der freiwilligen Selbstanpassung an das Regime betrieben hat. Sein Einschwenken am Ende auf die propolnische und antisowjetische Linie Hitlers legt dafür ein erstes beredtes Zeugnis ab.

Die Technik der äußeren »Abschirmung« der inneren »Wiederwehrhaftmachung« hatte sich überwiegend bewährt. Nach Überwindung einer international kritischen Startphase konnten die politische und militärische Führung ihren Kurs der einseitigen und ungebundenen Wiederaufrüstung und Machtentfaltung nunmehr beschleunigt und ungebremst durch kollektive Sicherheitseinbindungen fortsetzen, ohne künftig eine Intervention von außen befürchten zu müssen. Die Einheitsfront der Garantiemächte von Versailles, sollte es sie überhaupt je gegeben haben, hatte sich aufgelöst, die Beziehungen zwischen Paris und London waren nachhaltig gestört.

Ein schlechtes Gewissen über die kränkende Behandlung der Deutschen in Genf durch die auf französischen Druck zustandegekommene Vorlage des problematischen Simon-Planes, der

[19] Vgl. jetzt die instruktive Dissertation von Hans-Jürgen Döscher, Das Auswärtige Amt im Dritten Reich. Diplomatie im Schatten der »Endlösung«. Berlin 1987.

für Deutschland vor einer allgemeinen Abrüstung erst eine vierjährige Probezeit des Wohlverhaltens vorsah, verband sich in politischen Kreisen der britischen Hauptstadt mit der illusionären Hoffnung, daß die deutsche Aufrüstung nun gerade die günstigen Voraussetzungen schaffen würde, um von einem gemeinsamen Rüstungsstand und einer vollen Gleichberechtigung Deutschlands aus eine ernsthafte internationale Abrüstung einzuleiten. Schließlich war Polen aus der »Einkreisungsfront« von 1919 herausgebrochen und die Kleine Entente als »Sperriegel nach Südosten« ein Stück weiter isoliert.

Fortgesetzte Avancen Hitlers gegenüber Frankreich und Großbritannien und immer wieder lancierte Angebote zum Abschluß bilateraler Nichtangriffs- und Rüstungsbegrenzungsabkommen vor allem in der Luft taten ein übriges, um im westlichen Ausland immer wieder Verwirrung zu stiften und Ansätze zum Neuaufbau einer antideutschen Abwehrfront zu konterkarieren, obwohl sich die eingeweihten Kreise in London und Paris über das gefährliche Ausmaß und den Ernst der deutschen Aufrüstung völlig im klaren waren.

Die spektakuläre Wiedereinführung der Allgemeinen Wehrpflicht am Wochenende des 16. März 1935 war von der Sache her seit 1933 vorprogrammiert und längst überfällig. Auch die westlichen Geheimdienste waren nicht überrascht. Der Schritt lag konsequent auf der Linie der 1933 eingeleiteten Aufrüstungsmaßnahmen und wurde auch von der Reichswehrführung ab Ende 1933 mit Nachdruck an sich schon für 1934 gefordert. Im Dezember 1933 war bereits die Entscheidung für den Aufbau eines 300000-Mann-Friedensheeres gefallen. Etwa zur gleichen Zeit waren die Planspiele für einen Mehrfronten-Verteidigungskrieg angelaufen, während vorher als Gegner im Ernstfall lediglich Frankreich und Polen einkalkuliert worden waren.

Beides, die Beschleunigung der Aufrüstung und die Rundum-Verteidigung, war nur zu verwirklichen und durchzuhalten, wenn es möglich war, die erforderlichen Rekrutenjahrgänge und Mannschaftsreserven ganz offen und unverhüllt auf der Basis einer allgemeinen Wehrpflicht auszuheben. Die Folgerichtigkeit dieser Maßnahme betonte der Chef der Heeresleitung, Fritsch, am 24. April 1935, als er meinte, daß die »Verkündigung zwar mit weniger Dramatik mögl(ich), daß sie aber in irgendeiner Form nicht zu umgehen« gewesen sei, da eine »Weiterentw(icklung) d(es) Heeres ohne Wehrpfl(icht) nicht

... möglich u(nd) heiml(iche) Wehrpfl(icht) nur in begrenztem Umfange« durchführbar sei[20].

In der Konsequenz der Sachzwänge läßt sich sogar eine kontinuierliche Linie bis zur Rheinlandbesetzung am 7. März 1936 ziehen: Eine erfolgreiche militärische Verteidigung gegen Frankreich und eine ungehinderte Verfügungsgewalt über das Rüstungspotential des Ruhrgebietes ließen sich nur dann erreichen, wenn es gelang, das entmilitarisierte Rheinland aktiv in die Planspiele und Manöver der Wehrmacht einzubeziehen und die militärische Verteidigungslinie wieder unmittelbar an die französische Grenze vorzuverlegen.

Lagen also die spektakulären deutschen Schritte der Jahre 1935 und 1936 durchaus in der Logik der 1933 eingeleiteten Aufrüstungsmaßnahmen, so läßt sich ähnliches auch für die Reaktionen der Westmächte sagen. Nach den Erfahrungen vom Oktober 1933 war aus London und Paris wenig mehr als formaler und rein verbaler Protest gegen die einseitigen deutschen Schritte zu erwarten. Auch der Versuch Englands, Frankreichs und Italiens, am 14. April 1935 in Stresa eine Antirevisionsfront gegen Deutschland vor allem zum Schutz Österreichs aufzubauen und das Reich international zu isolieren, war, kaum gestartet, durch den deutsch-britischen Flottenpakt und das anschließende Abessinien-Abenteuer Italiens ab Oktober 1935 zum Scheitern verurteilt und konnte den Zerfall der europäischen Solidarität nicht aufhalten.

Das Flottenabkommen mit Großbritannien vom 18. Juni 1935, in dem die deutsche Flottenstärke auf 35 Prozent der britischen bei Parität in der U-Boot-Rüstung festgelegt wurde, wird man ebenfalls vordergründig als Pluspunkt für Hitler verbuchen können. Denn es brachte implizit die Anerkennung der deutschen Aufrüstung durch die Londoner Regierung und eine Schwächung der Stresa-Front, ohne daß die deutsche Seite zunächst einen fühlbaren Preis zu zahlen brauchte. Die 35 Prozent-Grenze der deutschen Marinerüstung[21] würde erst in einigen Jahren erreicht sein. Im übrigen sah Hitler wie in jedem völkerrechtlichen Vertrag so auch im Flottenabkommen nur einen vorläufigen und jederzeit korrigierbaren Zwischenschritt zur kontinentalen Hegemonie.

Die »Wiederwehrhaftmachung« Deutschlands war, wie Hit-

[20] Zit. nach Deist, Die Aufrüstung der Wehrmacht, S. 417.

[21] Zur Marinerüstung vgl. das Standardwerk von Jost Dülffer, Weimar, Hitler und die Marine. Reichspolitik und Flottenbau 1920–1939. Düsseldorf 1973.

ler als meisterhafter Demagoge nie müde wurde zu betonen, nicht nur ein militärischer und wehrwirtschaftlicher Vorgang, sondern primär auch eine Frage propagandistischer und massenpsychologischer Disziplinierung und Vorbereitung der Bevölkerung auf den Krieg. Unter diesem Aspekt hatten außenpolitische Erfolge stets auch die wichtige Funktion, dem Regime nach außen wie nach innen eine Art »sekundärer« Legitimation – die »primäre« Legitimation über demokratische Wahlen und Teilhabe an der Macht verbot sich in einem Terrorregime wie dem nationalsozialistischen von selbst – zu schaffen, Massenloyalität zu mobilisieren und die nationalsozialistische Herrschaft zu konsolidieren. Die plebiszitäre Komponente als Mittel der Herrschaftssicherung spielte für die NS-Führung eine wichtige Rolle. Hitler nahm sie mehrfach zum Anlaß, um gegenüber dem Ausland sein Prestige im eigenen Volk zu dokumentieren und durch den Hinweis auf die »völkische Geschlossenheit und Homogenität« und den »klaren Gefolgschaftswillen« hinter dem »Führer« seinen außenpolitischen Schritten zusätzlich jenes Maß an scheinbarer Berechtigung zu vermitteln, das seine Widersacher im In- und Ausland immer wieder verunsichern und schwächen sollte.

Er halte sich, begründete der Diktator im Januar 1934 seine plebiszitären Aktionen gegenüber dem Schweizer Nationalrat Dr. Oeri, für einen besseren Demokraten als die Repräsentanten der »parlamentarisch-demokratischen Ideologie«. Denn er sei bereit, sich jederzeit einem neuen Votum des Volkes zu unterwerfen[22]. Das letzte lag gerade drei Monate zurück. Hitler hatte die außenpolitische Gefahrenzone der Aufrüstung bisher ohne Intervention fremder Mächte passiert und konnte es nun riskieren, seinem Volk den deutschen Anspruch auf internationale Gleichberechtigung und Wiedergewinnung der äußeren Freiheit zur Abstimmung vorzulegen. Dabei erwies es sich zusätzlich als günstig, daß mit dem Völkerbund der Austritt aus einer Institution zur Abstimmung stand, die sich als Werkzeug zur Verwirklichung und Garantie des Versailler »Friedensdiktates« in der deutschen Bevölkerung nie einer breiten Zustimmung erfreut hatte. So waren die 95,1 Prozent Ja-Stimmen vom 12. November 1933 (Wahlbeteiligung 96,3 Prozent) sicher nicht allein das Ergebnis von Terror und Manipulation. Auf jeden Fall nahm Hitler das Ergebnis als überwältigende Bestätigung

[22] Jacobsen, Nationalsozialistische Außenpolitik, S. 327.

seines außenpolitischen Kurses und seines Prestiges und setzte es als Trumpf für seine künftige Politik ein. Gleiches galt für die Saarabstimmung am 13. Januar 1935 (90,67 Prozent für Deutschland), die überdies noch unter internationaler Kontrolle stattfand, und für die Abstimmung über die Wiederbesetzung des Rheinlandes am 29. März 1936 (98,8 Prozent Ja-Stimmen).

Auch das »Bündnis« Hitlers mit der bewaffneten Macht unter Blomberg und mit der Wirtschaft erfuhr in der schwierigen Etablierungs- und Konsolidierungsphase des nationalsozialistischen Regimes 1933/34 durch die rüstungs- und machtpolitischen Demonstrationen und Erfolge der Führung eine nicht unbeträchtliche Stärkung, die die weitere Risikopolitik nach außen bis 1939 erst ermöglichte und Widerstände weitgehend ausräumte. Schließlich war der überraschend schnell zustande gekommene Abschluß des Reichskonkordates mit dem Vatikan am 20. Juli 1933 »in der gegenwärtig isolierten Lage Deutschlands ein ungeheurer moralischer Gewinn« (Mussolini) und wurde von der nationalsozialistischen Propaganda auch prompt als »feierliche Anerkennung der nationalsozialistischen Revolution durch die höchste Autorität des Katholizismus« gefeiert.

Zum persönlichen außenpolitischen Führungsstil Hitlers sowie zur schrittweisen Entmachtung des Auswärtigen Amtes gehörte auch eine Erscheinung, die sich als »institutioneller Darwinismus« oder »Ämteranarchie« hinreichend umschreiben läßt: die Anlagerung von immer neuen Sonderämtern und konkurrierenden Institutionen an die überkommene Staatsbürokratie und die Betrauung von Sonderbotschaftern, die das besondere Vertrauen des »Führers« und einen direkten Draht zu ihm hatten, mit bestimmten Sonderaufgaben und Sondermissionen am Auswärtigen Amt vorbei. Dieses selbst sank, vor allem als Neurath mit dem Tode des Reichspräsidenten Hindenburg (2. August 1934) nicht mehr dessen Rückendeckung hatte, immer mehr auf den Rang einer willfährigen obersten Verwaltungs- und Verhandlungsbehörde zur routinemäßigen Abwicklung der Außenbeziehungen des Reiches hinunter, ohne noch außenpolitische Konzepte von Gewicht entwickeln oder gar vertreten und durchsetzen zu können.

Vielfältig waren die staatlichen und nichtstaatlichen Instrumentarien nationalsozialistischer Außenpolitik[23]: neben dem

[23] Ebenda; ders., Zur Struktur der NS-Außenpolitik 1933–1945. In: Funke (Hrsg.) Hitler, Deutschland und die Mächte, S. 137–185.

Auswärtigen Amt u. a. die »Auslandsorganisation« der NSDAP (AO) unter Ernst Wilhelm Bohle zur Betreuung der Auslandsdeutschen, der »Volksdeutsche Rat« zur Volkstumsführung unter Heß, ab 1937 die »Volksdeutsche Mittelstelle« (Vomi) unter Lorenz, das »Außenpolitische Amt« der NSDAP (APA) unter Rosenberg und die »Dienststelle Ribbentrop«. Es würde hier viel zu weit führen, jede einzelne dieser Organisationen vorzustellen und ihr Gewicht innerhalb des nationalsozialistischen Herrschaftsgefüges zu analysieren. Zusammenfassend läßt sich sagen, daß die diversen und oft miteinander konkurrierenden Parteidienststellen im Ausland mit Ausnahme vielleicht Österreichs und dann 1938 des Sudetengebietes keine nachhaltigen oder gar erfolgreichen Aktivitäten entfaltet haben, die sich mit denen einer »fünften Kolonne« vergleichen ließen. Freilich soll nicht abgestritten werden, daß die nationalsozialistischen Wühlereien und Übergriffe etwa in Südamerika, im Donauraum, in Westeuropa oder in der Schweiz den Repräsentanten der offiziellen Außenpolitik nicht selten erhebliche Schwierigkeiten bereitet haben.

Wirkungsvoller war da schon die Einrichtung der Sonderbotschafter oder Sonderbevollmächtigten. So reiste Rosenberg im persönlichen Auftrag Hitlers bereits im Mai 1933 nach London, um hier allerdings ein peinliches Fiasko zu erleben. Nicht viel erfolgreicher war Göring[24] in Italien, während er in Warschau und dann ab 1936 in den Hauptstädten Südosteuropas als »Wirtschaftsdiktator« neben und in Konkurrenz zu Schacht erhebliche und keineswegs ergebnislose Aktivitäten entfaltete.

Joachim von Ribbentrop, der Intimus des »Führers«, der fehlenden nationalsozialistischen »Stallgeruch« stets mit besonderer persönlicher Ergebenheit und rastlosen außenpolitischen Aktivitäten kompensierte[25], konnte sich zum erstenmal mit seiner Ernennung zum »Sonderbeauftragten für Abrüstungsfragen« am 18. März 1934 als Belohnung für erfolgreiche Spezialmissionen nach Paris und London außenpolitisch neben Neurath mehr profilieren. Mit dem Aushandeln des deutsch-englischen Flottenabkommens 1935 lieferte er sein Gesellenstück, das den diplomatischen Amateur zum deutschen Botschafter in der britischen Hauptstadt qualifizieren sollte.

[24] Zu Göring vgl. Kapitel 1, Anm. 16.

[25] Wolfgang Michalka, Ribbentrop und die deutsche Weltpolitik 1933–1940. Außenpolitische Konzeptionen und Entscheidungsprozesse im Dritten Reich. München 1980.

Neben den Erfolgen dürfen aber die Belastungen der deutschen Außenpolitik nicht übersehen werden. Die Behandlung des Nachbarlandes Österreich trug die ganz persönliche Handschrift Hitlers, während Neurath zwar allen Schritten zustimmte, sich aber eher zurückhielt. Das führte dazu, daß sich hier die nationalsozialistische »Parteipolitik« zeitweilig rücksichtslos und hektisch vor die eher zögernde und in längeren Fristen planende »Staatspolitik« des Auswärtigen Amtes schob, wie sie Bülow für Österreich in seiner Denkschrift richtungweisend formuliert hatte. Hitler hoffte 1933, mit Hilfe der österreichischen NSDAP und ihres Landesinspekteurs Theodor Habicht den revolutionären nationalen Schwung gleichsam in einem Zuge aus dem Reich ins deutsche Bruderland hinüberleiten und dieses von innen her durch eine nationalsozialistische »Machtergreifung« für den Anschluß reif machen zu können. Flankiert wurde dieser angestrebte innere Auflösungsprozeß der österreichischen Eigenstaatlichkeit am 26. Mai durch eine 1000 Reichsmark-Sperre für deutsche Touristen. Mit ihr sollte das vom Tourismus abhängige Land wirtschaftlich in die Knie gezwungen werden. Hitler hatte aber weder mit dem Widerstandswillen des österreichischen Bundeskanzlers Dollfuß noch mit der Entschlossenheit Mussolinis gerechnet, die österreichische Selbständigkeit und Integrität um jeden Preis zu verteidigen. Der Fehlschlag des nationalsozialistischen Putsches in Wien ein Jahr später, am 25. Juli 1934, und die Ermordung von Dollfuß sollten die erste Phase der nationalsozialistischen Österreich-Politik in einem völligen Fiasko enden lassen, so daß sich Hitler sofort offiziell von ihr distanzierte und mit der Entsendung Franz von Papens zum neuen Sonderbotschafter von der überstürzten »Parteipolitik« wieder auf die langsamere »Staatspolitik« umschaltete. Der »Anschluß« war vorerst auf die lange Bank geschoben. Das Verhältnis zwischen Hitler und Mussolini, war, wie sich bei einem Treffen in Venedig am 14./15. Juni 1934 zeigte, zutiefst gestört und der Weg nach Südosteuropa durch die »Römischen Protokolle« vom 17. März 1934, wenn auch nicht versperrt, so doch erheblich erschwert. In ihnen verpflichteten sich Österreich, Italien und Ungarn auf eine gemeinsame Politik und damit indirekt auch auf die Verteidigung der österreichischen Unabhängigkeit.

Das herausfordernde Auftreten des deutschen Reichswirtschaftsministers Hugenberg auf der am 12. Juni 1933 eröffneten Londoner Weltwirtschaftskonferenz – er verlangte Kolonien und Siedlungsland für Deutschland, womit nur der Osten gemeint sein konnte – war nicht geeignet, das starke Mißtrauen in das neue Regime vor allem in Moskau zu mildern, wenngleich Hugenberg sofort von dem deutschen Delegationschef Neurath desavouiert und von Hitler nach Berlin zurückgerufen wurde, um daraufhin entlassen zu werden. Den anderen Teilnehmern der Konferenz war nicht entgangen, daß der deutsche Reichsbankpräsident Schacht durch ein Transfermoratorium vom 9. Juni mit Wirkung zum 1. Juli 1933 für alle öffentlichen deutschen Auslandsverbindlichkeiten die internationalen Gläubiger des Reiches unter ein einseitiges Diktat gezwungen hatte, das weltweit Empörung und tiefe Beunruhigung hervorrief. Da zunächst auch die Dawes- und Younganleihen in dieses Moratorium einbezogen waren, hinterließ Schachts mit der Devisennot begründeter Schritt tiefe Zweifel an der deutschen Bonität und an der »Diskontfähigkeit« der deutschen Unterschrift. Würde auch das Dritte Reich ähnlich wie die Sowjetunion nach 1917 – so lautete allenthalben die bange Frage in Geschäfts- und Finanzkreisen – in die wirtschaftliche Isolation abdriften, sein Wirtschaftssystem sozialisieren und fremde kapitalistische Eigentumsrechte künftig entschädigungslos mißachten? Selbst wenn in der Transferfrage schließlich eine gütliche Einigung mit den Gläubigern ausgehandelt wurde, blieb die Waffe des Moratoriums ein Damoklesschwert, das – wie etwa schon ein Jahr später – jederzeit auf die internationalen Finanzbeziehungen des Reiches niedergehen und sie nachhaltig schädigen konnte.

Die einseitigen Schritte der Reichsbank und die wachsende Unsicherheit über die Wirtschaftsentwicklung in Deutschland und die Sicherheit fremden Eigentums halfen mit, das sich nach dem 30. Januar 1933 schnell verdunkelnde Deutschlandbild im Ausland noch weiter negativ einzufärben[26]. Die Diskriminierung der Juden, die Verfolgungen politischer Gegner, die Exzesse des Terrorstaates, vor allem aber auch die offenkundige Militarisierung der Gesellschaft und das Treiben der paramilitärischen Verbände weckten allen Abwiegelungstendenzen des Auswärtigen Amtes zum Trotz, wie sie etwa in dem erwähnten Zirkular Bülows vom 30. Januar 1933 zum Ausdruck kommen, besonders in den USA, Großbritannien und Frankreich Abscheu und tiefe Sorgen um den Frieden Europas und die eigene

[26] Vgl. dazu Bernd-Jürgen Wendt (Hrsg.), Das britische Deutschlandbild im Wandel des 19. und 20. Jahrhunderts. Bochum 1984.

Sicherheit. Dies galt auch für die Sowjetunion, als sich das nationalsozialistische Regime entgegen anfänglichen Prognosen doch als überraschend stabil und dauerhaft erwies. Die schnelle Überrumpelung und Auslöschung des Weimarer Deutschlands durch die Nationalsozialisten erregte ungläubiges Staunen und ließ das Bild von den »zwei Deutschland« aus dem ausgehenden 19. Jahrhundert wieder aktuell werden.

Außenpolitische Drohungen und Erpressungen eines Staates setzen in der Regel, selbst wenn sie sich vordergründig und kurzfristig als großer nationaler Erfolg darstellen, im internationalen Mächtesystem einen Wandlungs- und Umorientierungsprozeß in Gang, durch den der eigene Bewegungsspielraum auf lange Sicht bedrohlich eingeengt werden kann. Genau dies war ab 1933 die Konsequenz der fortgesetzten Brüskierung Moskaus durch die ostpolitische Wende Hitlers.

Das deutsch-sowjetische Verhältnis war schon in der Weimarer Republik recht labil gewesen und hatte dann in der Präsidialphase ab 1930 eine weitere Abkühlung erfahren. Brünings enge Kontakte mit der britischen Regierung, die Nichterneuerung des 1931 auslaufenden Berliner Vertrages von 1926 und Papens profranzösische Haltung schienen das alte Mißtrauen Moskaus zu bestätigen, daß sich Deutschland eines Tages doch noch ganz nach Westen orientieren werde. So hatte die Sowjetregierung schon 1932 für den Fall eines Bruches mit Berlin eine Politik der »Rückversicherung« durch den Abschluß von Nichtangriffspakten mit Polen, Frankreich, Lettland, Estland und Finnland sowie eine Annäherung an die Kleine Entente eingeleitet. Dahinter stand auch die Furcht, im Kriegsfall im Westen von Deutschland und im Osten durch Japan eingekreist zu werden.

Stalin nahm die Regierung Hitler zunächst mit einiger Gelassenheit auf, erwartete er doch in einer gewissen ideologischen Blindheit, daß sie schnell »abwirtschaften« werde. Die eigentlichen Gegner waren für ihn Papen, der antisowjetische Hugenberg und der baltische Ideologe Rosenberg mit seinen engen Kontakten zur weißrussischen Emigration in Süddeutschland. Die Stabilisierung des neuen Regimes und seine zunehmenden Ausfälle gegen die Sowjetunion etwa auch im Zusammenhang mit dem Reichstagsbrandprozeß sowie seine Annäherung an Polen, aber auch der verstärkte Druck durch Japan in Fernost verstärkten die Aktivitäten einer Westorientierung im Kreml unter Federführung des Außenministers Litwinow: Der

16. November 1933 brachte die völkerrechtliche Anerkennung durch die USA, am 18. September 1934 folgte die Aufnahme in den Völkerbund und am 2. Mai 1935 war der Abschluß eines sowjetisch-französischen Beistandspaktes perfekt.

Im Juni 1934 scheiterte ein letzter Versuch des Kreml, durch einen deutsch-sowjetischen Garantiepakt über die Unabhängigkeit der baltischen Staaten den Draht nach Berlin wieder zu intensivieren. Gleichzeitig entwickelte die französische Diplomatie in Ostmitteleuropa Aktivitäten zum Aufbau eines neuen Systems kollektiver Sicherheit, die den Bewegungsspielraum der deutschen Ostpolitik, wären diese Avancen erfolgreich gewesen, nahezu völlig blockiert hätten. Im Mai 1934 einigten sich der französische und der sowjetische Außenminister über einen »Ostpakt« in Ergänzung des »Westpaktes« von Locarno. In einen kollektiven Nichtangriffs- und Hilfeleistungspakt unter französischer Garantie sollten die Sowjetunion, Deutschland, Polen, die Tschechoslowakei, Finnland und die drei baltischen Staaten einbezogen werden. Die Sowjetunion sollte dafür als Garantiemacht in den »Westpakt« aufgenommen werden. Dieser Akt klassischer französischer Sicherheitspolitik mit dem Versuch, das West-Locarno knapp zehn Jahre später nun doch noch durch ein Ost-Locarno zu ergänzen, scheiterte am 10. September 1934 an der deutschen Ablehnung. Acht Tage später trat die Sowjetunion dem Völkerbund bei.

Eine ganz ähnliche Situation wie 1934 entwickelte sich noch einmal im Frühjahr und Sommer 1939 nach dem deutschen Einmarsch in Prag im März: Paris und London versuchten erneut, den deutschen Expansionismus im Herzen Europas durch den Aufbau eines Systems kollektiver Sicherheits- und Hilfsvereinbarungen zu konterkarieren und die Sowjetunion als östliche Flügelmacht in dieses System mit einzubinden. Für die Berliner Hegemonialpolitik und ihre Taktik der zweiseitigen Verträge zeichnete sich beide Male, 1934 wie 1939, die Gefahr ab, bereits in einem recht frühen Stadium ihrer Verwirklichung blockiert zu werden. Beide Male kam der deutschen Seite in einer Situation, die sie subjektiv als eine erneute – freilich von ihr selbst provozierte – »Einkreisung« durch Frankreich und die Sowjetunion ähnlich der Lage nach 1892 empfinden mußte, die stark antisowjetische Stimmung in Ost- und Südosteuropa entgegen. Die Baltischen Staaten, Polen und Rumänien wehrten sich gegen eine Hereinnahme der Sowjetunion in ein europäisches Sicherheitssystem aus Angst, dann im Kriegsfall zum

Aufmarschgebiet sowjetischer Truppen gegen Deutschland zu werden und schlimmstenfalls sogar von der Sowjetunion politisch vereinnahmt zu werden.

Das Wesen nationalsozialistischer Außen- und Kriegspolitik bleibt jedem verschlossen, der zur Analyse nicht ständig den personalen Faktor Adolf Hitler, seine Spielernatur und seinen Hang zum Vabanque und zum äußersten Risiko mit einbezieht. Das schloß nicht aus, daß er nicht auch gleichzeitig dem rationalen Kalkül zugänglich war und dort, wo es ihm notwendig und zwingend erschien, zeitweilig von seinen Zielen Abstriche machen und wieder einen Schritt zurück gehen konnte. Außenpolitische Erfolge waren für einen manischen Egozentriker und »Narziß« wie Hitler stets auch ein wesentliches Stück Selbstbestätigung und Prestigehascherei.

Unter diesem Aspekt wird man hinter die zahlreichen Aktivposten der Jahre 1933 bis 1935 abschließend noch einmal ein dickes Fragezeichen setzen müssen. Die internationalen Erfolge wurden dem Diktator von den anderen Großmächten aus Gründen, die im einzelnen angedeutet worden sind, recht leicht gemacht, sie fielen ihm gleichsam in den Schoß. Auch seine Überraschungscoups in Genf am 14. Oktober 1933, bei der Allgemeinen Wehrpflicht am 16. März 1935 und im Rheinland am 7. März 1936 wurden von den anderen Mächten widerstandslos hingenommen und stellten wider Erwarten jedenfalls kurzfristig kein Risiko für die deutsche Außenpolitik dar.

Dadurch haben sich im Denken und Planen Hitlers nachweislich schon früh alle Maßstäbe für das international Machbare gefährlich verschoben. Seine Neigung zum risikoreichen Vabanque und sein grenzenloses Vertrauen auf seine Intuition sind nicht ohne Zutun der anderen Mächte und nicht ohne die überwältigenden plebiszitären Bestätigungen durch das eigene Volk bereits Mitte der dreißiger Jahre ins Bedrohliche gewachsen. Zunehmend hat er bis 1939 und auch im Kriege Warnungen und Mahnungen zur Vernunft und zum Maßhalten überhört oder beiseitegewischt mit dem triumphierenden Hinweis auf die leichten Erfolge der ersten fünf Jahre.

3. Das Jahr 1936: Entscheidungen ohne Umkehr

Im Jahre 1936 fiel mit dem Vierjahresplan vom September die Entscheidung zum Kriege, und es war, wie sich bald herausstellen sollte, eine Entscheidung ohne Umkehr. Auch in diesem Jahr lagen wieder Erfolge und Mißerfolge eng nebeneinander: eine Erweiterung des politischen Handlungsspielraumes in Europa und sichtliche Fortschritte bei der »Wiederwehrhaftmachung« auf der einen, eine dramatische Zuspitzung der Wirtschaftskrise auf der anderen Seite. Zusammen bildete dies den Rahmen, in dem das Geschehen dieses Jahres ablief. Das Regime hatte sich von Anfang an mit der Vorbereitung auf kriegerische Gewalt selbst unter einen politischen, ökonomischen und militärischen Handlungszwang gesetzt und damit einen rasch zunehmenden Zeitdruck provoziert, der 1936 keinen allzu langen Aufschub für den Einsatz der Wehrmacht mehr duldete, es sei denn, das Steuer würde wieder um 180 Grad herumgeworfen.

Dabei war allerdings noch ungeklärt, unter welcher Bündniskonstellation und mit welcher Frontstellung dieser Krieg »entfesselt« werden sollte. Dadurch kam von Anfang an bis weit über Kriegsbeginn 1939 hinaus ein starkes Unsicherheitsmoment in die rüstungs- und militärstrategischen Planungen. Denn auch über den politischen und militärischen Aktivitäten der Jahre 1936 und 1937 lag der schwere Schatten Englands als eines für Berlin völlig unkalkulierbaren Unsicherheitsfaktors. Wie schon beim ersten Anlauf Deutschlands zur Weltmacht vor 1914 blieb das Inselreich auch beim zweiten im Vorfeld des Krieges der zentrale »Schlüssel im Schloß der deutschen Außenpolitik und ihrer expansiven Herausforderungen«[1]. Alles, was geplant und getan wurde, geschah im Blick auf England. Die Kernfrage für die Prioritäten in der Aufrüstung – Heer, Flotte oder Luftwaffe? – und für die deutsche Bündnispolitik lautete: Würde die britische Regierung dem Aufbau einer deutschen Hegemonialstellung auf dem Kontinent und dem gewaltsamen Ausgreifen nach Osten tatenlos zusehen oder würde der Widerstand Londons und der Franzosen vor dem angestrebten »Lebensraumkrieg« im Osten als Rückendeckung noch einen »vorgeschalteten Zwischenkrieg« nach Westen notwendig machen? Die weitere Entwicklung in Europa hing wesentlich von

[1] Klaus Hildebrand, Deutsche Außenpolitik 1933–1945. Kalkül oder Dogma? 2., überarbeitete Aufl. Stuttgart 1973, S. 28.

einer Antwort auf diese Frage ab. Eine klare und unzweideutige Reaktion aus London stand noch aus bzw. war auch von einem parlamentarisch-demokratischen Regierungssystem kaum so leicht zu erwarten.

Hitler soll nach eigenen Worten »die 48 Stunden nach dem Einmarsch ins Rheinland« als »die aufregendste Zeitspanne meines Lebens« bezeichnet haben[2]. An diese berühmte Äußerung und an den »Überraschungscoup« vom 7. März 1936 haben sich bis heute eine ganze Reihe von Legenden geknüpft[3]. Hier handelte es sich jedoch nicht um einen jener einsamen und kühnen »blitzschnellen« Entschlüsse, mit denen der Diktator seine faszinierte Mitwelt immer wieder verblüfft und die er gegen den Willen seiner bremsenden militärischen Führer und Ratgeber gefaßt und durchgesetzt haben soll. Es war weder ein improvisierter »Überraschungscoup«, noch stimmt die Behauptung, bei französischem Eingreifen hätten sich die drei Infanteriebataillone sofort aus dem Rheinland zurückgezogen. Selbst wenn die Militärs um Fritsch das Risiko des Einmarsches höher als Hitler veranschlagt und Blomberg wohl während der Aktion zeitweise die Nerven verloren haben soll, war die militärische Führung doch Wochen vorher von den Absichten Hitlers unterrichtet worden und hatte auch keine wesentlichen Einwände erhoben, da der Schritt grundsätzlich auf ihrer aufrüstungspolitischen Linie lag. Zudem war das eingegangene Risiko im Verhältnis zur weitreichenden Wirkung der ganzen Aktion und zu ihrem enormen Erfolg durchaus kalkulierbar und relativ gering.

Am 7. März 1936 wurde mit der Remilitarisierung des Rheinlandes und der Wiederherstellung der vollen »Wehrhoheit« im gesamten Reichsgebiet zum erstenmal nicht nur ein Teil des Versailler Vertrages (Art. 42 und 43) einseitig aufgekündigt, sondern ein von einer deutschen Regierung freiwillig abgeschlossener Vertrag, das Abkommen von Locarno vom Oktober 1925, gebrochen. Hitler konnte »diese Revolution in der außenpolitischen und vertragspolitischen Konstellation Europas«[4] aus mehreren Gründen relativ gefahrlos riskieren: Der

[2] Paul Schmidt, Statist auf diplomatischer Bühne 1923–1945. Bonn 1953, S. 325.

[3] Wilhelm Deist, Die Aufrüstung der Wehrmacht. In: Wilhelm Deist u. a. (Hrsg.), Ursachen und Voraussetzungen der deutschen Kriegspolitik. Stuttgart 1979, S. 424ff.

[4] Manfred Messerschmidt, Außenpolitik und Kriegsvorbereitung. In: Deist u. a. (Hrsg.), Ursachen und Voraussetzungen, S. 606.

vordergründige Anlaß, die Ratifikation des französisch-sowjetischen Beistandspaktes durch die Pariser Kammer, war bei den beiden Garantiemächten von Locarno, Großbritannien und Italien, und bei den Franzosen selbst sehr unpopulär. Denn Italien und Großbritannien sahen ähnlich wie Hitler mit Mißtrauen, daß die Franzosen auf diesem Wege indirekt die Sowjetunion in das Netz kollektiver Sicherheit in Westeuropa mit hineingeholt hatten. Einmal mehr konnte sich Hitler wirkungsvoll als »Retter Europas vor dem Bolschewismus« profilieren.

England hatte ebenso wie Polen bereits vorher signalisiert, daß ein Einmarsch ins Rheinland als ein gleichsam natürliches Recht der Deutschen keine vitalen Sicherheitsinteressen berühren würde. In Paris amtierte ein schwaches und entscheidungsunfähiges Übergangskabinett Sarraut. In Rom war sich Mussolini dankbar der materiellen und moralischen Hilfe bewußt, die ihm sein Diktator-Kollege für das Abenteuer in Abessinien hatte zukommen lassen. Hitler selbst federte propagandistisch sehr geschickt möglichen Widerstand ab durch eine Reihe – wohl kaum ernst gemeinter und auch für Paris kaum akzeptabler – Verhandlungsvorschläge über den Fortbestand der entmilitarisierten Zone am Rhein, allerdings auch auf französischer Seite. Außerdem schlug er einen Dreierpakt zur Sicherheit der belgischen und niederländischen Integrität, einen Luftpakt zwischen den drei Westmächten sowie einen langfristigen Nichtangriffspakt mit Frankreich vor und nahm die Pläne eines Viererpaktes vom Sommer 1933 wieder auf. Schließlich konnte sich der »Führer« des rückhaltlosen Beifalles der Nation und der konservativen Führungsschichten sicher sein.

Hinter dem Einmarsch im Rheinland standen jedoch primär militärstrategische Erwägungen zur Vorbereitung des Verteidigungs- oder gegebenenfalls auch Angriffskrieges gegenüber Frankreich. Die Remilitarisierung des Rheinlands lag in der logischen Konsequenz der »Wiederwehrhaftmachung« seit 1932/33. Denn bis 1936 bildete »das entmilitarisierte Rheinland einen weißen Fleck in den militärstrategischen Voraussetzungen des Rüstungsprogrammes«. Seine Remilitarisierung »entweder als Aufmarsch- oder als Sicherheitszone für die militärische Organisation des Reiches« galt im Blick auf die Phase der Expansion als »unentbehrliche Voraussetzung«[5]. Die Existenz eines entmilitarisierten Grenzstreifens stellte nach Ausweis der Manöver-

[5] Ebenda, S. 604.

planungen und aller Planspiele für den Ernstfall ein nur schwer überwindbares operatives und strategisches Hindernis für den raschen Aufmarsch der Truppen dar. Es war abzusehen, daß selbst mit dem Bahntransport die Einheiten im Konfliktfall nicht rechtzeitig an die Rheinlinie in die vorgesehenen Einsatzräume vorverlegt werden konnten, um der als sehr beweglich eingeschätzten französischen Armee erfolgreich paroli bieten zu können. Weiterhin war das rüstungswirtschaftlich zentrale Ruhrgebiet jetzt effektiver gegen eine französische Bedrohung abzudecken. Schließlich konnte nun auch das Menschenpotential des Rheinlandes voll für die allgemeine Wehrpflicht ausgeschöpft werden. Zusammenfassend war die Aktion vom 7. März 1936 also »ein logischer Schritt auf dem Wege zur ›Wiedergewinnung der politischen Macht‹, da die Besetzung der Rheinlande die Handlungsfähigkeit der bewaffneten Macht wesentlich verbesserte, ohne deren Hilfe in der Sicht Hitlers das politische Ziel nicht erreicht werden konnte«[6].

Aber die Auswirkungen des »Wochenendcoups« auf die deutsche Machtstellung in Mitteleuropa reichten noch wesentlich weiter. Belgien löste sich aus dem Bündnis mit Frankreich und kehrte in seine traditionelle Neutralität zurück. Polen und die Kleine Entente verloren nunmehr ihr restliches Vertrauen in die Bereitschaft und auch Fähigkeit der französischen Armee, ihnen im Ernstfall gegen Deutschland zur Hilfe zu kommen, und orientierten sich ab 1936 entschieden auf Berlin. Der Weg für eine Expansion nach Osten und Südosten schien geebnet. Italien band sich künftig noch enger an den mächtigen Nachbarn im Norden mit schwerwiegenden Rückwirkungen auf die unabhängige Stellung Österreichs. Als neuer »Testfall« für die Ernsthaftigkeit der Garantiemächte von Versailles, das System der kollektiven Sicherheit oder das, was von ihm übriggeblieben war, zu verteidigen, schien die gefahrlose Remilitarisierung des Rheinlandes Hitlers Risikofreude und seinem Optimismus ein glänzendes Zeugnis auszustellen.

Der Diktator ging mit einem mächtig gestärkten Ansehen im In- und Ausland aus der Krise hervor. Sein Volk applaudierte ihm in der anschließenden Abstimmung mit den schon üblichen 99 Prozent. Die konservativen Kreise unter Einschluß der Wehrmacht spendeten dem »genialen« und »kühnen« Strategen Beifall. Die Warnungen seiner kleinmütigen militärischen Rat-

[6] Deist, Aufrüstung der Wehrmacht, S. 425.

geber aus der Generalität konnte er, der »böhmische Gefreite«, fortan höhnisch in den Wind schlagen, sein Verhältnis zur militärischen Macht, der er nunmehr freie Bahn zur vollen souveränen Wiederentfaltung geschaffen hatte, war fester denn je, das Auswärtige Amt endgültig überspielt. Wieder war dem »Führer« nicht ohne Zutun der anderen Mächte ein leichter Sieg in den Schoß gefallen, mit allen verhängnisvollen Konsequenzen für seine zunehmende Selbstüberschätzung, Realitätsblindheit und Ungeduld.

Das Jahr 1936 stand ganz im Zeichen der Annäherung zwischen den beiden Diktatoren und ihren Staaten, die das Gleichgewicht in Mitteleuropa weiter entscheidend zu Deutschlands Gunsten verschieben sollte. Mussolini löste demonstrativ die Vertreter eines prowestlichen Kurses, Suvich und Aloisi, ab und ersetzte sie im Juni durch seinen Schwiegersohn Ciano. Schon Anfang Januar versicherte er dem deutschen Botschafter Ulrich von Hassell, Österreich dürfe ein deutscher Satellit werden und deutsche Politik betreiben, sofern es nur formell selbständig bleibe[7]. Welch eine Kursschwenkung gegenüber dem Aufmarsch italienischer Divisionen an der Brennergrenze im Sommer 1934! Der österreichische Bundeskanzler Schuschnigg wurde nun aus Rom ermahnt, die Beziehungen zum Reich im Interesse einer deutsch-italienischen Annäherung zu regeln und dauerhaft zu gestalten.

Das deutsch-österreichische Abkommen vom Juli 1936 zerfällt in einen öffentlichen und einen vertraulichen Teil. Öffentlich erkannte Berlin »die volle Souveränität des Bundesstaates Österreich« und den Grundsatz der Nichteinmischung in die inneren Angelegenheiten an. Im Gegenzug sagte Wien zu, eine Politik zu führen, »die der Tatsache, daß Österreich sich als deutscher Staat bekennt, entspricht«. Die deutsche Seite erwartete daraufhin eine Zollunion und militärische Absprachen, Österreich verhielt sich aber eher abwartend und trat auch nicht der »Achse« bei. Ein geheimes Zusatzabkommen sah u.a. in dem entscheidenden Punkt 9 das österreichische Zugeständnis vor, »in dem geeigneten Zeitpunkte, der für nahe Zeit in Aussicht genommen ist, Vertreter der bisherigen ›Nationalen Opposition in Österreich‹ zur Mitwirkung an der politischen Verantwortung heranzuziehen ...« Diese Vertreter sollten »für die

[7] ADAP 1918–1945, Serie C, Bd. IV, 2. Göttingen 1975, Nr. 485, S. 954ff.: Telegramm Hassells an das Auswärtige Amt vom 7. 1. 1936; Messerschmidt, Außenpolitik und Kriegsvorbereitung, S. 608.

innere Befriedung der Nationalen Opposition und ihre Beteiligung an der politischen Willensbildung in Österreich sorgen«. Hier sollte also ganz unverkennbar der Weg für die innere Machteroberung durch die Nationalsozialisten und damit für die evolutionäre Schaffung Großdeutschlands vorbereitet werden. Somit wurde, wie es der Schweizer Historiker von Salis einmal bildkräftig formuliert hat, die »Achse Berlin-Rom« zum Bratspieß, auf dem man Österreich aufspießen und braun braten lassen konnte[8].

Anläßlich eines Besuches des italienischen Außenministers Ciano in Berlin Ende Oktober 1936 entwickelte Hitler die Perspektive eines gemeinsamen deutsch-italienischen Zusammengehens und erkannte das italienische Kaiserreich Äthiopien formell an. Offenbar war es seine Absicht, im Zeichen des inzwischen im Juli ausgebrochenen Spanischen Bürgerkrieges den Italienern den Mittelmeerraum (das italienische »Mare Nostro«) als Expansionsobjekt ihres Imperialismus zuzuweisen, um die Franzosen abzulenken und zu binden (vgl. »Hoßbach-Niederschrift«), die Engländer durch die Bedrohung ihrer Seeroute in den Orient unter Druck zu setzen und die Italiener selbst aus einer Regelung der mittel- und südosteuropäischen Angelegenheiten künftig auszuschließen. Dies war also zugleich ein weiterer Schritt zur Isolierung Österreichs und zur Schaffung des deutschen »Großwirtschaftsraumes Mittel- und Südosteuropa«.

Selbst wenn sich die italienische Regierung diesen weitreichenden Konsequenzen vorerst noch strikt versagte, nahm Mussolini den ihm von Berlin zugespielten Ball propagandistisch mit großem Getöse auf und proklamierte am 1. November 1936 in Mailand die »Achse Berlin-Rom«, »um die die übrigen Staaten Europas sich gruppieren könnten«[9].

Somit stand auch das militärische Engagement Deutschlands in dem am 18. Juli 1936 ausgebrochenen Spanischen Bürgerkrieg, das die »Auslandsorganisation« der NSDAP unter Gauleiter Bohle am Auswärtigen Amt vorbei vermittelt hatte, mit im Zeichen der entstehenden deutsch-italienischen Partnerschaft. Über die Beweggründe für das militärische Eingreifen Deutschlands auf der Iberischen Halbinsel an der Seite Italiens

[8] Jean Rodolphe von Salis, Weltgeschichte der neuesten Zeit, Bd. 3. 2. Aufl. Zürich 1962, S. 594.

[9] Zit. nach Messerschmidt, Außenpolitik und Kriegsvorbereitung, S. 621.

besteht bis heute eine gewisse Unsicherheit[10]. Zunächst einmal war die deutsche Reichsführung von dem Militäraufstand Francos in Spanisch-Marokko und seiner Bitte um Unterstützung für die Überführung der Truppen nach Spanien zweifellos überrascht und dadurch wider Willen in eine Art Zugzwang zum Handeln gebracht worden. Im Vordergrund stand sicher auch das große wehrwirtschaftliche Interesse der deutschen Rüstungsindustrie an den spanischen Rohstoffen, das in einem anderen Zusammenhang noch einmal behandelt werden wird. Die Funktion des gemeinsamen spanischen Kriegsschauplatzes für die Konsolidierung der »Achse« und damit indirekt für den ungehinderten Aufbau der deutschen Hegemonie in Mitteleuropa ist bereits erwähnt worden. Die Verhinderung einer antideutschen und kommunistischen Einflußzone um das Reich herum, bestehend aus einem linksregierten Spanien, der Volksfrontregierung in Frankreich und der Sowjetunion, dürfte ein weiterer Beweggrund gewesen sein. Stattdessen schien es Hitler viel günstiger, Frankreich mit Hilfe einer profaschistischen Regierung in Madrid »einzukreisen«, alte Traumata aus der Zeit Karls V. mit der Habsburgischen »Umklammerung« in Paris wiederzuerwecken, die Franzosen wirkungsvoll im Mittelmeer zu beschäftigen und dadurch die deutsche Westgrenze zu entlasten. Er konnte sich dabei wiederum in der bekannten Manier als »Retter des christlichen Abendlandes vor dem Bolschewismus« und den allgegenwärtigen Wühlereien der Antikomintern und ihrer »Fünften Kolonne« aufspielen. Auch der Prestigegewinn einer faschistischen Solidargemeinschaft dürfte für Hitler eine Rolle gespielt haben. Demgegenüber ist die Forschung heute geneigt, die Funktion Spaniens als Testfeld für die Erprobung der jungen deutschen Luftwaffe unter kriegsmäßigen Bedingungen eher geringer anzusetzen, als dies lange geschehen ist. Auf jeden Fall bedeutete das Spanien-Abenteuer, gegen das sich im übrigen auch die Kriegsmarine stellte, im inneren Machtkampf einen weiteren entscheidenden Einflußverlust für Neurath und sein Auswärtiges Amt.

Dies galt auch im Zusammenhang mit den rastlosen Aktivitäten, die der »geheime Außenminister« und treue Paladin Hitlers, Joachim von Ribbentrop, zur gleichen Zeit ohne Absprache mit dem Auswärtigen Amt entfaltete. Ribbentrop fühlte

[10] Vgl. Wolfgang Schieder, Christof Dipper (Hrsg.), Der Spanische Bürgerkrieg in der internationalen Politik 1936–1939. München 1976.

sich als Sonderbeauftragter des »Führers« für Abrüstungsfragen naturgemäß seit 1935 nicht mehr ausgelastet und sah offensichtlich auch in seinem Londoner Botschafterposten, den er nach dem plötzlichen Tode seines Vorgängers Hoesch im August 1936 antrat, noch kein Betätigungsfeld, das ihn in seinem fast krankhaften Ehrgeiz restlos hätte ausfüllen können.

So wandte sich Ribbentrop dem Fernen Osten zu, wo Japan gerade in schwere Konflikte mit der Sowjetunion verwickelt war, und damit seinem Lieblingsprojekt, der Schaffung eines »Weltpolitischen Dreiecks Berlin-Tokio-Rom«. Am 25. November 1936 wurde das sogenannte »Antikominternabkommen« zwischen Deutschland und Japan unterzeichnet. Es enthielt in seinem veröffentlichten Teil das Versprechen, »sich gegenseitig über die Tätigkeit der Kommunistischen Internationale zu unterrichten, über die notwendigen Abwehrmaßnahmen zu beraten und diese in enger Zusammenarbeit durchzuführen«. Dritte Staaten sollten zur gemeinsamen Abwehr der Zersetzungsarbeit der Komintern eingeladen werden. Ein »geheimes Zusatzabkommen«, in dem von der alarmierten und mißtrauischen zeitgenössischen Öffentlichkeit viel mehr vermutet wurde, als wirklich darin stand, stellte die bedrohliche Interessengemeinschaft zwischen der Sowjetunion und der Komintern fest und sah »zur Wahrung der gemeinsamen Interessen« für den Fall eines unprovozierten Angriffs oder einer entsprechenden Angriffsdrohung durch die UdSSR die Neutralität des Vertragspartners vor. »Ohne gegenseitige Zustimmung« sollte auch kein Partner politische Verträge mit Moskau abschließen dürfen, »die mit dem Geiste dieses Abkommens nicht übereinstimmen«. Die offenkundige Verletzung dieses Passus durch Berlin mit dem Abschluß des Hitler-Stalin-Paktes am 25. August 1939 sollte Japan dann zum Anlaß nehmen, seine Beziehungen zur Sowjetunion nach Kriegsbeginn schrittweise wieder zu normalisieren. Am 6. November 1937 vollzog Italien den Beitritt zum »Antikominternabkommen«.

Dieser »Antikominternpakt« mit seiner antisowjetischen Spitze war ein reines Defensivabkommen. Es sollte niemals zur Grundlage einer engen gemeinsamen politischen und militärischen Kooperation zwischen Berlin und Tokio werden und markierte im Grunde bis 1945 das, was es von Anfang an war: eine »Allianz ohne Rückgrat« (Theo Sommer). Kurzfristig brachten die Initiativen Ribbentrops sogar eher Nachteile, da die Annäherung an Japan das Ende der traditionell engen wirtschaftlichen und militärischen Zusammenarbeit mit der nationalchinesischen Regierung Tschiang-Kai-scheks einleitete und infolgedessen auf heftige Kritik bei der China-Lobby im Auswärtigen Amt, in der Wehrmacht und in der Wirtschaft stieß. Das verbale Getöse von der unverbrüchlichen »Achsenfreundschaft« zwischen Berlin, Rom und Tokio war im Grunde nur eine Propagandafassade, hinter der jede Macht egoistisch ihre eigenen Interessen ohne Rücksicht auf die des Partners verfolgte. In Hitlers ideologisch fixierten Rassenvorstellungen waren die »Gelben« höchstens eine »kulturerhaltende«, keineswegs aber eine »kulturschöpferische« Kraft; das Mißtrauen zwischen Deutschen und Japanern saß tief und konnte auch durch den Abschluß des Dreimächtepaktes im September 1940 nicht ausgeräumt werden.

Das »Antikominternabkommen« und seine Geschichte verdienen aber noch aus einem anderen Grunde Aufmerksamkeit. Denn hier wird so etwas wie eine Alternativkonzeption zu dem rasseideologisch-sozialdarwinistisch imprägnierten Eroberungsprogramm Hitlers im Osten faßbar. Hitler sah in dem Abkommen einen wichtigen Baustein für seine weltpolitische Allianz gegen die Sowjetunion und gegebenenfalls das Vorspiel für ein späteres enges Militärbündnis mit Japan, um die Sowjetunion auch von Osten her wirkungsvoll einzukreisen. Gewiß, Japan war für ihn aus ideologischen Gründen, ähnlich wie Italien, die »zweite Wahl« in dieser Allianz, als sich 1936 abzeichnete, daß sich die Engländer nicht für den deutschen »Lebensraumkrieg« gegen die Sowjetunion würden einspannen lassen. Aber noch hoffte Hitler darauf, daß die britische Regierung dem »Antikominternpakt« beitreten und damit das bereits in ›Mein Kampf‹ vorgezeichnete antikommunistische »Wunschbündnis« zwischen Deutschland, Italien, und Großbritannien vollenden würde.

In eine ganz andere Richtung bewegte sich das außenpolitische Denken Ribbentrops[11]. Er mußte als Botschafter in London bald feststellen, daß hier weder das Bündnis gegen die So-

[11] Wolfgang Michalka, Ribbentrop und die deutsche Weltpolitik 1933–1940. Außenpolitische Konzeptionen und Entscheidungsprozesse im Dritten Reich. München 1980; ders., Die nationalsozialistische Außenpolitik im Zeichen eines »Konzeptionen-Pluralismus«. Fragestellungen und Forschungsaufgaben. In: Manfred Funke (Hrsg.), Hitler, Deutschland und die Mächte. Materialien zur Außenpolitik des Dritten Reiches. Düsseldorf 1976, S. 46–62.

wjetunion noch die »freie Hand« nach Osten zu erreichen waren, und agierte in dieser Beziehung sicher sehr viel realistischer als sein »Führer«. Die folglich betont antibritische Stimmung des Botschafters verfestigte sich um die Jahreswende 1937/38 zu einem ausgesprochenen Haß. Mit schuld daran war sicher die Tatsache, daß er in London wenig reüssierte und seine zahlreichen protokollarischen Entgleisungen sowie seine häufige Abwesenheit als »Wandernder Arier« (so eine satirische Zeitschrift) von seinem Arbeitsplatz ihm seitens der Engländer nur offen zur Schau gestellte Ablehnung und Verachtung eintrugen. Dies ließ den Amateurdiplomaten nach einer alternativen Konzeption zu der Hitlers suchen.

Diese stand ganz in der Tradition des antibritischen Kontinentalbündnisses, wie es etwa von Großadmiral Tirpitz vor 1914 alternativ zum proenglischen Kurs des Reichskanzlers Bethmann Hollweg vertreten wurde, und sah eine enge Zusammenarbeit mit der Sowjetunion gegen das Inselreich und sein Empire vor. Unter dieser Blickrichtung kehrte sich die Funktion des »Antikominternpaktes« auch für Ribbentrop innerhalb kurzer Zeit völlig um, ohne daß dies je konkret mit Tokio abgesprochen worden wäre: Die Japaner sollten sich mit den Sowjets in der Mandschurei und in der Mongolei, den Hauptkonfliktherden, einigen und die Stoßrichtung ihrer ganzen militärischen Kraft gegen die britischen und amerikanischen Positionen im Pazifik kehren, um Deutschland in Europa eine gewisse Entlastung vom britischen Druck zu verschaffen. Konsequent auf der Linie dieser antibritischen Strategie lagen denn auch der wesentlich von Ribbentrop betriebene Abschluß des Hitler-Stalin-Paktes am 23. August 1939 und seine Bemühungen vom Sommer und Herbst 1940, durch den Aufbau einer weltumspannenden Bündnisfront »von Madrid bis Yokohama« unter Einschluß Franco-Spaniens, Vichy-Frankreichs, der Sowjetunion und Japans das Inselreich zur Kapitulation zu zwingen und die USA aus dem Krieg herauszuhalten.

Mit diesem mehr traditionellen und im wilhelminischen Imperialismus wurzelnden Programm konnten sich, zumal da sich zur prorussischen und antibritischen Ausrichtung auch ab 1936 die besonders von Ribbentrop vertretenen Kolonialforderungen gesellten, konservative Kreise im Auswärtigen Amt und in der Wehrmacht durchaus befreunden. Diese Konzeption hatte aber, das muß mit Nachdruck hervorgehoben werden, niemals die Chance einer Realisierung in dem Sinne, daß sie Hitler langfristig von seinem »programmorientierten« Ostkrieg hätte abbringen können. Dafür war Ribbentrop als Persönlichkeit zu schwach und auch seinem »Führer« zu sehr ergeben. Er hatte keine eigene »Hausmacht« und auch in der NSDAP keine breite Basis. So berechtigt es also sein mag, für das Dritte Reich konzeptionell von einem gewissen »Pluralismus« zu sprechen, so sehr sollte man sich doch davor hüten, von einer »pluralistisch« betriebenen Außenpolitik auszugehen. Die Handschrift Hitlers war gerade in der Außenpolitik stets und überall sichtbar.

Das Werben um England und dessen Zustimmung zur Beherrschung des Kontinentes durch Deutschland stand für Hitler stets im Mittelpunkt allen Denkens und Handels.

An diesem neuralgischen Punkt war der scheinbar so allmächtige Diktator dann immer wieder ratlos und zutiefst verunsichert. Denn die britische Regierung weigerte sich auch nach dem Abschluß des Flottenabkommens am 18. Juni 1935, sich seinem globalen Wunschdenken zu beugen und in Europa quasi als Juniorpartner des Dritten Reichs machtpolitisch abzudanken. Kaum ein Engländer, auch die »Appeaser« nicht, dachte im Ernst daran, das seit Jahrhunderten erfolgreich behauptete Recht, in den europäischen Angelegenheiten aktiv mitzusprechen und mit Hilfe einer »European balance of power« die eigene insulare Sicherheit zu behaupten, für das fragwürdige »Linsengericht« einer deutschen Militärhilfe bei der Verteidigung des Britischen Empire (gegen wen wohl?) einzutauschen, wie es Hitler in einer für ihn so charakteristischen Fehleinschätzung der britischen Politik einmal anbot. Wenn sowohl der kaiserliche Reichskanzler Bethmann Hollweg als auch der ganz anders geartete »Führer und Reichskanzler« Hitler in existentiell entscheidenden Phasen der jüngeren deutschen Geschichte auf die unbedingte Neutralität Englands bei einem europäischen Kontinentalkrieg gesetzt oder zeitweise auf sie gehofft haben, so befanden sie sich beide in jener verhängnisvollen »Kontinuität des Irrtums«, die dem deutschen Nationalstaat von 1870/71 am Ende zum Schicksal werden sollte. Allzu tief saß bei den Engländern noch das Trauma der Napoleonischen »Kontinentalsperre« von 1806, als daß sie sich je wieder widerstandslos vom Kontinent hätten aussperren lassen.

Bei Hitler kam nun ab 1936 in seinem Hoffen auf England noch eine seltsame Unrast und fast hilflose Ratlosigkeit hinzu, die die Vermutung bestätigt, daß damals grundsätzliche und unumkehrbare Beschlüsse hin auf einen Krieg gefaßt worden sind. Auch die Beweggründe dieser Rastlosigkeit im Denken und Planen des Diktators gilt es im folgenden aufzuhellen.

»Ich weiß wirklich nicht, was ich tun soll«, erklärte der Diktator im Herbst 1935, unruhig im Garten des Obersalzberges hin- und hergehend, seinem Stararchitekten Albert Speer. »Es ist eine zu schwere Entscheidung. Am liebsten würde ich mich den Engländern anschließen. Aber die Engländer haben sich oft in der Geschichte als unzuverlässig erwiesen. Gehe ich mit ihnen, dann ist es zwischen Italien und uns für immer aus. Die Engländer lassen mich danach fallen und wir sitzen zwischen beiden Stühlen.«[12]

Zwei Jahre später, am 20. September 1937, zeigte er in einem jener berühmten ausführlichen Gespräche mit dem Danziger Völkerbundskommissar Carl J. Burckhardt dieselbe Ratlosigkeit, verbunden mit einem Schuß theatralischen Selbstmitleids, gequälter Resignation und unverhüllter Drohung: »Mein Leben lang habe ich England und die Engländer geliebt. Ich habe nie aufgehört, ihnen die Freundschaft Deutschlands anzubieten, die Freundschaft eines großen Volkes, die Freundschaft eines ehrlichen, arbeitsamen Volkes von 70 Millionen, das morgen aus mehr als 80 Millionen bestehen wird, und ich werde nichts unternehmen, um sein Anwachsen zu verhindern ... Sie haben mich zurückgestoßen, immer haben sie mich zurückgestoßen, das ist wahr ... Den Russen werde ich nie nachlaufen, Englands Freundschaft habe ich gesucht, man hat mich zurückgestoßen, das ist unerhört.« Der Staatssekretär im Auswärtigen Amt, Ernst von Weizsäcker, bestätigte dem Schweizer Diplomaten unmittelbar anschließend: »Was England anbetrifft, so war Hitlers Kehrtwendung sehr plötzlich, es ist zur Zeit unmöglich, mit ihm über das Thema zu reden.«[13] Diese Bemerkung fiel eineinhalb Monate vor der Oberbefehlshaber-Besprechung vom 5. November 1937 mit dem zentralen Hinweis auf die beiden »Haßgegner« England und Frankreich.

Offenbar war der allmächtige »Führer« in seiner Englandpolitik schon Mitte der dreißiger Jahre am Ende seines Lateins. Weder Konzessionen noch Drohungen konnten die Engländer

[12] Albert Speer, Erinnerungen. Berlin 1969, S. 85; zur deutschen Englandpolitik vgl. Josef Henke, England in Hitlers politischem Kalkül 1935–1939. Boppard 1973.

[13] Carl J. Burckhardt, Meine Danziger Mission 1937–1939. München 1960, S. 99 ff.

zum Einlenken auf die deutschen Vorstellungen und zum Verzicht auf Mitsprache in den kontinentalen Angelegenheiten bringen: weder das »großzügige Angebot« auf Interessenabgrenzung und Unterstützung bei der Verteidigung des Empires noch der Verzicht auf eine Flotten- und Weltpolitik in wilhelminischen Dimensionen, weder die seit März 1936 mit der Gleichschaltung der Kolonialbewegung unter Ribbentrop als diplomatisches Druckmittel eingesetzten kolonialen Revisionsforderungen[14] noch die Rüstungsanstrengungen, weder die Unterstützung Italiens im Mittelmeer und in Ostafrika (wobei Deutschland freilich auch die äthiopische Gegenpartei mit Waffen belieferte, um den Krieg in die Länge zu ziehen!) noch die gemeinsame deutsch-italienische »Waffenbrüderschaft« im Spanischen Bürgerkrieg.

Hitler mußte erkennen, daß die britische Regierung durch ihr halsstarriges Ausschlagen der angeblich immer wieder geduldig dargebotenen deutschen Bündnishand den »programmorientierten« Kern seiner außenpolitischen Planungen als pures illusionäres Wunschdenken demaskierte und dies in einem Augenblick, als sein Zeitplan auf einen baldigen bewaffneten Konflikt und den Übergang zur gewaltsamen Expansion abgestellt war. »Zum langfristigen Abtasten von Kooperationsmöglichkeiten blieb im Rahmen der selbst provozierten Zwangsläufigkeiten keine Zeit mehr.«[15] Auch Ribbentrop zeigte sich nicht in der Lage, das ersehnte Bündnis mit England herbeizuführen. Als er Anfang Januar 1938 die britische Hauptstadt verließ, um in Berlin das Auswärtige Amt zu übernehmen, sprach er in seinem abschließenden Bericht von England »als unserem gefährlichsten Gegner«[16]. England und Chamberlain sähen nach dem Besuch von Halifax bei Hitler Mitte November 1937 seines Erachtens »keine ihnen möglich erscheinende Basis einer Einigung mit Deutschland«. Die Reichsregierung müsse deshalb unter Fortführung der Verständigungspolitik nach außen »in aller Stille, aber mit ganzer Zähigkeit« an »einer Bündniskonstellation gegen England« um den Kern der »Achse« herum arbeiten. »Nur auf diese Weise können wir England begegnen, sei es eines Tages noch zum Ausgleich oder zum Konflikt. England

[14] Vgl. zur Kolonialpolitik im Dritten Reich Klaus Hildebrand, Vom Reich zum Weltreich. Hitler, NSDAP und koloniale Frage 1919–1945. München 1969.

[15] Messerschmidt, Außenpolitik und Kriegsvorbereitung, S. 616.

[16] ADAP, Serie D, Bd. I. Göttingen 1956, Nr. 93, S. 137: Notiz für den Führer vom 2. 1. 1938.

wird ein harter und scharfer Gegner in diesem diplomatischen Spiel sein ... England will kein übermächtiges Deutschland in seiner Nähe, das eine ständige Bedrohung seiner Inseln wäre. Dafür wird es kämpfen.«

Es ist nicht ganz von der Hand zu weisen, daß neben einer sicher sehr realistischen Einschätzung des Standes der deutsch-britischen Beziehungen dem scheidenden Botschafter die Feder von der eigenen Wunschperspektive geführt wurde, die inzwischen nur noch um die Herstellung des »Weltpolitischen Dreiecks« Berlin-Rom-Tokio unter Einschluß der Sowjetunion und mit deutlicher antibritischer Spitze kreiste. Mitte Juli 1937 hatte der britische Außenminister Eden die Grenzen des Entgegenkommens seiner Regierung in Mitteleuropa noch einmal unmißverständlich dargelegt: Änderung des internationalen Status Österreichs nur mit dem Willen der Bevölkerung; Ablehnung einer gewaltsamen Einmischung in die inneren Angelegenheiten der Tschechoslowakei zugunsten des Sudetenlandes; für Danzig nur eine verfassungsmäßige und gemäßigte weitere Entwicklung seines Status im prodeutschen Sinne sowie strikte Weigerung, sich einer Kombination gegen die Sowjetunion anzuschließen, nur weil die Sowjetregierung kommunistisch sei. Mit gleichem Tenor, wenn auch in einem sehr viel konzilianteren Ton beharrte der Lordsiegelbewahrer und wenig später Nachfolger Edens im Foreign Office, Lord Halifax, am 19. November 1937 auf dem Obersalzberg gegenüber Hitler auf dem britischen Mitspracherecht in kontinentalen Angelegenheiten und auf der Bedingung, daß jede »notwendig gewordene Änderung« des Status quo in Mitteleuropa nur aufgrund »einer vernüftigen Regelung« und auf friedlichem und evolutionärem Wege erfolgen dürfe[17]. Hitler reagierte mit ausgesprochener Verstimmung und wachsendem Groll auf dieses beharrliche britische Bemühen, ihn in ein neues kollektives »general settlement« am Verhandlungstisch einzubinden.

Es stellt sich nun die Frage, warum sich der Diktator immer mehr unter Zeitdruck fühlte und immer weniger Spielraum für eine geduldige Lösung der anstehenden internationalen Probleme zu haben glaubte. Hitlers Erwähnung der rüstungstechnischen und wehrwirtschaftlichen Zwangslagen und des schwin-

[17] Ebenda, Nr. 31, Anlage: Aufzeichnung über die Unterredung zwischen dem Führer und Reichskanzler und Lord Halifax in Anwesenheit des Herrn Reichsaußenministers am Obersalzberg am 19. 11. 1937.

denden deutschen Vorsprunges auf der Besprechung vom 5. November 1937 führt uns auf einen weiteren wichtigen Zusammenhang des Jahres 1936: auf die geradezu atemberaubende Dynamik, mit der die längst angelaufene Aufrüstung unmittelbar im Anschluß an den Einmarsch ins Rheinland noch einmal beschleunigt wurde[18].

Dabei verfingen sich die Militärs immer mehr in den Fallstricken ihrer eigenen professionellen Logik: Das in mehreren Schritten 1933, 1935 und 1936 mit der Wiederherstellung der »Wehrhoheit« bewußt eingegangene außenpolitische Sicherheitsrisiko mit der Isolierung des Reiches in Mitteleuropa und der wachsenden Gefahr einer französischen Intervention schien, um das gefährliche Übergangsstadium zu überbrücken, eine Intensivierung der Rüstungsanstrengungen geradezu zu fordern; dies wiederum hatte eine weitere Zunahme des Sicherheitsrisikos zur Folge und so fort. Hier bestätigten sich die gefährlichen immanenten Tendenzen moderner Rüstungspolitik: Die Rüstungsspirale, einmal in Gang gesetzt, war offenbar nicht mehr zu bremsen, es sei denn, die politische Führung oder internationale Vereinbarungen setzten ihr energisch Grenzen.

Bei dem offenkundigen Auseinanderklaffen zwischen den gigantischen quantitativen Zielvorgaben innerhalb eines relativ kurzen Zeitraumes (vgl. Übersicht 11) einerseits und der nur relativ schmalen materiellen und finanziellen Basis der deutschen »Wehrwirtschaft« mit ihren begrenzten Ressourcen und industriellen Kapazitäten andererseits konnte gegen den ausdrücklichen Widerstand von Oberst Thomas nur eine »Breitenrüstung« mit dem Ziel einer schnellstmöglichen Konzentration der vorhandenen Kräfte und Mittel auf einen Höchststand der Einsatzfähigkeit einer modern ausgerüsteten und schlagkräftigen Truppe im Mobilmachungsfall angestrebt werden und keine »Tiefenrüstung« mit tief gestaffelten und umfangreichen Reserven zum Durchstehen eines mehrjährigen Material- und Abnutzungskrieges wie zwischen 1914 und 1918. Das offenkundig hohe Risikomoment, das in dieser Entscheidung der Militärs zur »Breitenrüstung« angesichts der Erfahrungen des Ersten Weltkrieges lag und das, wie gesagt, durch einen aus der eigenen Mangellage resultierenden Zwang zur Improvisation vorgeschrieben war, sollte durch eine geschickte Bündnispolitik und die Fähigkeit zu kurzen, erfolgreichen und blitzartigen Schlä-

[18] Deist, Außenpolitik und Kriegsvorbereitung, S. 415 ff.

gen der modernen und *noch* überlegenen Wehrmacht minimalisiert werden. Dadurch sollte dann der Weg geebnet werden, um den Fortgang des Krieges Schritt für Schritt durch die materielle Ausbeutung der eroberten Gebiete zu ermöglichen. Der moderne Materialkrieg sollte sich also praktisch wie die mittelalterlichen Söldnerheere aus dem eroberten Lande »ernähren«.

Weitergehende Vermutungen, die aus dieser Zwangslage abgeleitet worden sind, es habe von Anfang an so etwas wie eine präzise »Blitzkriegsstrategie« gegeben[19], sollen hier noch einmal nachdrücklich in den Bereich der Legende verwiesen werden. Denn erstens standen Frontenbildung sowie Zahl und Reihung der Gegner bis zur Intervention der Westmächte am 3. September 1939 noch nicht hundertprozentig fest, wodurch in die strategischen und operativen Kriegsvorbereitungen bis zuletzt ein außenpolitisch erhebliches Unsicherheitsmoment hineingetragen wurde; im übrigen hätte die trotz allem doch noch erwartete Neutralität Englands dieses angebliche Siegesrezept überflüssig gemacht. Zweitens handelt es sich hier methodisch um einen typischen Fehler vieler Interpreten des Dritten Reiches: Sie projizieren ex post die tatsächlichen späteren Ergebnisse – so etwa die »Blitzsiege« von 1939 und 1940 – bereits auf die Planungsphase zurück und unterlegen ihr eine präzise Rationalität und Intentionalität, die das ganze System von Improvisationen, Ad-Hoc-Entscheidungen und kurzfristigen Aushilfen, das für das Dritte Reich auch im Kriege so typisch war, in seinem vielfach chaotischen und anarchischen Charakter gründlich verfehlen.

Auch in den strategischen Zielvorgaben für dieses gewaltige Friedens- und Kriegsheer trat 1936 ein bemerkenswerter Wandel ein. Noch war die Zielvorstellung des Dezember-Programmes 1933 gültig, die vorsah, »einen Mehrfrontenkrieg mit einiger Aussicht auf Erfolg« bestehen zu können. Eineinhalb Jahre später, im Juli 1935, führte der Generalstabschef des Heeres, Beck, die »außerordentlich ernste außenpolitische Lage« als Grund dafür an, daß man »unter bewußter Zurückstellung ausschlaggebender Grundlagen für einen qualitativ möglichst hochwertigen, allmählichen Aufbau des neuen Friedensheeres,

[19] Alan S. Milward, Die deutsche Kriegswirtschaft 1939–1945. Stuttgart 1966; ders., Der Einfluß ökonomischer und nicht-ökonomischer Faktoren auf die Strategie des Blitzkriegs. In: Friedrich Forstmeier und Hans-Erich Volkmann (Hrsg.), Wirtschaft und Rüstung am Vorabend des Zweiten Weltkrieges. Düsseldorf 1975, S. 189–201.

zu einem mobilmachungsmäßigen Aufbau« übergegangen sei[20]. Die »Labilität der politischen Verhältnisse in Europa« habe dazu geführt, daß an Tempo und Umfang des Heeresaufbaus »schließlich doch höhere Forderungen gestellt wurden u(nd) erfüllt werden mußten – u(nd) zwar in einer vom Standpunkt des Gen(eral)stabes nicht immer vollbefriedigenden Richtung«.

Im Jahre 1936 setzten sich zwei neue richtungsweisende Stichworte durch: der Begriff der »offensiven Abwehr« und die »Erhöhung der Angriffskraft des Heeres« bzw. der Aufbau »eines zu einem entscheidungssuchenden Angriffskrieg befähigten Heeres« (Beck). Denn inzwischen war mit dem Panzer unter Verantwortung von Guderian eine Waffe weiterentwickelt und dem faszinierten »Führer« am 11. Juli 1935 auf dem Truppenübungsplatz Kummersdorf vorgeführt worden, die künftig den mobilen und offensiven Einsatz hochtechnisierter und beweglicher moderner Kampfverbände ermöglichte. Hier öffnete sich für den Generalstab des Heeres »eine neue operative Dimension«[21], die die Möglichkeiten der »beweglichen Kampfführung« mit Durchbrüchen, schnellen, offensiven Umfassungsmanövern und weiträumigen Operationen von Panzerverbänden erheblich ausweitete. Die operativen Planungen für die »offensive Abwehr« knüpften, wie Deist hervorhebt, unter dem Eindruck der Panzerwaffe und ihrer Möglichkeiten an die »strategischen Denktraditionen Moltkes und Schlieffens (an), deren strategisches Konzept für einen Mehrfrontenkrieg gleichfalls als eine offensiv geführte Abwehr charakterisiert werden kann«[22].

Aus dem defensiven »Zweifrontenkrieg« zur Abwehr französischer und polnischer Interventionen in der Ära Groener (1928 bis 1932) hatten sich in den operativen und strategischen Planspielen der Ära Blomberg (1933–1938) über den »Verteidigungskrieg nach mehreren Fronten mit einiger Aussicht auf Erfolg« im Dezember-Programm 1933 schließlich bis 1936 die »offensive Abwehr« und die »Erhöhung der Angriffskraft des Heeres« entwickelt. Damit und mit der ständigen Verkürzung der Planungsterminierung und der Ausweitung der Soll-Stärke der Wehrmacht für den Mobilisierungsfall war die – ohnehin

[20] Zitiert nach Deist, Außenpolitik und Kriegswirtschaft, S. 422.
[21] Ebenda, S. 428.
[22] Ebenda, S. 429.

fließende – Grenze vom reinen Verteidigungs- zum offensiven Aggressionskrieg konzeptionell überschritten.

Dieser wichtige Schritt im militärischen Denken wurde zwar, wie schon im Kaiserreich vor 1914, von den Militärs erneut als zwangsläufig, defensiv und von der politischen Krisensituation und der verwundbaren Mittellage Deutschlands in Europa diktiert ausgegeben. Er fügte sich jedoch nahtlos in die gleichzeitige Forcierung der machtpolitischen Hegemonialansprüche des Reiches auf dem europäischen Kontinent. Er engte überdies den außenpolitischen Bewegungsspielraum der politischen Führung in Berlin weiter ein, da der Einsatz des modernen und technisierten Kriegsinstrumentes, wie Hitler am 5. November 1937 ausdrücklich und mit einer gewissen zwingenden immanenten Logik betonte, nur so lange erfolgversprechend schien, wie die potentiellen Gegner noch nicht nachgezogen und ihre eigenen überlegenen materiellen und personellen Ressourcen entfaltet hatten.

Die Verlagerung von Strategie und Taktik auf eine moderne, technisierte und bewegliche Kriegsführung mit dem Einsatz selbständig operierender Panzerverbände, teilweise motorisierter Heeresdivisionen und einer ausgebauten Luftwaffe stellte in der Versorgung mit industriellen Rohstoffen (Eisen, Stahl, Gummi, Aluminium, Kupfer und andere Nichteisenmetalle) sowie mit Treibstoff und Munition ungleich höhere Anforderungen an die Produktionskapazitäten der Rüstungsindustrien und auch an die fachliche Qualifikation und den Ausbildungsstand des Offizierskorps, als dies im Ersten Weltkrieg je der Fall gewesen war.

Wir können aus zahlreichen Zeugnissen verfolgen, wie souverän die militärische Führung damals alle an sich naheliegenden makro- und mikroökonomischen Überlegungen, ob denn das Ganze auch rüstungstechnisch und versorgungsmäßig machbar und ob es finanzierbar sei, aus ihrem Planen und Handeln ausklammerte[23]. Ein stark auf sein Blickfeld beschränkter Professionalismus von Militärtechnokraten hatte offenbar weder etwas aus den Erfahrungen des ersten modernen Materialkrieges von 1914 bis 1918 gelernt, noch die Warnungen Groeners beherzigt, daß die umfassenden und gewaltigen Anforderungen eines technisierten Krieges der Zukunft, wenn überhaupt, nur in einem engen und harmonischen Zusammenspiel

[23] Ebenda, S. 431.

zwischen militärischer und politischer Führung unter sorgfältiger und allseitiger Abschätzung der ökonomischen Grenzen und Möglichkeiten zu bewältigen sei. Kriegführung und Landesverteidigung waren zum erstenmal zu Aufgaben geworden, die in ihrer breitgefächerten Komplexität die Vorstellungskraft eines eingleisigen militärischen Ressortdenkens und die traditionellen Grenzen des »Kriegshandwerks« weit hinter sich ließen.

Die Frage nach politischen und ökonomischen Implikationen und Konsequenzen des militärischen Handelns wurde im Schlüsseljahr 1936 offenbar nur vom Chef des Allgemeinen Heeresamtes, Generalmajor Fromm, an den Oberbefehlshaber des Heeres, Fritsch, gestellt: »Es muß also anschließend an die Aufrüstungsperiode bald der Einsatz der Wehrmacht erfolgen oder eine Milderung des Zustandes dadurch erreicht werden, daß die Forderungen an die Höhe der Kriegsbereitschaft gesenkt werden.«[24] Vor der Ausarbeitung eines endgültigen Rüstungsplanes müsse Fritsch bei Blomberg die Devisen- und Rohstoff-Frage sowie die Möglichkeit einer breiten Exportoffensive ab 1940 zur Herabsetzung der Belastungen aus den Mindestbeschaffungssätzen klären. Vor allem müsse erkundet werden, ob »eine feste Absicht« bestehe, »die Wehrmacht zu bestimmtem, schon festgelegtem Zeitpunkt einzusetzen oder nicht«. Von einer Antwort auf diese zentrale Frage ist uns nichts bekannt. »Die volkswirtschaftlichen Konsequenzen der Aufrüstung, die enorme finanzielle Dauerbelastung und die sich möglicherweise daraus entwickelnden sozialen Folgen spielten dabei für die höchste militärische Führung nur eine ausgesprochen untergeordnete Rolle.«[25]

Der Oberbefehlshaber des Heeres berührte in seinem Anschreiben an Blomberg vom 12. Oktober 1936, mit dem er dem Reichskriegsminister das weitreichende August-Programm zur Genehmigung vorlegte, die von Fromm aufgeworfenen Probleme nur am Rande[26]. Die bei der Ausstattung des Heeres mit Munition und Kraftfahrzeugen aller Art aufgetretenen Schwierigkeiten könnten in eigener Zuständigkeit gelöst werden. Hinsichtlich der »Betriebsstoff- und Gummilage« erklärte er, sie erscheine »bei einer gewissen Drosselung der Wirtschaft gesi-

[24] Ebenda, S. 436.
[25] Ebenda, S. 436ff.
[26] Ebenda, S. 437.

chert, was nach Durchführung des Vierjahresplanes des Führers keinem Zweifel mehr« unterliege. Die Frage der Beschaffung von Rohstoffen und Devisen wurde an den Blomberg direkt unterstehenden »Wehrwirtschaftsstab« unter Oberst Thomas verwiesen, auf dessen mangelnde Durchsetzungskraft gegenüber Göring und Raeder bereits eingegangen wurde. Einen gewissen Reflex auf die Anfrage Fromms verraten die Einlassungen Fritschs über die 1940 erreichte große industrielle Kapazität und die Frage ihrer Auslastung nach Erfüllung des gesteckten militärischen Aufbauzieles: Diese Kapazität bedinge »eigentlich den Einsatz von großen Geldmitteln für weitere laufende Beschaffungsaufträge ohne nennenswerten Bedarf der Wehrmacht. Es ist selbstverständlich unmöglich, die Schwierigkeiten so zu beheben. Es müssen unbedingt andere Wege gefunden werden.«

Die Vorbereitungen für die Formulierung des August-Programmes mit seiner zeitlichen Fixierung des Mobilmachungsfalles auf den 1. April 1940 liefen zeitlich genau parallel mit der Entstehung des Vierjahresplanes, der Wirtschaft und Armee die Aufgabe stellte, »in vier Jahren kriegsfähig« bzw. »einsatzfähig« zu sein. Der enge Zusammenhang zwischen militärischen und wehrwirtschaftlichen Entscheidungen ist unabweisbar, selbst wenn er sich in den Quellen nicht unmittelbar aufdrängt. Seit Ende Mai 1936 liefen im Reichskriegsministerium die Arbeiten für den im August im Entwurf vorliegenden militärischen Aufbauplan. Wenige Wochen vorher, am 4. April, war Göring durch einen Geheimerlaß Hitlers zur weiteren »Wehrhaftmachung« des Reiches zum Beauftragten für alle Rohstoff- und Devisenfragen ernannt worden; einen Monat später begann der Rohstoff- und Devisenstab seine Arbeit. Damit setzte in enger Absprache mit Blomberg der forcierte Ausbau der deutschen Rüstungserzeugung ein. Ende August diktierte Hitler seine geheime Denkschrift zum Vierjahresplan, am 18. Oktober beauftragte er Göring mit dessen Durchführung.

Wir wenden uns damit der dritten zentralen Entscheidungsebene des Jahres 1936 zu: der endgültigen Ausrichtung der deutschen Wirtschaft als »Wehrwirtschaft« auf die Vorbereitung des Krieges und, damit eng verknüpft, dem Übergang zur Autarkie ohne Rücksicht auf Kostenfaktoren und liberal-kapitalistische Grundsätze der Wirtschaftlichkeit und internationalen Konkurrenzfähigkeit. Gegen den nachdrücklichen Widerstand des Reichswirtschaftsministers und Reichsbankpräsidenten Schacht, aber mit aktivem Engagement Görings, der 1936 zum »Wirtschaftsdiktator« aufsteigen sollte, und grundsätzlicher Unterstützung durch das Reichskriegsministerium sollte am Ende dieses kostspieligen und unökonomischen Weges die militärisch abgesicherte Selbstversorgung des Reiches aus einem blockadesicheren und dem Zugriff fremder Mächte entzogenen »Großwirtschaftsraum« stehen. Denn nichts anderes meinte der geographisch nie eindeutig definierte Begriff der wirtschaftlichen Autarkie. Aber bis zu diesem Ziel galt es noch, eine militärisch und ökonomisch schwierige und gefährliche Übergangsphase durchzustehen.

Diese nunmehr definitive Instrumentalisierung der deutschen Wirtschaftskräfte nicht mehr nur für die Aufrüstung und allgemeine »Wiederwehrhaftmachung« mit dem begrenzten Ziel internationaler Gleichberechtigung, sondern für die kriegerische Eroberung von »Lebensraum« war nach Ansicht der Machthaber ebenso unkorrigierbar wie der gleichzeitige Entschluß zum Aufbau eines Millionenheeres. Der Schritt in die wehrwirtschaftliche Kriegsvorbereitung innerhalb relativ knapp bemessener Fristen legte unzweideutig die Schwächen und Grenzen der deutschen Volkswirtschaft sowie die unaufhebbaren inneren Zielkonflikte nationalsozialistischer Wirtschaftspolitik frei und lief infolgedessen auf eine ständige Überforderung des nationalen Wirtschaftsorganismus und eine Mangel- und Raubbauwirtschaft bisher unbekannten Ausmaßes hinaus. Ihre Symptome zeigten sich bereits in den außen- und binnenwirtschaftlichen Krisen der Jahre 1934 und 1936, die ihrerseits wiederum den zeitlichen Handlungsspielraum zum gewaltsamen »Losschlagen« zusätzlich begrenzten. Auch hier wieder das gleiche Bild wie bei der Aufrüstung: Der einmal aus freien Stücken gefaßte grundsätzliche Entschluß der politischen Reichsführung zum Kriege, ausgehend von einer vergleichsweise ungenügenden heimischen Ressourcenbasis, schuf sehr schnell Engpässe und Zwangslagen, die ihrerseits wieder die Entscheidungsabläufe auf den Krieg hin beschleunigten und dadurch neue Mängel produzierten – ein verhängnisvoller circulus vitiosus, dem sich am Ende keiner mehr entziehen konnte und wollte. Man wird vereinfacht sagen können, daß Hitler erst in Verfolgung seiner Lebensraumpläne die ökonomischen Zwänge geschaffen hat, die er ihnen ursprünglich als Rechtfertigung und Antriebskraft vorangestellt hatte.

Das Krisenszenario des Jahres 1936 hatte einen außen- und einen binnenwirtschaftlichen Aspekt. Der Mitte September

1936 auf dem »Reichsparteitag der Ehre« in Nürnberg von Hitler bombastisch verkündete »Vierjahresplan« war das binnenwirtschaftliche Gegenstück zu Schachts außenwirtschaftlichem »Neuen Plan« vom 24. September 1934. Beide Maßnahmen müssen in einem engen Zusammenhang von nationaler Krisenbewältigung, Autarkisierung der deutschen Volkswirtschaft und weiterer Absicherung eines forcierten Ausbaues der »Wehrwirtschaft« als »die Gestaltung der Volkswirtschaft im Frieden für den Krieg unter militärischen Gesichtspunkten«[27] gesehen werden.

Gefordert waren gleichzeitig Vollbeschäftigung und eine ausreichende Befriedigung der zivilen Konsumbedürfnisse bei wachsender Kaufkraft, um dem Regime die Massenloyalität zu erhalten, optimale rüstungswirtschaftliche Vorbereitung der Wehrmacht auf den Krieg, Ausbau der Selbstversorgung und Steigerung des Wirtschaftspotentials, Exportpflege, um die kriegswichtige Rohstoffeinfuhr zu sichern, und die vorübergehende Aufrechterhaltung der weltwirtschaftlichen Einbindung, soweit die Versorgung noch nicht aus den »Großwirtschaftsräumen« erfolgen konnte. Mit dieser offenkundigen Überbeanspruchung der deutschen Wirtschaftskraft stellte sich schon im Sommer 1934 die »Gretchenfrage«: Weiterführung und Forcierung der »Wehrwirtschaft« um jeden Preis, selbst um den einer Senkung des Lebensstandards und einer Ruinierung der Volkswirtschaft mit der Aussicht auf einen baldigen Zwang zum Losschlagen oder vorübergehende Drosselung der Aufrüstung und jedenfalls teilweise Rückkehr zur Friedenswirtschaft und in das Welthandelssystem. Im Sommer 1934 stand das Regime unter dem Druck der verheerenden Devisenkrise außenwirtschaftlich an einem Wendepunkt. Es war eine noch relativ offene Entscheidungssituation. Sie beweist noch einmal, daß die Ursache für weitgehend selbstverantwortete Sachzwänge in der Regel konkrete politisch, wehrwirtschaftlich und geostrategisch motivierte Schritte der politischen Führung waren. Damals plädierte der Hamburger Bürgermeister Carl Vincent Krogmann im Namen der Hansestädte, der Außenwirtschaft, der Schiffahrt, des »Deutschen Industrie- und Handelstages« und auch in Über-

[27] Hans-Erich Volkmann, Die NS-Wirtschaft in Vorbereitung des Krieges. In: Deist u. a. (Hrsg.), Ursachen und Voraussetzungen, S. 208; zum folgenden vgl. ebenda, S. 254ff. und Dieter Petzina, Autarkiepolitik im Dritten Reich. Der nationalsozialistische Vierjahresplan. Stuttgart 1968; ders., Vierjahresplan und Rüstungspolitik. In: Forstmeier u. a. (Hrsg.), Wirtschaft und Rüstung, S. 65–80.

einstimmung mit dem Reichsfinanzminister Schwerin von Krosigk und Staatssekretär Hans-Ernst Posse aus dem Reichswirtschaftsministerium nachdrücklich bei Hitler für eine partielle Liberalisierung des Außenhandels, eine Wiedereingliederung in den Weltmarkt, den Abbau staatlicher Eingriffe und eine – technisch im einzelnen sehr komplizierte – Verknüpfung von Ein- und Ausfuhren. Auch der Ruf nach Abwertung der Reichsmark zur Hebung der internationalen Wettbewerbsfähigkeit wurde wieder laut. Dies alles hätte aber zumindest eine entschiedene Drosselung der Aufrüstung vorausgesetzt. Durch ein Machtwort des »Führers« setzte sich jedoch die planwirtschaftliche Linie Hjalmar Schachts durch, der am 27. Juli 1934 zum kommissarischen Reichswirtschaftsminister ernannt wurde. In voller Übereinstimmung mit Blomberg, Reichenau und Thomas konnte er mit Erfolg auf die Erfordernisse einer national unabhängigen Wirtschaftspolitik im Interesse der »Landesverteidigung« und der Aufrüstung verweisen. Sein Mittel, die ständig wachsenden Rüstungsanforderungen, den Einfuhrbedarf der Binnenkonjunktur und die Außenwirtschaft auf einen Nenner zu bringen, war der »Neue Plan«.

Schacht war also in dem Machtkampf des Sommers 1934 eindeutig zusammen mit der Reichswehrführung der große Gewinner. Er ließ Ende September ein dichtes branchenmäßig strukturiertes Netz von 27 Außenhandelsüberwachungsstellen einrichten, um die Einfuhren auf das Mindestmaß des durch Export- und Rüstungsaufträge Gebotenen zu drosseln. Durch diesen »Neuen Plan« erreichte das Reichswirtschaftsministerium neben einer kurzfristigen Konjunkturstabilisierung und Importreduktion langfristig mit Hilfe von Clearing- und Kompensationsabkommen nach dem Motto »Kaufe bei deinen Kunden!« die Regionalisierung und Bilateralisierung der Außenhandelsströme und ihre allmähliche Umlenkung auf die angestrebten »Großwirtschaftsräume« in Mittel- und Südamerika und vor allem in Ost- und Südosteuropa sowie in Nordeuropa.

Der auch aus machtpolitischen und geostrategischen Gründen angestrebte Anschluß eines blockadesicheren »Großwirtschaftsraumes Südosteuropa« an den deutschen Markt mit Hilfe zweiseitiger Waren- und Zahlungsabkommen (beginnend 1934 mit Jugoslawien und Ungarn) machte ab 1936 sichtbare Fortschritte, selbst wenn auf dem Höhepunkt der wirtschaftlichen Verflechtung mit Südosteuropa 1941 nur etwa 15 Prozent des deutschen Bedarfs – darunter besonders Erdöl, Bauxit, Kupfer, Blei, Aluminium – dadurch gedeckt werden konnten. Der »Neue Plan« war somit ein wichtiger Meilenstein auf dem Wege zur Autarkisierung der deutschen Volkswirtschaft und zu »Deutschlands großraumwirtschaftlicher Sendung im Donau- und Ostseeraum.«[28] Durch Schaffung eines »cordon économique« sollten die Versorgungsmärkte des Reiches in der Reichweite der deutschen Waffen gesucht und gleichzeitig die politischen und kapitalmäßigen Einflüsse der Westmächte ausgeschaltet werden. Der autarke deutsche »Großwirtschaftsraum«, der ab 1936 so zielbewußt mit politischen und wirtschaftlichen Mitteln angestrebt wurde, war für die konservativen Führungsschichten, also für Leute wie Schacht, ein traditionelles wirtschaftsimperialistisches Ziel an sich, für Hitler jedoch nur eine zwischenzeitliche Versorgungsstufe für die Vorbereitung des eigentlichen »Lebensraumkrieges« im Osten.

Der »Neue Plan« schuf jedoch nur vorläufig Entlastung. Die Krise von 1934 war lediglich ein Vorspiel für die ungleich dramatischere Versorgungskrise von 1936. Diese kündigte sich im Jahr vorher mit der scharfen Auseinandersetzung zwischen Schacht und dem Reichsernährungsminister R. Walter Darré um eine Sonderzuteilung von Devisen für die Deckung der dringendsten Lebens- und Futtermittelimporte an. Die von Darré 1934 mit großem Propagandaaufwand proklamierte landwirtschaftliche »Erzeugungsschlacht« konnte nur notdürftig verhüllen, daß Wehrmacht und Zivilbevölkerung vor allem nach der Mißernte von 1934 nicht hinreichend aus dem deutschen Ernährungsraum versorgt werden konnten. Vor allem die »Fettlücke« machte sich bis Kriegsausbruch immer wieder bemerkbar.

Die Mängellisten und die Aufstellungen über den Rückgang der Rohstoffbevorratung wuchsen 1935 von Monat zu Monat, so daß das Rüstungsprogramm versorgungsmäßig genau in dem Augenblick ernstlich gefährdet war, als es quantitativ gigantische Ausmaße annahm. Die Rüstungsindustrie verfügte 1935 nur noch über eine Bevorratung von ein bis zwei Monaten und lebte bei Kautschuk, Eisenerz, Kupfer, Blei und Zink sowie Textilrohstoffen und Benzin praktisch von der Hand in den Mund bzw. vom Verbrauch der Reserven. Der Export von Kriegsgerät nach Rumänien konnte im letzten Augenblick die

[28] Volkmann, Die NS-Wirtschaft, S. 260.

Erdölversorgung sicherstellen, als sich Bukarest unter dem Eindruck der großen deutschen Clearing-Verschuldung weigerte weiterzuliefern[29].

Wenn man davon ausgeht, daß jede Wiederaufrüstung ihre natürlichen Grenzen eigentlich an der Produktionskraft der nationalen Volkswirtschaft finden sollte, so war 1936, wie Schacht nicht müde wurde zu betonen, diese Grenze und damit ein Wendepunkt erreicht, der nach einem Bericht des Wehrwirtschaftsstabes über den Stand der wirtschaftlichen Lage vom 1. August 1936 (es war der Tag der Vorlage des August-Programmes durch Fromm!) »durchgreifende Maßnahmen der Reichsregierung lange nicht mehr aufzuschieben« erlaubte[30]. Auch machte sich in rüstungswirtschaftlichen Schlüsselsektoren nach Erreichen der Vollbeschäftigung zum erstenmal ein Facharbeitermangel bemerkbar, der geeignet war, durch Abwerbungen einen erheblichen Lohndruck zu erzeugen und damit in einem kritischen Augenblick zusätzlich die Lohn-Preis-Spirale in Gang zu setzen. So mußten 1936 neben der Rohstoff- und Nahrungsmittelverteilung auch für die allgemeine Lohn- und Preispolitik und für die Lenkung des Arbeitsmarktes verschärfte administrative Kontroll- und Regulierungsmaßnahmen ins Auge gefaßt werden, etwa um der wachsenden Landflucht Einhalt zu gebieten.

Eine Aufrechnung der Devisenbilanz für das zweite Halbjahr 1936 ergab ein Defizit an »Bardevisen« von einer halben Milliarde Reichsmark. Gleichzeitig erreichte der Außenhandel 1935/36 gegenüber 1933 einen Tiefstand. Anfang 1936 waren nach einem Memorandum Schachts die »industriellen Rohstoffvorräte ... auf einen Stand gesunken, der die laufenden Arbeitsdispositionen der Werke ernstlich stört, ... jede weitere Verminderung der Rohstoffzufuhr (führe) sofort zu Einschränkungen in der industriellen Beschäftigung«[31]. Engpässe lagen bei Kupfer und Blei und vor allem bei Kautschuk, da die Ersatzstoff(Buna)-Produktion hier erst am Anfang stand und noch enorme technische Schwierigkeiten zu überwinden hatte. Auch die inzwischen (seit 1933) verstärkt angelaufene Produktion von Synthesebenzin konnte den wachsenden Bedarf einer tech-

[29] David E. Kaiser, Economic Diplomacy and the Origins of the Second World War. Germany, Britain, France and Eastern Europe 1930–1939. Princeton, N.J. 1980.

[30] Volkmann, Die NS-Wirtschaft, S. 279.

[31] Zit. nach Petzina, Autarkiepolitik, S. 35.

nisierten Wehrmacht und der rasch expandierenden Luftwaffe nicht annähernd decken, vor allem als die Erdöllieferung aus Rumänien und der Sowjetunion infolge deutscher Zahlungsschwierigkeiten zeitweilig stockte.

Die dramatische Zuspitzung der deutschen Wirtschaftskrise im Sommer 1936, die sich als eine untrennbare Verbindung von Außenhandels-, Rohstoff-, Mineralöl-, Ernährungs- und Arbeitsmarktkrise darstellte und in diesem Zusammenhang nur in ganz groben Zügen skizziert werden konnte, ließ als Ausweg nur drei Möglichkeiten zu: Erstens eine sofortige Drosselung des Rüstungstempos und eine Verlagerung der Produktion auf zivile Exportgüter, um den Außenhandel anzukurbeln, die Devisenbilanz wieder zu aktivieren und dadurch den dringendsten Einfuhrbedarf an Rohstoffen, Lebensmitteln und Futtergetreide zu decken. Für diesen Weg plädierte Schacht. Er hielt den forcierten Ausbau der Ersatzproduktion sowie die Verarbeitung ferroarmer deutscher Eisenerze in Salzgitter und in der Oberpfalz für unwirtschaftlich und für einen Notbehelf bis zur Wiedereingliederung der deutschen Volkswirtschaft in einen wieder funktionsfähigen Weltmarkt. Auch fürchtete er auf diesem Wege eine Verteuerung der deutschen Industrieerzeugnisse im Ausland und damit eine Beeinträchtigung ihrer Wettbewerbsfähigkeit. »Ich kann und darf nicht einfach beliebig unwirtschaftlich arbeiten«, erklärte Schacht Ende Januar 1937 vor der Reichswirtschaftskammer, »weil ich damit die Substanz des deutschen Volkes aufbrauche; und so groß ist die Substanz des deutschen Volkes noch nicht wieder geworden, daß wir sie beliebig aufbrauchen können.«[32]

Bei der alternativen zweiten Möglichkeit des weiteren Improvisierens und Laufenlassens war abzusehen, daß die »Wehrwirtschaft« unter schweren Prestigeeinbußen für Hitler und sein Regime in der Bevölkerung über kurz oder lang einen Kollaps erleben würde. So entschieden sich Hitler, Göring und Blomberg, da für sie weder eine Verlangsamung des Rüstungstempos noch ein Verzicht in Frage kamen, für eine dritte Variante, die im übrigen eine logische binnenwirtschaftliche Ergänzung des »Neuen Plans« von zwei Jahren zuvor darstellte: Straffe dirigistische Lenkung der Rüstungsproduktion auf die unmittelbar kriegswichtigen Erzeugnisse und ihre teilweise Substitution (Buna, Synthesebenzin, synthetische Spinnstoffe) und Ausrich-

[32] Zit. nach Volkmann, Die NS-Wirtschaft, S. 309.

tung der Planvorgaben auf einen militärischen Einsatz in absehbarer Zeit.

Damit wurde die zentrale »Treibstoff-Frage« nicht nur zum entscheidenden Faktor für die neue Wirtschaftspolitik, sondern zugleich zum »Treibsatz« für ein wichtiges Revirement an der Spitze der »Wehrwirtschaft«: für die schrittweise Entmachtung des noch ganz in wilhelminischen Traditionen wurzelnden liberal-konservativen Imperialisten und »Mitteleuropäers« Schacht mit seiner noch allzu »friedenswirtschaftlichen« Konzeption durch den ehrgeizigen Gefolgsmann Hitlers, Hermann Göring[33]. Hier im Wirtschaftsbereich kündigte sich eine »Gleichschaltung« an, die Ende 1937 mit der Ersetzung Schachts durch den gefolgsamen Funk als neuen Reichswirtschaftsminister vollendet wurde und dann Anfang 1938 im Auswärtigen Amt mit Ribbentrop und in der Berufung von Keitel an die Spitze des neugeschaffenen OKW ihre Fortsetzung und Vollendung fand.

Der »Vierjahresplan« vom September 1936, der durch seine einseitige Ausrichtung auf die chemische Syntheseproduktion und seine enge personelle und organisatorische Verzahnung von Staatsbürokratie und privatwirtschaftlichem Management im Grunde ein »IG-Farben-Plan« war, bot Hitler das Instrument der Kriegsführung und gleichzeitig die Chance, diesen Krieg mit einer zuverlässigen Gruppe treuer und loyaler Gefolgsleute in der Wirtschaft beginnen und führen zu können. Zwischen Mitte und Ende August 1936 verfaßte Hitler seine geheime Denkschrift zum Vierjahresplan[34]. Von den drei überhaupt nur vorhandenen Exemplaren übergab er zwei Göring und Blomberg und das dritte 1944 Speer. Er tat dies mit der Bemerkung, »der Unverstand des Reichswirtschaftsministeriums und der Widerstand der deutschen Wirtschaft gegen alle großzügigen Pläne hätten ihn veranlaßt, diese Denkschrift auf dem Obersalzberg auszuarbeiten. Er habe sich damals entschlossen, einen Vierjahresplan durchzuführen und Göring damit zu beauftragen.«[35]

Nahezu in jedem Satz dieser Denkschrift wird die scharfe und

[33] Zu Göring vgl. die Arbeiten von Martens, Overy und Kube (Kapitel 1, Anm. 16).

[34] Kommentiert und veröffentlicht von Wilhelm Treue, Hitlers Denkschrift zum Vierjahresplan 1936. In: VfZ 3 (1955), S. 184–210 (auszugsweise abgedruckt als Dokument 2).

[35] Aussage Albert Speers vom 22. 8. 1945, zit. nach Treue, Hitlers Denkschrift, S. 184.

kompromißlose Abrechnung Hitlers mit allen Wirtschaftsführern wie Schacht, Industriellen wie den Eisen- und Stahlproduzenten oder auch den Militärs wie Thomas deutlich, die für eine Vorratshaltung von Rohstoffen im Rahmen einer »Tiefenrüstung«, für mehr Wirtschaftlichkeit und Kostenbewußtsein oder für eine teilweise Verlagerung auf Friedensproduktion eintraten, eine Verlangsamung des Rüstungstempos verlangten, wirtschaftliche über politische Gesichtspunkte stellten und immer wieder ihre Bedenken gegen eine langfristig ganz ungesunde Autarkisierung der deutschen Volkswirtschaft vorbrachten: »Das Volk lebt nicht für die Wirtschaft oder für die Wirtschaftsführer, die Wirtschafts- oder Finanztheorien, sondern die Finanz und die Wirtschaft, die Wirtschaftsführer und alle Theorien haben ausschließlich diesem Selbstbehauptungskampf unseres Volkes zu dienen.« Der Privatwirtschaft wurde, falls sie sich nicht zur Bewältigung der gestellten Aufgaben in der Lage zeigen würde, angedroht, daß dann »der nationalsozialistische Staat aus sich heraus diese Aufgabe zu lösen wissen (wird)«. Das konnte aber konkret nur Sozialisierung bedeuten. »Obstrukteuren« und »Saboteuren« wurde, sofern sie etwa Fluchtkapitalien ins Ausland fließen ließen, die Todesstrafe in Aussicht gestellt. Diesen Drohungen, gegebenenfalls auch »das gesamte Judentum« für Schäden an der deutschen Volkswirtschaft »haftbar« zu machen, schloß sich dann die vielfach zitierte Forderung an, Armee und Wirtschaft innerhalb von vier Jahren »einsatzfähig« und »kriegsfähig« zu machen.

Der neue »Wirtschaftsdiktator« Göring nahm das Steuer sofort energisch in die Hand. Am 4. September 1936 stellte er den Ministerrat, mithin also auch Schacht, vor vollendete Tatsachen. Er verlas im Kommandoton Auszüge aus der Denkschrift und bemerkte kommentierend, sie gehe »von dem Grundgedanken aus, daß die Auseinandersetzung mit Rußland unvermeidbar« sei. Hitler habe ihn für die Durchführung der gestellten Aufgaben verantwortlich gemacht. Göring schloß mit der Bemerkung: »Alle Maßnahmen haben so zu erfolgen, als ob wir uns im Stadium der drohenden Kriegsgefahr befänden.«

Bisweilen ist von späteren Interpreten der entlastende Versuch gemacht worden, den nunmehr unumkehrbaren Weg in die Autarkie und »Großraumwirtschaft« damit zu rechtfertigen, daß er dem Dritten Reich durch die krisenhafte Entwicklung der Weltwirtschaft und die Abschließungstendenzen der anderen Großmächte, allen voran die USA und Großbritannien, aufgezwungen worden sei. Die Einbettung des Vierjahresplanes in den politisch-militärisch-ökonomischen Gesamtzusammenhang nicht nur des Entscheidungsjahres 1936, sondern weit darüber hinaus in die Entwicklung seit 1933 dürfte hinlänglich klargemacht haben, daß diesem Schritt in die Autarkie eine schon früh getroffene bewußte ideologisch-politische Willensentscheidung des »Führers« zugrundegelegen und er bei diesem Entschluß die Zustimmung und Unterstützung der militärischen Führung, der Wirtschaftsbürokratie, der Diplomatie und auch wichtiger Industriegruppen wie der Großchemie gefunden hat[36]. Der weitere Gang der Ereignisse sollte bald zeigen, welche verheerenden Folgen dieser langfristig schädliche Trend Deutschlands in die abgeschlossene National- und Großraumwirtschaft hatte, und daß er mitgeholfen hat, die wirtschaftliche Krisensituation des Reiches, die er doch entschärfen sollte, im Gegenteil gerade noch weiter zuzuspitzen.

4. Das Jahr 1938: Die Schaffung des »Großdeutschen Wirtschaftsraumes« als Ausgangsbasis für den Krieg

Am 10. Februar 1939 erklärte Hitler in einer Geheimrede vor den Truppenkommandeuren des Heeres rückblickend auf das Vorjahr, dieses habe »mit dem vielleicht größten Erfolg zunächst in unserer neueren Geschichte abgeschlossen«. Es sei »in seinem gesamten Handeln nur die konsequente Fortsetzung der Entschlüsse, die ihre Verwirklichung beginnend mit dem Jahre 1933 gefunden hatten. Es ist nicht so, als ob etwa dieses Jahr 1938 – sagen wir – eine besondere vorher nicht ins Auge gefaßte Handlung darstellen würde, sondern im Gegenteil, alle die einzelnen Entschlüsse, die nun seit dem Jahre 1933 verwirklicht worden sind, sind nicht das Ergebnis augenblicklicher Überlegungen, sondern sie sind die Durchführung eines an sich vorhandenen Planes, nur vielleicht unter nicht genauer Einhaltung vorgesehener Termine.«[1] Nach einer Tour d'horizon über die

[36] Vgl. dazu Eckart Teichert, Autarkie und Großraumwirtschaft in Deutschland 1930–1939. Außenwirtschaftspolitische Konzeptionen zwischen Wirtschaftskrise und Zweitem Weltkrieg. München 1984.

[1] Zit. nach Franz Knipping, Machtbewußtsein im »Führerstaat«. In: Franz Knipping und Klaus-Jürgen Müller (Hrsg.), Machtbewußtsein in Deutschland am Vorabend des Zweiten Weltkrieges. Paderborn 1984, S. 24.

Schlüsselereignisse zwischen 1933 und 1938 heißt es weiter: »Ebenso war es klar, daß zur weiteren Festigung der deutschen politischen und besonders der militärpolitischen Stellung das österreichische und das tschechoslowakische Problem gelöst werden mußte. Ich war am Anfang mir nicht ganz im klaren, ob beide Probleme zur selben Zeit gelöst werden mußten oder konnten, ob man erst die Frage der Tschechoslowakei oder erst die Frage Österreichs in Angriff nehmen sollte. Darüber, daß diese Fragen gelöst werden mußten, konnte es keinen Zweifel geben. Und es sind daher alle diese Entschlüsse nicht etwa Gedanken, die im Augenblick des Kommens ihre Verwirklichung gefunden hatten, sondern es waren lang zurückliegende Pläne, zu deren Verwirklichung ich in eben dem Augenblick von vornherein entschlossen war, in dem ich glaubte, daß die allgemeinen Zeitumstände dafür günstig sein würden.«

Hitler suggerierte hier im Rückblick eine bruchlose Kontinuität seines Planens und Handelns nach der Machteroberung 1933, in der die einzelnen Daten wie kostbare Stücke auf der Perlenschnur der außenpolitischen Erfolge aufgereiht erscheinen. Diese gekonnte Form propagandistischer Selbststilisierung des »Führers« hat später manche Historiker verleitet, dem erfolgreichen Ablauf des Geschehens ex eventu einen hohen Grad immanenter Logik und stringenter »programmatischer« Planmäßigkeit zu unterlegen. Aber gerade das Jahr 1938 vermittelt bei genauerem Hinsehen ein ganz anderes Bild von einem oft eher unsicheren und schwankenden Hitler, der dann im nächsten Augenblick zum Schrecken seiner Umwelt zum risikovollen Vabanque ansetzen konnte.

Zunächst fällt in der Risikopolitik des Diktators die Tempobeschleunigung sowohl beim Ausbau des »Großdeutschen Wirtschaftsraumes« als auch bei der Vorbereitung der – grundsätzlich längst anvisierten – kriegerischen Gewaltlösung auf. Hierfür gibt es drei Erklärungen, über die sich Hitler am 10. Februar 1939 naturgemäß ausgeschwiegen hat: 1. Das Scheitern des Vierjahresplanes von 1936 bereits im zweiten Jahr seines Bestehens und die dramatischen Anzeichen einer Verschlechterung der Wehrwirtschaftslage, 2. die inzwischen energisch in Gang gesetzte Aufrüstung der Westmächte, besonders Großbritanniens seit 1937, und das Bewußtsein ihrer langfristigen materiellen Überlegenheit in diesem Rüstungswettlauf und 3. die wachsende Erkenntnis, daß London und Paris sich dem deutschen Drängen auf »freie Hand« in Europa versagten und daß infolgedessen der Krieg »mit verkehrter Frontstellung« zunächst gegen die »Haßgegner« England und Frankreich geführt werden mußte. Es war abzusehen, daß die Zeit der leichten Siege und »blitzartigen Überraschungscoups« bald, wenn auch nach fester Überzeugung Hitlers noch nicht bei Österrreich und der Tschechoslowakei, ablaufen und daß es dann ernst werden würde. Hier kam bereits 1938 jene selbst provozierte Zwangslage ins Spiel, die wir eingangs schon im Zusammenhang mit der »Hoßbach-Niederschrift« als »strategisches Fenster« bezeichnet haben: Höchststand der eigenen Kriegsbereitschaft und eine *noch* vorhandene Unterlegenheit des Gegners bei der Gefahr eines raschen Sich-Schließens dieses »Fensters«. Um einen mißverständlichen Determinismus auszuschließen, sei auch hier noch einmal betont, daß grundsätzlich der Weg zum Frieden bis zum 1. September 1939 noch offen war. Der Begriff »Zwangslage« hat nur unter der Prämisse einer von Anfang an einkalkulierten Risiko- und Kriegspolitik seine Gültigkeit.

Es mehrten sich überall die Anzeichen für ein »Heißlaufen« der deutschen »Wehrwirtschaft« und die Gefahr ihres Kollapses[2]. Westwall, Aufrüstung und eine gewisse, massenpsychologisch motivierte Rücksichtnahme auf den Lebensstandard der Bevölkerung stellten ungewöhnliche Anforderungen an den Arbeitsmarkt mit seinem Facharbeitermangel, an die Industriekapazitäten vor allem auch in der Bauwirtschaft, die außenwirtschaftlichen Clearingkonten sowie an die Devisen- und Rohstoffreserven. Die ursprünglich sehr breit gefächerten wehrwirtschaftlichen Planungen für die Aufrüstung und den Übergang zur Selbstversorgung konnten nicht mehr aufrechterhalten werden. Als Alternative für eine Drosselung des Rüstungstempos, die außerhalb aller offiziellen Erwägungen stand, bot sich nur noch der Weg einer dirigistischen Bündelung aller Ressourcen und Produktivkräfte auf den Mobilmachungsfall hin an. Göring bilanzierte am 16. Juli 1938 die unzureichenden Ergebnisse des Vierjahresplanes: »Bisherige Leistungen des Vierjahresplanes unbefriedigend auf den kriegswichtigen Gebieten, da zu große Zersplitterung. Katastrophal die Lage auf dem Pulver- und Sprengstoffgebiet als Folge des Streites um die Zuständig-

[2] Vgl. dazu Bernd-Jürgen Wendt, Nationalsozialistische Großraumwirtschaft zwischen Utopie und Wirklichkeit. Zum Scheitern einer Konzeption 1938/39. In: Knipping u. a. (Hrsg.), Machtbewußtsein, S. 223–245.

keiten. Schärfste Zusammenfassung des Vierjahresplanes notwendig für folgende Erzeugungsanlagen: a) Pulver und Sprengstoffe, b) Treibstoffe, c) Aluminium, d) Buna, e) Erzversorgung.«[3]

Der »Wehrwirtschaftliche Neue Erzeugungsplan« (WNE) vom 12. Juli 1938, der die bisherigen Vierjahresplanungen ablöste, war eine Konsequenz aus den Fehlschlägen seit 1936. Der WNE, auch Karinhall-, Krauch- oder Chemischer Erzeugungs-Plan genannt, zerfiel in zwei Teile: in die Planungen für Pulver, Spreng- und Kampfstoffe und deren Vorprodukte sowie die Planungen für Leichtmetalle (Aluminium und Magnesium), Mineralöl und Kautschuk. Seine zeitlichen Vorgaben bezogen sich nicht mehr wie noch die des Vierjahresplanes 1936 auf das Jahr 1940, sondern in etwa parallel zu der Terminierung der »Hoßbach-Niederschrift« auf den Zeitraum 1943/44. Wegen der Sudetenkrise wurde der Plan schon am 13. August zum »Schnellplan« erweitert mit einer Erhöhung des Plansolls und des Ausbautempos der Anlagen, um die Ziele des WNE früher zu erreichen. »Mit den Planungen wurde der Versuch gemacht, durch eine konzentrierte Kraftanstrengung die Mobilmachungsbereitschaft schnellstens zu erreichen.«[4] Bei Kriegsbeginn 1939 war das ganze WNE-Projekt noch ein Torso, eine Entlastung der Rohstoffversorgung erst nach ein bis zwei Jahren zu erwarten.

Gleichzeitig häuften sich die Alarmmeldungen aus dem »Wehrwirtschaftsstab« des OKW unter dem inzwischen zum Generalmajor beförderten Georg Thomas[5]. Seine pessimistische Prognose lautete, daß die kritische Rohstoff- und Ernährungslage nur einen kurzen Krieg erlaube und einen längeren Abnutzungskrieg mit den Westmächten wie zwischen 1914 und 1918 nicht zulasse. Am 1. Juni 1938 hob Thomas in seinem Monatsbericht den beschleunigten Ausbau der Vorratshaltung mit kriegswichtigen Rohstoffen in Großbritannien, die kriegswirtschaftlichen Anstrengungen der Westmächte und ihre – im Vergleich zu Deutschland (1937 nur noch 70 Millionen Reichsmark) – überlegenen Gold- und Devisenreserven hervor. »Bei einfuhrbedingter Versorgungslage« stellte der Gold- und Devisenbesitz für Thomas »einen wesentlichen Faktor für die äußere

[3] Zit. nach Dieter Petzina, Autarkiepolitik im Dritten Reich. Der nationalsozialistische Vierjahresplan. Stuttgart 1968, S. 116.

[4] Ebenda, S. 127.

[5] Manfred Messerschmidt, Das strategische Lagebild des OKW (Hitler) im Jahre 1938. In: Knipping u.a. (Hrsg.), Machtbewußtsein, S. 148ff.

Finanzierung des Krieges dar«[6]. Trotz der erheblichen Einfuhrabhängigkeit des Reiches bei einem langen Krieg seien »zur Zeit« keine nennenswerten Gold- und Devisenreserven vorhanden. Daraus abgeleitete Empfehlungen für eine Intensivierung des Außenhandels, wie sie auch Schacht seit 1936 nicht müde wurde vorzutragen, waren mit dem alternativlosen Rüstungskurs der Volkswirtschaft unvereinbar und auch politisch nicht durchzusetzen. Raumgewinne zur Erweiterung der wehrwirtschaftlichen Basis des Reiches in Mitteleuropa, wie sie in ersten Schritten in Österreich und der Tschechoslowakei vorgesehen waren, mußten deshalb »blitzartig« und ohne den Zwang zur längeren Kriegsführung etwa durch eine Intervention Frankreichs und Englands durchgesetzt werden.

Die forcierte Ankurbelung der Aufrüstung führte in den Planungsstäben der Wehrmacht zu der Überzeugung, daß damit Grundsätze einer Friedenswirtschaft spätestens ab 1938 außer Kraft gesetzt waren. So war es nur folgerichtig, daß sich das Allgemeine Heeresamt (AHA) mit Göring als dem Beauftragten für den Vierjahresplan im Juni dahingehend verständigte, daß die Kriegsbereitschaft selbst um den Preis eines »Zusammenbruches von Teilen der Wirtschaft« herbeigeführt werden sollte[7]. Dieser Kurs wurde dann auch zielstrebig verfolgt, obwohl der »Wehrwirtschaftsstab« zur gleichen Zeit eine völlige Erschöpfung der Arbeitsmarktreserven und eine defizitäre Bilanz des Außenhandels vor allem mit Clearing-Partnern signalisierte. Offenbar war es jetzt auch ein allgemein anerkannter Grundsatz, daß nach kurzen, »blitzartigen« Schlägen die weitere rüstungswirtschaftliche Versorgung dann jeweils wesentlich mit aus dem gewaltsam erweiterten »Wehrwirtschaftsraum« erfolgen sollte.

Die Lageeinschätzung aus dem Oberkommando der Luftwaffe von Ende April 1938 bestätigte die langfristig pessimistischen Prognosen von Thomas über die ständig wachsenden Kräfte der angenommenen Gegner. »Zusammenfassend kann über die großen Luftmächte Frankreich, Großbritannien und Sowjetrußland für den gegenwärtigen Zeitpunkt gesagt werden, daß die Kriegsbereitschaft noch verhältnismäßig gering ist, daß aber große Anstrengungen gemacht werden, diese zu

[6] Ebenda, S. 148.

[7] Michael Geyer, Rüstungsbeschleunigung und Inflation. In: Militärgeschichtliche Mitteilungen 30 (1980) 2, S. 136.

heben. Wenn keine ernsthaften Rückschläge in der Flugzeugerzeugung eintreten, muß ab Sommer 1939 mit der Neuausrüstung sowie einer wesentlichen Steigerung der Kriegsbereitschaft der Luftwaffe Frankreichs und Großbritanniens gerechnet werden.«[8]

Der kurze Blick in die äußerst angespannte wehrwirtschaftliche Situation des Frühjahrs und Sommers 1938 läßt drei grundsätzliche Aussagen zu: 1. Die beginnende territoriale Expansion in diesem Jahr erfolgte ganz wesentlich unter der rüstungswirtschaftlichen Zielsetzung einer Erweiterung des »Großwirtschaftsraumes«. 2. Es war gewiß kein Zufall, daß sich damals gerade aus den Kreisen, die besonderen Einblick in die katastrophale deutsche Wirtschafts- und Finanzlage hatten – Thomas, Schacht, Göring[9] sowie von Weizsäcker[10] aus dem Auswärtigen Amt und Beck als Generalstabschef[11] –, die Warnungen vor einem allzu risikovollen und überstürzten Kriegskurs häuften, verbunden mit intensiven Bemühungen, den Draht nach London zu pflegen und auf keinen Fall abreißen zu lassen. Keine der genannten Persönlichkeiten hat den Krieg schlechthin als legitimes Mittel moderner Hegemonial- und Großmachtpolitik abgelehnt. Einig waren sie sich aber in ihrem Wunsch, das Erreichte und damit das Schicksal des Reiches und seiner Wehrmacht nicht durch ein vorschnelles Losschlagen ohne hinreichende bündnis- und rüstungspolitische Absicherung aufs Spiel zu setzen. Mit einer inflationären und undifferenzierten Benutzung des Begriffes »Widerstand« sollte man hier deshalb sehr vorsichtig sein[12]. 3. Wenngleich die Zeitvorgaben des WNE

[8] Gerhard Schreiber, Das strategische Lagebild von Luftwaffe und Kriegsmarine im Jahre 1938. In: Knipping u.a. (Hrsg.), Machtbewußtsein, S. 179.

[9] Zu Göring vgl. Stefan Martens, Die Rolle Hermann Görings in der deutschen Außenpolitik 1937/38. In: Knipping u.a. (Hrsg.), Machtbewußtsein, S. 75–92; sowie Kapitel 1, Anm. 16.

[10] Zu Weizsäcker vgl. Rainer A. Blasius, Für Großdeutschland – gegen den großen Krieg. Staatssekretär Ernst Freiherr von Weizsäcker in den Krisen um die Tschechoslowakei und Polen 1938/39. Köln, Wien 1981; ders., Weizsäcker kontra Ribbentrop. »München« statt des großen Krieges. In: Knipping u.a. (Hrsg.), Machtbewußtsein, S. 93–118.

[11] Zu Beck vgl. Teil I, Anm. 13.

[12] Zum Widerstandsbegriff vgl. Klaus-Jürgen Müller, Die national-konservative Opposition vor dem Zweiten Weltkrieg. Zum Problem ihrer begrifflichen Fassung. In: Militärgeschichte. Probleme, Thesen, Wege. Im Auftrag des Militärgeschichtlichen Forschungsamtes aus Anlaß seines 25jährigen Bestehens ausgew. und zusgst. v. Manfred Messerschmidt, Klaus A. Meier, Werner Rahn und Bruno Thoß. Stuttgart 1982, S. 215ff.

schließlich auf 1942/43 hinausgeschoben wurden, rückte doch der Herbst 1939 aus verschiedenen militärischen, politischen und rüstungswirtschaftlichen Perspektiven als eine Art Schlüsseldatum und Fluchtpunkt, auf den zeitlich alles hinauslief, immer stärker in den Vordergrund der Planungen.

Auch 1938 waren es wie in den Jahren zuvor Glück und Zufall, aber auch Hilflosigkeit und mangelndes Durchsetzungsvermögen seiner Gegenspieler und die abwartende Haltung des Auslandes, die dem oft noch schwankenden, dann aber im nächsten Augenblick rücksichtslos zupackenden und zum äußersten Risiko entschlossenen Diktator zu Hilfe kamen und seine Schritte beeinflußten.

Infame Intrigen Görings, Himmlers und der Gestapo gegen den fälschlicherweise der Homosexualität verdächtigten Oberbefehlshaber des Heeres, Fritsch, sowie die Mesalliance des Reichskriegsministers Blomberg ermöglichten es Hitler am 4. Febraur 1938, die Befehlsgewalt über die Wehrmacht persönlich zu übernehmen und diese nach Umbau der Spitzengliederung mit Hilfe Keitels als Chef des neugeschaffenen OKW zu einem gefügigen Instrument der Aggressionsvorbereitung gleichzuschalten. Am ersten Jahrestag der »Machtergreifung«, dem 30. Januar 1934, hatte Hitler aus taktischen Gründen die Formel geprägt, die Staatsführung werde »von zwei Säulen getragen, politisch von der in der nationalsozialistischen Bewegung organisierten Volksgemeinschaft, militärisch von der Wehrmacht«; der »alleinige politische Willensträger der Nation« werde »die nationalsozialistische Partei, der einzige Waffenträger des Reiches die Wehrmacht« sein[13]. Mit dem 4. Februar 1938 war diese »Zwei-Säulen-Theorie« obsolet geworden und die Autonomie der Wehrmacht im Staat aufgehoben. Die formal mit der Errichtung des OKW endlich vollzogene Integration an der Spitze der Wehrmachtführung, um die Blomberg immer vergeblich gekämpft hatte, führte jedoch auch jetzt nicht zu einer koordinierten Festlegung der einzelnen Rüstungsprogramme der Wehrmachtteile sowie der strategischen und operativen Entwürfe und Weisungen für die Kriegsvorbereitung. Wehrmachtrüstung im einheitlichen Sinne gab es nicht, »vielmehr stellt sich Hitlers Aufbau der Wehrmacht als eine im we-

[13] Zu dieser »Zwei-Säulen-Theorie« vgl. Klaus-Jürgen Müller, Das Heer und Hitler. Armee und nationalsozialistisches Regime 1933–1940. Stuttgart 1969, S. 67f.

sentlichen unkoordinierte Expansion der Wehrmachtteile dar«[14].

Generalmajor Thomas bemühte sich auch 1938 weiterhin ohne Ergebnis, die Erfordernisse des traditionellen »Waffenkrieges« mit denen des modernen »Wirtschaftskrieges« der Zukunft in Einklang zu bringen und die Bedarfsplanungen und Anforderungen der Teilstreitkräfte systematisch und einheitlich auf die wehrwirtschaftliche Kriegsvorbereitung hin zu bündeln. Nichts wäre jedoch irreführender, hier im inneren Kreis der Macht von »polykratischen« Strukturen im Sinne wirklich konkurrierender und autonom handelnder Macht- und Entscheidungszentren neben Hitler zu sprechen[15]. Denn die »Teilidentität der Ziele« (Messerschmidt) in der Außen- und Militärpolitik, die die konservativen Eliten bis Kriegsausbruch an den »Führer« band, war mit dafür verantwortlich, daß sich gerade im außenpolitischen Bereich keine abweichenden Handlungsmuster und Zielperspektiven entwickelten, die Hitler hätten umstimmen oder in seiner Kriegspolitik hätten bremsen können.

Ähnliches gilt für das Auswärtige Amt. Die Ablösung des Reichsaußenministers Neurath durch Ribbentrop wurde von Staatssekretär Weizsäcker zunächst ausdrücklich begrüßt. Denn dadurch würde, so seine anfängliche Hoffnung, es möglich sein, »den Leerlaufmotor des A. A. wieder an die Staatsmaschine ankuppeln (zu) können«[16] und gleichsam als »Lötstelle zwischen Zünftigen und Amateuren« wie Ribbentrop und Hitler zu agieren[17]. Wenn Weizsäcker je geglaubt haben sollte, er könne vom Auswärtigen Amt aus auf Ribbentrop und die Reichsregierung mit Hitler irgendwie lenkend oder gar bremsend Einfluß nehmen und den allgemeinen Kriegskurs im letzten Augenblick noch korrigieren, so sah er sich schon bald getäuscht.

[14] Wilhelm Deist, Die Aufrüstung der Wehrmacht. In: ders. u.a. (Hrsg.), Ursachen und Voraussetzungen der deutschen Kriegspolitik. Stuttgart 1979, S. 497.

[15] Zur »Polykratie«-Problematik vgl. Peter Hüttenberger, Nationalsozialistische Polykratie. In: Geschichte und Gesellschaft 2 (1976) 4, S. 417–442; Deist, Aufrüstung der Wehrmacht, S. 509ff.; Manfred Messerschmidt, Außenpolitik und Kriegsvorbereitung. In: Deist u.a. (Hrsg.), Ursachen und Voraussetzungen, S. 646f.

[16] Die Weizsäcker-Papiere 1933–1950, hrsg. v. Leonidas E. Hill. Berlin 1974, S. 121.

[17] Ebenda, S. 141.

Der zwar langfristig geplante, dann aber am 12./13. März 1938 im »Schatten der Weltpolitik« (Spanischer Bürgerkrieg, seit 1937 japanisch-chinesischer Krieg) mehr oder weniger improvisiert durchgeführte »Anschluß« Österreichs war das Produkt des seit 1933 funktionierenden Zusammenspiels von »Staatspolitik« unter Hitler, der sich freilich primär auf den reibungslosen militärischen Ablauf konzentrierte (»Fall Otto«), und »Parteipolitik« unter Göring. Er hatte in der ersten Krisenphase des Vierjahresplanes ganz offenkundig vor allem Interesse an der Einbeziehung des wehrwirtschaftlichen Potentials Österreichs. Dabei lieferte die außenpolitisch inzwischen total isolierte Regierung Schuschnigg dem deutschen Diktator mehrere Vorwände zum Eingreifen. Schuschnigg hatte den im Juliabkommen 1936 zugesagten Einbau der »Nationalen Opposition« in die politische Verantwortung nicht vollzogen, um nicht durch eine innere »Machtergreifung« und Gleichschaltung die Unabhängigkeit seines Landes aufs Spiel zu setzen. Das mit dem österreichischen Bundeskanzler am 12. Februar 1938 »ausgehandelte«, tatsächlich aber unter ultimativem Druck Hitlers zustandegekommene »Berchtesgadener Abkommen« sah im einzelnen die Unterwerfung des Nachbarlandes unter ein deutsches Diktat vor: Abstimmung der österreichischen Außenpolitik auf die des Reiches, Berufung des Nationalsozialisten Seyß-Inquart zum Innenminister, Legalisierung der österreichischen NSDAP und allgemeine Amnestierung ihrer Mitglieder sowie Generalstabsbesprechungen und Offiziersaustausch zwischen beiden Armeen und Intensivierung des Wirtschaftsverkehrs. Berchtesgaden war jedoch nur eine kurze Atempause bis zum letzten Akt. Wieder lieferte Schuschnigg den Vorwand, indem er zur Rettung der Unabhängigkeit seines Landes als Verzweiflungsschritt in letzter Minute am 9. März plötzlich zum 13. März eine – im übrigen äußerst schlampig vorbereitete – Volksabstimmung ansetzte unter der Parole: »Für ein freies und deutsches, unabhängiges und soziales, für ein christliches und einiges Österreich. Für Frieden und Arbeit und die Gleichberechtigung aller, die sich zu Volk und Vaterland bekennen.«

Damit setzte er Hitler unter Zugzwang. Sofortiges Handeln war angesagt, sollte der »Anschluß« nicht ad infinitum vertagt werden. Er verlangte mit der Begründung eines Bruches des Berchtesgadener Abkommens ultimativ die Absetzung der Abstimmung und die Einsetzung von Seyß-Inquart als Bundeskanzler. Außerdem sicherte er sich bei Mussolini ab. Als Seyß-

Inquart sich nach seiner Ernennung in einem Telefongespräch mit Göring sträubte, einen »Hilferuf« der österreichischen Regierung nach Berlin zu übermitteln, veröffentlichte Göring aus eigenen Stücken ein entsprechendes Telegramm, das niemals abgeschickt worden war.

Der in den frühen Morgenstunden des 12. März beginnende und nicht ohne Pannen ablaufende Einmarsch deutscher Truppen wurde von der Bevölkerung überall mit Jubel und Blumen begrüßt. Die ursprünglich wohl nicht beabsichtigte staatsrechtliche Angliederung Österreichs an das Reich am 14. März 1938 brachte dem Diktator in einem neuen Plebiszit am 10. April mit mehr als 99 Prozent einen überwältigenden Erfolg. Selbst der Sozialistenführer Renner begrüßte Hitlers Aktion und stimmte öffentlich mit »Ja«, obwohl seine Parteifreunde von den Nationalsozialisten nichts Gutes erhoffen durften. Der österreichische Episkopat unter Kardinal Innitzer ließ die Kirchen mit Hakenkreuzfahnen schmücken und würdigte »freudig«, daß die Nationalsozialisten »auf dem Gebiete des völkischen und wirtschaftlichen Aufbaus ... Hervorragendes geleistet« hätten. Ein willkommener Nebeneffekt dieses außenpolitischen Erfolges war sicher die Ablenkung von den unwürdigen und peinlichen Vorgängen um Fritsch und Blomberg.

Hinter dem »Anschluß«, der wesentlich mit auf Görings Initiativen zurückging und der sich nach außen propagandistisch sehr erfolgreich mit der Durchsetzung des völkischen und nationalen Prinzips und des Selbstbestimmungsrechtes dekorieren ließ, standen in Wirklichkeit machtpolitische, strategische und vor allem wehrwirtschaftliche Ziele[18]:

1. Die tschechische Südflanke war damit dem nächsten deutschen Expansionsschritt schutzlos preisgegeben.

2. Der »Anschluß« stieß endgültig das Tor nach Südosteuropa auf und verstärkte mit Hilfe der traditionellen kommerziellen und finanziellen Drehscheibe Wien die ökonomische Ausrichtung des »Großwirtschaftsraumes Südosteuropa« als Ergänzungsraum auf den »Großdeutschen Wirtschaftsraum«. Die ergänzungswirtschaftliche Verflechtung der einzelnen Donauländer mit dem deutschen Markt und damit auch ihre politische

[18] Vgl. Norbert Schausberger, Österreich und die nationalsozialistische Anschlußpolitik. In: Manfred Funke (Hrsg.), Hitler, Deutschland und die Mächte. Materialien zur Außenpolitik des Dritten Reiches. Düsseldorf 1976, S. 728–756; Hans-Erich Volkmann, Die NS-Wirtschaft in Vorbereitung des Krieges. In: Deist u. a. (Hrsg.), Ursachen und Voraussetzungen, S. 323 ff.

Abhängigkeit hatten inzwischen mit Hilfe des »Neuen Planes« von 1934 und des Vierjahresplanes von 1936 sichtbare Fortschritte gemacht. Mit dem »Anschluß« sollten die deutschen Marktanteile steil auf 40–50 Prozent hochschnellen, so daß Deutschland praktisch ein Marktdiktat als Anbieter und Lieferant ausüben konnte (vgl. Übersicht 2). Lediglich die hochindustrialisierte Tschechoslowakei stellte im Vergleich mit den Agrarstaaten des Südostens so etwas wie einen »Fremdkörper« in der arbeitsteiligen Gliederung dar.

3. Inklusive eingezogener privater Werte fielen den Deutschen Gold- und Devisenvorräte von rund 1,4 Milliarden Reichsmark in die Hände (bei einem Barschatz der Reichsbank von 76 Millionen Reichsmark).

4. Wichtige Rohstoffe wie Eisenerze, Blei, Zinkerze, Holz, Erdöl und Magnesit, ausbaufähige Wasserkräfte, brachliegende Industriekapazitäten und ein Heer von 600000 Arbeitslosen, darunter hochqualifizierte Fachkräfte, brachten der überforderten deutschen Volkswirtschaft eine wichtige Entlastung; dies allerdings nur vorübergehend, da das industrialisierte Österreich seit 1918 ein Ernährungszuschußgebiet war und dementsprechend die Versorgung der Bevölkerung für den großdeutschen Devisenhaushalt erhebliche Probleme aufwarf.

5. Die Eingliederung des österreichischen Bundesheeres erbrachte für die großdeutsche Wehrmacht einen Zuwachs von zwei Infanterie-, zwei Gebirgs-, einer Panzer- und einer leichten Division mit rund 60000 Soldaten und 1600 Offizieren.

Wehrwirtschaftliche und geostrategische Gründe waren es denn auch, die die deutsche Führung, kaum daß der »Anschluß« der Alpenrepublik international mit der Anerkennung durch die Westmächte Ende März sanktioniert war, dazu veranlaßten, auf dem Wege der schrittweisen Ausdehnung des mitteleuropäischen Großwirtschafts- und Versorgungsraumes als Plattform für den Krieg beschleunigt weiterzugehen und – wiederum unter dem wirkungsvollen Deckmantel des Selbstbestimmungsrechts der Auslandsdeutschen – die »tschechische Frage« (»Fall Grün«) in Angriff zu nehmen. In der am 5. November 1937 von Hitler politisch vorgezeichneten und von den Militärs im Dezember gehorsam strategisch abgesteckten Richtung entwickelten sich die Ereignisse nunmehr zwischen März und Mai 1938 mit wachsender Geschwindigkeit.

Am 21. April erörterte Hitler mit dem Chef des OKW, Keitel, die politischen und strategischen Voraussetzungen für die

Zerschlagung der Tschechoslowakei und entschied sich für die letzte der drei Möglichkeiten: 1. Strategischer Überfall aus heiterem Himmel ohne jeden Anlaß und Rechtfertigung; 2. Handeln nach einer Zeit sich allmählich zum Kriege zuspitzender diplomatischer Auseinandersetzungen; 3. blitzartiges Handeln auf Grund eines Zwischenfalles. Gleichzeitig sprach er sich dafür aus, innerhalb von vier Tagen militärisch vollendete Tatsachen zu schaffen, um eine europäische Krise zu vermeiden.

Keitel legte am 20. Mai den Entwurf einer Neufassung für den »Fall Grün« vor. Die »Wochenendkrise« vom 20./21. Mai verschärfte die Situation. Als Reaktion auf (unzutreffende!) Meldungen deutscher Truppenkonzentrationen an der Grenze ordnete die Prager Regierung eine Teilmobilmachung an. Gleichzeitig warnten London und Paris Hitler, ein deutscher Angriff könne einen allgemeinen Krieg heraufbeschwören, da Frankreich und dann auch die Sowjetunion ihrer Bündnispflicht gegenüber der Tschechoslowakei nachkommen würden. Der von der Solidarität der Westmächte offenbar überraschte und durch die triumphierenden Nachrichten der internationalen Presse über einen deutschen Rückzug gereizte Diktator war nicht gewillt, diese Demütigung und Provokation kommentarlos hinzunehmen. Er teilte am 28. Mai dem neuen Oberbefehlshaber des Heeres, General Walther von Brauchitsch, vor Vertretern von Wehrmacht, Partei und Staat in der Reichskanzlei seinen unabänderlichen Entschluß zur Zerschlagung der Tschechoslowakei mit.

Die Verkündung dieses Entschlusses war eingebettet in grundsätzliche Perspektiven über die Lösung der Lebensraumfrage in Europa und in den Kolonien[19]. Obwohl Hitler nun, wie bereits am 5. November 1937, relativ fest einkalkulierte, daß dieses Ziel nur gegen die Westmächte durchzusetzen war, schätzte er, in seinem Optimismus offenbar durch den reibungslosen »Anschluß« Österreichs bestärkt, die Chancen für den Erfolg eines »blitzschnellen Handelns« auch in der tschechischen Frage und die Möglichkeit einer Lokalisierung und Isolierung des Konfliktes in Mitteleuropa – gegen die Skepsis seiner Militärs, Görings und des Auswärtigen Amtes – aus folgenden Erwägungen noch recht günstig ein: Die britische Aufrüstung werde noch nicht zum Tragen kommen und die franzö-

[19] Vgl. dazu Manfred Messerschmidt, Das strategische Lagebild des OKW (Hitler) im Jahre 1938. In: Knipping u. a. (Hrsg.), Machtbewußtsein, S. 145–158.

sische noch Jahre beanspruchen. Mussolini habe ihm gerade persönlich bei einem Italienbesuch sein Desinteresse bekundet. Das deutsche Volk sei psychologisch hinreichend vorbereitet. Die tschechischen Befestigungen seien noch nicht voll ausgebaut, und Warschau ebenso wie Budapest an einer Beteiligung an der Beute interessiert. Die Sowjetunion schließlich sei unfähig zur Führung eines Angriffskrieges.

Aufschlußreich war der geostrategische Funktionswandel der Tschechoslowakei im Zusammenhang mit einer Verkehrung der Frontenbildung. Sie war nun nicht mehr ein »kommunistisches Flugzeugmutterschiff« in Mitteleuropa, mit dessen Ausschaltung zugleich die Aufmarschbasis für den Ostkrieg geschaffen werden sollte, sondern eine gefährliche Bedrohung im Rücken für den Fall eines Westkrieges, deren Beseitigung die Operationsfreiheit am Rhein sicherte.

Die berühmte Weisung vom 30. Mai 1938 begann denn auch mit dem vielzitierten Satz: »Es ist mein unabänderlicher Entschluß, die Tschechoslowakei in absehbarer Zeit durch eine militärische Aktion zu zerschlagen. Den politisch und militärisch geeigneten Zeitpunkt abzuwarten oder herbeizuführen, ist Sache der politischen Führung.« Die Wehrmacht erhielt den Befehl, »die Vorbereitungen ... unverzüglich zu treffen«. Die Ausführung von »Grün« sollte »spätestens ab 1. 10.38 sichergestellt sein«. Die militärische Entscheidung war durch Ausnutzung des Überraschungsmomentes und ein blitzschnelles Vordringen in den ersten drei Tagen herbeizuführen, um die Abschreckung »interventionslüsterner gegnerischer Staaten« zu gewährleisten und Polen und Ungarn zum sofortigen Eingreifen gegen die Tschechoslowakei zu veranlassen.

Beachtenswert ist auch die Hoffnung auf wehrwirtschaftliche Gewinne, die sich offenbar von Anfang an mit der Zerschlagung der Tschechoslowakei verband. So verfügte die Weisung vom 30. Mai 1938 u.a.: »Im Verlauf der Operationen ist es wertvoll, durch schnelle Erkundung und Wiederingangsetzung wichtiger Betriebe möglichst bald zur Gesamtstärkung der wehrwirtschaftlichen Kraft beizutragen. Aus diesem Grunde kann Schonung der tschechischen Industrie- und Werkanlagen – soweit die militärischen Operationen es gestatten – für uns ausschlaggebende Bedeutung haben.«

In dieser Situation bot sich die Taktik des »chemischen Verfahrens« an, zur inneren Zersetzung der Tschechoslowakei, wie es Weizsäcker bildkräftig formulierte, mit Hilfe der »Parteipolitik« und wirtschaftlicher Sanktionen, eine Taktik also, die schon einmal, zunächst 1933 mit nur zweifelhaftem Erfolg, gegen Österreich angewandt worden war.

Zwar wird niemand heute im Rückblick behaupten können, daß die Prager Regierung nach 1918 mit ihrem zentralistischen Kurs gegenüber den nationalen Minderheiten, die drei Millionen Sudetendeutschen eingeschlossen, eine glückliche Politik betrieben hat; dennoch war es unverkennbar, daß die Machtübernahme durch die Nationalsozialisten im Reich zu einer sichtlichen Verschärfung der sudetendeutschen Autonomieforderungen und einer Intensivierung der inneren Spannungen im Nachbarland führte. Die von Berlin finanzierte Sudetendeutsche Partei (SdP) unter Konrad Henlein eroberte 1935 zwei Drittel aller deutschen Stimmen (44 von 300 Parlamentssitzen) und konnte bis zum Sommer 1938 ihre Mitgliederzahl auf 1,3 Millionen erhöhen. Damit wurde die Partei für Hitler zu einem willfährigen und wirkungsvollen Instrument, um mit Hilfe einer ständigen Verschärfung der Autonomieforderungen die Sudetenkrise anzuheizen, den tschechischen Staat von innen her sturmreif zu machen, ihn »chemisch aufzulösen« und dann einen »geeigneten Anlaß« für eine Intervention der Wehrmacht zu schaffen, der sich überdies im westlichen Ausland propagandistisch als »Hilferuf« des bedrohten Auslandsdeutschtums und als Wahrnehmung des Selbstbestimmungsrechts in der Stunde höchster Not kaschieren ließ. »Wir müssen also immer so viel fordern, daß wir nicht zufriedengestellt werden können« – dies war die taktische Weisung Berlins an Henlein von Ende März, um die Autonomie-Forderungen ständig höherschrauben und damit die Sudetenkrise schließlich bis zum Siedepunkt treiben zu können. Die Formulierung des »Karlsbader Programms« der SdP vom 24. April 1938 war ein erster Schritt auf dem Wege einer geschickten Synchronisation von »Staatspolitik« und »Parteipolitik« durch Berlin. Es sah in acht Punkten u.a. die weitgehende Selbstverwaltung der Sudetendeutschen und ihre volle Gleichberechtigung und Gleichrangigkeit mit dem tschechischen Staatsvolk vor, also eine Art »Schweizer Lösung«, war aber aus Berliner Sicht zweifellos nur eine taktische Durchgangsstation für die angestrebte Vernichtung des tschechoslowakischen Staates.

Die Entwicklung der Sudetenkrise verlief alles andere als planmäßig. Sie zeigte den Diktator keineswegs als den überlegen Kalkulierenden und autonom Handelnden, als den ihn nationalsozialistische Propaganda hinstellte, sondern eher als den Getriebenen, der sich immer mehr in seinen eigenen Fallstrikken zu verfangen drohte. »Anfang September wurde er geradezu gejagt von Anwandlungen kalter Entschlossenheit und von Unsicherheit.«[20] Es zeigte sich bei ihm jene »Mischung von Entschlossenheit, Phrase, Selbstbetrug und Blindheit«[21], die es für uns heute so schwer macht, bei diesem Mann genau die Grenze zu ziehen zwischen rationalem Kalkül, fanatischer Autosuggestion und geschickter Schauspielerei.

Hitler hatte sich auf jeden Fall mit seinem Entschluß, die Tschechoslowakei bis zum Herbst »zu zerschlagen«, in eine Zwangslage hineinmanövriert. Sie schien am Ende nur noch die radikale Alternative Krieg mit einem für die Existenz des Reiches unkalkulierbaren Risiko oder Zurückweichen, Abbruch der bereits eingeleiteten operativen Vorbereitungen und einen innenpolitisch schwer erträglichen Gesichtsverlust offenzulassen. Die im Mai selbstherrlich aufgestellte Sanduhr lief ab. Der »Führer« stieß überall, innen- wie außenpolitisch, zum erstenmal wirklich an die Grenzen seiner angenommenen Allmacht. Sie zwangen ihn schließlich wider Willen zum Kompromiß und zur Anerkennung eines »halben Sieges«.

Wieder war es Großbritannien[22], das mit seiner – aus der eigenen Rüstungsschwäche resultierenden – Hinhaltetaktik des »keep Germany guessing« und seinem nachdrücklichen Pochen auf Mitsprache in Mitteleuropa (20./21. Mai Maikrise; 3. August Entsendung Lord Runcimans als Vermittler nach Prag) zutiefst verunsichernd auf die Berliner Politik wirkte. Chamberlain vermied es zwar beharrlich, verbindlich den Punkt anzugeben, an dem seine Regierung den Franzosen in Erfüllung ihrer Bündnisverpflichtungen gegenüber Prag aktiv zu Hilfe kommen werde. Er machte Hitler aber nachdrücklich klar, daß die erhebliche britische Konzessionsbereitschaft hinsichtlich einer Abtretung des Sudetenlandes dort ihre Grenzen habe, wo Gewalt gegen die Tschechoslowakei eingesetzt werde. Frankreich war nur noch der Juniorpartner der britischen Europapo-

[20] Messerschmidt, Außenpolitik und Kriegsvorbereitung, S. 650.

[21] Ebenda, S. 652.

[22] Literaturüberblick zu dem Thema »Appeasement« bei Bernd-Jürgen Wendt, Die englische Politik des Appeasement in den dreißiger Jahren und ihre Beurteilung in der Geschichtswissenschaft. In: Gerhard Schulz (Hrsg.), Die große Krise der dreißiger Jahre. Vom Niedergang der Weltwirtschaft zum Zweiten Weltkrieg. Göttingen 1985, S. 233–260.

litik. Die Sowjetunion konnte sich bedeckt halten, da für sie der casus foederis gegenüber Prag von einer vorherigen französischen Hilfeleistung abhängig war. So lag also der Schlüssel wieder bei London, und Chamberlain war es denn auch, der Hitler dadurch, daß er sein ganzes Prestige als Premier eines Weltreiches in die Waagschale warf, ein letztes Mal in ein System kollektiver Sicherheit in Europa einzubinden suchte. Seine drei Besuche in Deutschland lösten in der Bevölkerung Beifall und Erleichterung aus.

Mussolini signalisierte eindeutig, daß er im Falle eines Krieges nicht unbedingt an der Seite seines »Achsenpartners« eingreifen werde, sondern eher im Zusammenspiel mit dem Foreign Office und den kompromißbereiten Kräften im Auswärtigen Amt um Weizsäcker auf Vermittlung und eine internationale Konferenz setzte. Schließlich appellierten der amerikanische Präsident Roosevelt und der schwedische König an Hitler. Aber nicht nur von außen fühlte sich Hitler in Fesseln gelegt. Auch im Innern waren Warnungen unüberhörbar, und zwar nicht nur von ausgesprochenen Gegnern des Regimes, die sich in der Sudetenkrise zum erstenmal zu einer aktiven Fronde unter Oberstleutnant Hans Oster in der Abwehr und Hans Bernd Gisevius organisierten und den Kontakt nach London zum Sturz des Regimes suchten[23], und nicht nur von General Beck, der im August aus Protest gegen die riskante Kriegspolitik sein Amt als Generalstabschef des Heeres zur Verfügung stellte[24], nicht ohne vorher seinen Nachfolger Halder in die Konspiration einzuweihen, sondern auch aus der an sich loyalen militärischen Führung selbst. Der Westwall war vorerst noch eine Baustelle und garantierte deshalb bei einem Überfall auf die Tschechoslowakei nicht im Westen die Rückendeckung gegen einen französischen Entlastungsangriff. Das Ruhrgebiet war einer Intervention der Westmächte schutzlos preisgegeben. Vor allem konnte Hitler seinen Generälen keine hundertprozentige Gewähr für eine Isolierung und Lokalisierung des tschechischen Konfliktes geben. Es war allgemeine Überzeugung, daß das Reich bei dem derzeitigen Aufbaustadium der Wehrmacht und angesichts der allgemeinen Mangellage bei den Rohstoff- und Munitionsvorräten einen Mehrfrontenkrieg

[23] Bernd-Jürgen Wendt, München 1938. England zwischen Hitler und Preußen. Frankfurt 1965; Müller, Das Heer und Hitler, S. 345ff.; aus englischer Sicht vgl. Sidney Aster, 1939. The Making of the Second World War. London 1973.

[24] Vgl. Teil I, Anm. 13.

nicht lange werde durchhalten können. Andererseits fürchtete Hitler, bei einem Verzicht auf Gewaltanwendung, eine einmalig günstige Gelegenheit zu verpassen, die mit dem propagandistischen Deckmantel der Durchsetzung des Selbstbestimmungsrechtes der Deutschen in der Tschechoslowakei zu diesem Zeitpunkt gegeben war.

Mit am stärksten dürften Hitler in den Sommermonaten aber die ausgesprochen offenen Lageberichte der Behörden über die gedrückte Stimmung in der Bevölkerung angesichts einer dramatischen Verdichtung der Kriegsgerüchte beeindruckt haben[25]. Nicht nur die Tatsache, daß am 27. September spätnachmittags eine durch die Reichshauptstadt geschickte kriegsmäßig ausgerüstete motorisierte Division nur auf schweigende Ablehnung in der Bevölkerung stieß, Chamberlain dagegen bei seinen mehrfachen Besuchen begeistert als eine Art Friedensapostel begrüßt wurde, mußte den »Führer« nachdenklich stimmen. Ihm mußte auch klarwerden, daß er bei einer propagandistisch nicht hinreichend abgestützten Steigerung des Kriegsrisikos nicht nur unter Nationalsozialisten das enorme Kapital an nationaler Begeisterung und Bewunderung für den großartigen und leichten Erfolg im »Blumenkrieg« gegen Österreich rasch verspielen würde. Zwar verfehlte die Anfang August massiv einsetzende Propaganda gegen »tschechische Greuel und Kriegstreiberei« und für die »Heimholung« der Sudetendeutschen ins Reich nicht ihre Wirkung, doch ließ eine allgemeine Kriegsangst im August und September nach übereinstimmender Berichterstattung aller Behörden die niedergedrückte Stimmung im Volk auf den Nullpunkt sinken[26].

Nach Tagen und Stunden höchster Spannung, die Europa zum erstenmal an den Rand eines Krieges führten, fand die Sudetenkrise durch drei spektakuläre Schritte ihre Lösung: durch die beiden Besuche des britischen Premiers Neville Chamberlain bei Hitler in Berchtesgaden (15. September) und Bad Godesberg (22./23. September) und die Münchner Konferenz zwischen Hitler, Mussolini, Chamberlain und Daladier

[25] Vgl. Hellmuth Auerbach, Volksstimmung und veröffentlichte Meinung in Deutschland zwischen März und November 1938. In: Knipping u.a. (Hrsg.), Machtbewußtsein, S. 273–293.

[26] Vgl. Jan Kershaw, Der Hitler-Mythos. Volksmeinung und Propaganda im Dritten Reich. Stuttgart 1980, S. 120ff.; Marlis G. Steinert, Hitlers Krieg und die Deutschen. Stimmung und Haltung der deutschen Bevölkerung im Zweiten Weltkrieg. Düsseldorf, Wien 1970, S. 79.

(29./30. September) mit der dort vereinbarten Amputation der Tschechoslowakei (1. Bis 10. Oktober). Der Staat verlor nicht nur durch seine erzwungenen Abtretungen an Deutschland, Polen (2. Oktober, Teschen) und Ungarn (4.–11. November, südlicher Streifen der Slowakei) wirtschaftlich und strategisch wichtige Gebiete, die ihn verteidigungsunfähig machten. Er ging auch einem von Berlin aus unterstützten inneren Auflösungsprozeß (5.–8. Oktober Autonomie für die Slowakei und die Karpato-Ukraine) entgegen und wurde de facto bereits Teil des großdeutschen Wirtschaftsraumes.

Das Jahr 1938 schloß für Hitler nur vordergründig mit einer positiven Bilanz ab. Die Eingliederung des Sudetengebietes führte der deutschen Wehrwirtschaft weitere wichtige Industriezweige (Eisen-, Stahl-, Metallwaren, Maschinenbau, Elektro-, Textil-, Glaswaren- und chemische Industrie) mit teilweise nicht voll ausgelasteten Kapazitäten, Lagerstätten mit Wolfram- und Uranerzen, hochwertige Braunkohlevorkommen und Holzvorräte zu. Auch war die hochqualifizierte sudetendeutsche Facharbeiterschaft ein willkommener Gewinn angesichts der inzwischen eingetretenen Engpässe auf dem deutschen Arbeitsmarkt.

Nach einem zeitgenössischen Bericht[27] brach das Vertrauen der Südostländer gegenüber den Westmächten nunmehr endgültig zusammen, da sie von dort keine Hilfe mehr glaubten erwarten zu können. Diese »Schockwirkung« von München führte die Donau- und Balkanstaaten noch enger an Berlin heran und verstärkte den deutschen Einfluß dort. Der »Großdeutsche Wirtschaftsraum« war vollendet, die sogenannte »Rest-Tschechei« politisch, wirtschaftlich und militärisch dem deutschen Zugriff praktisch wehrlos preisgegeben. Kopfzerbrechen bereitete, ähnlich wie bei Österreich, freilich auch hier das Problem, das industrialisierte Sudetengebiet mit den notwendigen Lebensmitteln zu versorgen.

Das deutsch-britische Verhältnis schien durch eine zwischen Hitler und Chamberlain am 30. September 1938 in München vereinbarte Erklärung über den Wunsch beider Völker, nie wieder gegeneinander Krieg zu führen und sich künftig bei allen Problemen gegenseitig zu konsultieren, wieder entspannt, ohne

[27] Wiedergegeben bei Hans Booms, Der Ursprung des Zweiten Weltkrieges. Revision oder Expansion? In: Gottfried Niedhart (Hrsg.), Kriegsbeginn 1939. Entfesselung oder Ausbruch des Zweiten Weltkriegs? Darmstadt 1976, S. 78.

daß die Engländer allerdings auf ihr Mitspracherecht auf dem Kontinent verzichtet hätten. Hinter dieser Fassade des Erfolges hatte Hitler, gemessen an seinem ursprünglichen Ziel der Vernichtung der Tschechoslowakei, freilich ein gewaltiges Stück zurückstecken müssen und seinen ersten wirklichen Rückschlag erlitten. Vor allem mußte er es hinnehmen, daß sein Achsenfreund Mussolini in engem Zusammenspiel mit den Engländern eine kollektive Regelung der mitteleuropäischen Verhältnisse am »runden Tisch« erzwungen hatte, nahezu eine Neuauflage seines Viererpakt-Projektes vom Sommer 1933.

Der Stachel dieser Demütigung saß tief bei Hitler. Er hat ihn nachweisbar ein Jahr später veranlaßt, erneute Vermittlungsbemühungen des »Duce«, nunmehr in der polnischen Frage, von Anfang an energisch im Keime zu ersticken. Hitler ließ intern keinerlei Zweifel daran, daß die Münchener Lösung für ihn nur ein Zwischenspiel von ganz kurzer Dauer war, gleichsam ein Prolog für die endgültige Vernichtung der Tschechoslowakei. Allerdings sollte Großbritannien am 3. September 1939 aus einer bedeutend günstigeren Position heraus in den Krieg eintreten, als dies im September 1938 der Fall gewesen wäre. Denn der deutsche Überfall auf Polen war weit eher geeignet, die eigene Bevölkerung und die des Empire für einen Waffengang zu mobilisieren, als die für London eher sekundäre Sudetenfrage.

In Deutschland wurden die Vorbereitungen nicht nur gegen Prag, sondern weit darüber hinaus für die »Entfesselung« eines bewaffneten Konfliktes nach mehreren Seiten hin im Winter 1938/39 planmäßig und kontinuierlich vorangetrieben: an der äußeren, der inneren und an der militär- und rüstungspolitischen Front.

Gegenüber Großbritannien leitete Hitler persönlich mit seiner Saarbrücker Rede vom 9. Oktober[28] eine Politik der Drohungen und gleichzeitiger Werbungen ein. Diese Taktik sollte dann im Verlauf des Winters die zusätzliche Funktion erhalten, von dem Entsetzen abzulenken, das der Judenpogrom vom 9. November 1938 (die sogenannte »Reichskristallnacht«) im westlichen Ausland hervorrief. Offenbar setzte der Diktator seit München nicht mehr allein auf die britische Neutralität, sondern kalkulierte immer stärker auch den Krieg mit Großbri-

[28] Die Rede ist abgedruckt bei Max Domarus, Hitler. Reden und Proklamationen 1932–1945, Bd. 1. Neustadt an der Aisch 1962, S. 954ff.

tannien ein, ohne freilich schon über ein festes strategisches und operatives Konzept zur Ausschaltung der Seemacht zu verfügen. »Es braucht nur«, mischte sich Hitler in Saarbrücken in einer mehr als ungeschickten und provozierenden Weise öffentlich in die britische Innenpolitik ein, »in England statt Chamberlain Herr Duff Cooper oder Herr Eden oder Herr Churchill zur Macht kommen, so wissen wir genau, daß es Ziel dieser Männer wäre, sofort einen neuen Weltkrieg zu beginnen. Sie machen gar keinen Hehl, sie sprechen das offen aus.« Deutschland wolle »nichts als den Frieden«, und deshalb würde es gut sein, »wenn man in Großbritannien allmählich gewisse Allüren der Versailler Epoche ablegen würde. Gouvernantenhafte Bevormundungen vertragen wir nicht mehr!« Offenbar saß bei Hitler seit München der Stachel gegen seinen einstigen »Wunschpartner« und dessen Premier inzwischen so tief, daß er es nicht mehr für notwendig hielt, auf den innenpolitisch angeschlagenen und einer zunehmenden Kritik seitens der »Anti-Appeaser« ausgesetzen Chamberlain Rücksicht nehmen zu müssen.

Am 6. Dezember 1938 unterzeichneten Ribbentrop und sein französischer Kollege Bonnet ein Abkommen, in dem sich beide Mächte gute Beziehungen, eine Anerkennung der beiderseitigen Grenze und Konsultationen in gemeinsam interessierenden Fragen zusicherten. Dahinter stand eindeutig die deutsche Absicht, Frankreich von einer Einmischung in die mittel- und ostmitteleuropäischen Angelegenheiten abzuhalten und seine Bindungen an Moskau zu lockern.

Gegenüber der amputierten Tschechoslowakei setzten unter tätiger Mitwirkung Görings sofort energische Bemühungen ein, durch eine gezielte Unterstützung der Autonomie- und Separationsbestrebungen in der Slowakei und in der Karpato-Ukraine als »Sprengmittel« (Hofer) den inneren Zerfall des international völlig isolierten Staates, seine »chemische Auflösung« von innen her (Weizsäcker) voranzutreiben. Hitler verbot persönlich die Auswanderung der Volksdeutschen aus der sogenannten »Rest-Tschechei«, um sie künftig für den Ausbau der deutschen Stellung in Südosteuropa verwenden zu können. Gleichzeitig sabotierte Berlin die in München vereinbarte internationale Garantie der tschechischen Eigenstaatlichkeit.

Einen eindrucksvollen Einblick in die damals massiv einsetzenden propagandistischen Bemühungen um eine psychologische Mobilisierung der »Heimatfront« für den Krieg vermittelt die Geheimrede, die Hitler am 10. November im »Braunen Haus« in München vor 400 namhaften deutschen Verlegern und Journalisten im Beisein von Heß, Goebbels und Rosenberg gehalten hat[29]. Offenbar hatten die Erfahrungen der Sommermonate, daß die Gerüchte über einen bevorstehenden Krieg das Stimmungsbarometer in der verängstigten Bevölkerung sehr tief hatten sinken lassen, allen hochtönenden Phrasen zum Trotz ihre Wirkung auf den »Führer« nicht verfehlt. Deshalb kam es nun darauf an, einem erneuten Absinken der allgemeinen Stimmung beim nächsten außenpolitischen Konflikt rechtzeitig durch eine großangelegte Entfaltung der Propagandamaschinerie vorzubeugen.

Der Presse wurde als ihre vornehmste Aufgabe zugewiesen, »ein glaubensstarkes, geschlossenes, selbstsicheres, zuversichtliches deutsches Volk« hinter seinem »Führer« zu scharen, ein Volk, das es gelernt habe, »so fanatisch an den Endsieg zu glauben, daß, selbst wenn wir einmal Niederlagen erleiden würden, die Nation sie nur, ich möchte sagen, von dem höheren Gesichtspunkt aus wertet: Das ist vorübergehend; am Ende wird uns der Sieg sein!« Das deutsche Volk sollte psychologisch geschickt auf den Krieg eingestellt und ihm klargemacht werden, »daß es Dinge gibt, die, wenn sie nicht mit friedlichen Mitteln durchgesetzt werden können, mit Mitteln der Gewalt durchgesetzt werden müssen«. Dafür mußten dem Volk schon in der Vergangenheit »bestimmte außenpolitische Vorgänge« so beleuchtet werden, »daß die innere Stimme des Volkes selbst langsam nach der Gewalt zu schreien begann«. Den Intellektuellen warf der Redner vor, keine Ahnung zu haben, »wie man ein Volk letzten Endes zu der Bereitschaft bringt, geradezustehen, auch wenn es zu blitzen und zu donnern beginnt«.

Unverhüllt legte Hitler auch die rein taktische Bedeutung seiner Friedenspropaganda seit 1933 dar. Nur durch die »fortgesetzte Betonung des deutschen Friedenswillens und der Friedensabsichten« sei es ihm möglich gewesen, »dem deutschen Volk Stück für Stück die Freiheit zu erringen und ihm die Rüstung zu geben, die immer wieder für den nächsten Schritt als Voraussetzung notwendig war«. Dabei übersah er nicht die Nachteile einer solchen Friedenspropaganda; könne sie doch zu

[29] Diese Rede ist wiedergegeben und kommentiert bei Wilhelm Treue, Rede Hitlers vor der deutschen Presse. In: VfZ 6 (1958) S. 175–191.

der Auffassung verleiten, »daß das heutige Regime an sich identisch sei mit dem Entschluß und dem Willen, den Frieden unter allen Umständen zu bewahren«. Damit sei die Gefahr gegeben, den kriegerischen Charakter des Systems zu verkennen und die Nation mit einem Geist zu erfüllen, »der auf die Dauer als Defaitismus gerade die Erfolge des heutigen Regimes nehmen würde und nehmen müßte«. Eindeutig in Richtung Krieg wies die Bemerkung, »die pazifistische Platte« sei nunmehr in Deutschland »abgespielt«.

Man weiß kaum, was an dieser bemerkenswerten Ansprache mehr beeindruckt: die brutale Kaltschnäuzigkeit, mit der der Diktator »sein« Volk zum Manipulationsobjekt einer Gewaltideologie degradierte und ganz offen propagandistisch-psychologisch für eine Kriegspolitik des »Alles oder Nichts« zu präparieren gedachte, oder seine skrupellose Selbstgewißheit, mit der er sein handverlesenes Auditorium ideologisch bereits im Griff zu haben und sich über die naheliegende Gefahr eines »Lecks« nach draußen hinwegsetzen zu können glaubte. Obwohl seine Rhetorik eindeutig auf den Propagandaeffekt und auf die Dokumentation seiner überlegenen und unbestrittenen Führungsmacht abgestellt war, formulierte Hitler hier dennoch Maßstäbe, an denen er sich selbst und sein Handeln in den nächsten Wochen und Monaten gemessen wissen wollte. Mit ihnen verband er sein Prestige. Ein erneutes Zurückweichen vor inneren und äußeren Widerständen wie 1938 drohte ein Jahr später angesichts dieser martialischen und selbstbewußten Vorgaben zu einem Gesichtsverlust zu führen, aus dem das Regime, ohne Schaden zu nehmen, kaum mehr würde herauskommen können.

Gleichzeitig wurde die öffentliche Propaganda nach dem Debakel der Sudetenkrise jetzt auf Vertrauen, Sicherheit, nationale Solidarität und allgemeine Zuversicht abgestellt. Diesem Ziel galten Hitlers wiederholte Hinweise in Saarbrücken auf die Zurückführung von zehn Millionen Deutschen im Saarland, in Österreich und im Sudetengebiet ins Reich, auf den unheilvollen »Geist von Versailles«, auf die innere Geschlossenheit und Stärke der »Volksgemeinschaft«, die weltanschauliche Erziehungsarbeit, die nationale Rüstung, die jüdisch-bolschewistische Weltgefahr, die Achsenpartnerschaft mit Italien und Japan sowie auf die Einbeziehung des Aachener und des Saarbrückener Gebietes in die Befestigung des Westwalles. *Noch* hielt es Hitler in der Öffentlichkeit für angebracht, die verhaßte »pazifistische Platte« weiterzuspielen, um das eigene Volk nicht vorzeitig in Panik zu versetzen und das mißtrauische Ausland zur Gegenwehr zu provozieren, solange die deutsche Aufrüstung nicht abgeschlossen war.

Hinter den Kulissen liefen die strategischen, operativen und rüstungsmäßigen Planungen und Vorbereitungen für den Ernstfall im Winter 1938/39 jedoch bereits auf Hochtouren. Schon drei Wochen nach München, am 21. Oktober, legte Hitler Weisungen über die »Erledigung der Rest-Tschechei« und die »Inbesitznahme des Memellandes« vor. »Es muß möglich sein, die Rest-Tschechei jederzeit zerschlagen zu können, wenn sie etwa eine deutsch-feindliche Politik betreiben würde.« Die Vorbereitungen der Wehrmacht, hieß es, müßten »unter Verzicht auf planmäßige Mobilmachungsmaßnahmen eine ständige und wesentlich höhere Bereitschaft gewährleisten«. Alles müsse »schon im Frieden derart auf Überfall« abgestellt sein, »daß der Tschechei selbst jede Möglichkeit planmäßiger Gegenwehr genommen wird«. Die Vorbereitungen müßten »die rasche Besetzung der Tschechei und die Abriegelung gegen die Slowakei« sowie gleichzeitig die »Grenzsicherung West« gewährleisten. Ergänzend befahl Hitler dann am 17. Dezember, nach außen müsse »klar in Erscheinung treten, daß es sich nur um eine Befriedungsaktion« handele. Die Weisung vom 24. November über die Inbesitznahme Danzigs macht deutlich, daß der Diktator sich bereits auch intensiv mit dem Verhältnis zu Polen beschäftigte.

Alle Zeichen der Unsicherheit trugen wiederum die Planungen zur Ausschaltung der britischen Seemacht. Denn selbst wenn sich Großbritannien als möglicher Gegner ab Frühjahr 1938 nachweisbar immer stärker in den Vordergrund der seestrategischen und rüstungswirtschaftlichen Überlegungen schob und hier eine deutliche Umorientierung vom Zweifrontenkrieg gegen Frankreich und Polen/Sowjetrußland zum ozeanischen Krieg gegen England stattfand, fehlte doch, ähnlich wie im Wilhelminischen Deutschland, das sichere Rezept, um das Inselreich und sein Empire so zu schwächen, daß es sich künftig vom Kontinent fernhalten und den Deutschen »freie Hand« lassen würde. Interessanterweise traten auch diesmal wieder zwei ganz unterschiedliche seestrategische Schulen mit sehr weitreichenden Konsequenzen für Bauprogramme und und Prioritäten in der Zuteilung rüstungswirtschaftlicher Rohstoffe im Winter 1938/39 in Konkurrenz: die alte Tirpitz-Schule des Schlachtflottenbaus und die moderne Schule der beweglichen Kreuzerkriegführung[30].

Im August 1938 lag bereits eine von Raeder in Auftrag gegebene Denkschrift des Fregattenkapitäns Hellmuth Heye aus der Operationsabteilung der Seekriegleitung (SKL) über die Möglichkeiten der »Seekriegführung gegen England und die sich daraus ergebenden Forderungen für die strategische Zielsetzung und den Aufbau der Kriegsmarine« vor. Diese »Heye-Denkschrift«, die bis zum 25. Oktober ihre endgültige Fassung erhielt, sowie ihre weitere Geschichte sind besonders aufschlußreich für unsere Frage nach alternativen Konzeptionen und ihren Verwirklichungschancen im inneren Kreis der Macht um Hitler. Heye wandte sich, unterstützt vom Chef des Stabes der SKL, Vizeadmiral Günther Guse, jedoch ohne bei Raeder auf Resonanz zu stoßen, im deutlichen Widerspruch zu Hitler gegen eine überhastete Risikopolitik, die den »großen Ziele(n), die Deutschland vor sich« habe, nur abträglich sein könne und seine weitere Entwicklung »frühzeitig durch Einkreisung und Übermacht« hemmen werde.

In der realistischen, aus der britischen Fernblockade des Ersten Weltkrieges gewonnenen Erkenntnis, daß Deutschland im Kriegsfall seine eigene überseeische Zufuhr nicht werde aufrechterhalten können und seine Flotte zu schwach sei, um die britische Blockade dauerhaft zu sprengen, plädierte Heye für eine bewegliche ozeanische Kreuzerkriegführung mit dem Ziel, den Überseehandel der Engländer nachhaltig zu stören und sie ihrerseits durch einen wirkungsvollen Handelskrieg von ihrer notwendigen maritimen Versorgung abzuschneiden. Aus dieser seestrategischen Perspektive leitete Heye Forderungen ab: Bau von schnellen, mobilen Panzerschiffen mit großem Aktionsradius, von kleinen Kreuzern und U-Booten, Gewinnung von Versorgungsstützpunkten im mittleren und südlichen Atlantik, gegebenenfalls auch Rückgewinnung der Kolonien, Mitbenutzung von Stützpunkten befreundeter und neutraler Mächte (Spanien, Italien und Japan), eine entsprechende Bündnispolitik und Eroberung der französischen Kanalküste bis Brest. Bedeutsam war diese Denkschrift nicht nur deshalb, weil hier in der SKL aus bitteren Erfahrungen der Geschichte eine Strategie der

[30] Zum Z-Plan und zu den marinestrategischen Diskussionen vgl. Jost Dülffer, Weimar, Hitler und die Marine. Reichspolitik und Flottenbau 1920–1939. Düsseldorf 1973, S. 473–478, 480–487 und Deist, Aufrüstung der Wehrmacht, S. 465ff.

Seekriegführung entwickelt wurde, die unter Berücksichtigung der relativ schmalen deutschen Ressourcen und der maritimen Unterlegenheit eine weitaus nachhaltigere Wirkung versprach als das sterile und im Grunde schon 1914 gescheiterte Schlachtflottenkonzept der Ära Tirpitz[31]. Damit wurde auch eine Alternativkonzeption zum Hitlerschen Lebensraumkrieg gegen den Osten vorgestellt, die eine Konzentration aller Kräfte auf den Seekrieg gegen England vorsah, insofern gar nicht so weit von den Vorstellungen Ribbentrops entfernt war und im übrigen zwischen Juni und Dezember 1940 unter dem Aspekt einer maritimen »Kriegsführung von der Peripherie« gegen das britische Weltreich noch einmal aktualisiert wurde, bevor dann am 6. Dezember 1940 mit der Weisung »Barbarossa« endgültig die Würfel für den Überfall auf die Sowjetunion fielen.

Mit erfrischender Offenheit skizzierte Vizeadmiral Guse im Herbst 1938 in kleinem Kreise das politische und militärstrategische Dilemma, in dem das Dritte Reich damals stand: »Im Laufe der letzten eineinhalb Jahre erwuchs innerhalb der Marine und auch beim Führer die Erkenntnis, daß, entgegen den Hoffnungen des Führers bei Abschluß des 35 Prozent-Abkommens, England in Zukunft als Gegner nicht auszuschalten ist. Diese neue Erkenntnis führte zunächst nicht dazu, sich volle Klarheit über die strategischen Grundlagen eines Krieges gegen England zu schaffen, sondern unter starkem persönlichen Einfluß des Führers wurde die Folgerung zunächst in der Richtung gezogen, daß das in der Entwurfsbearbeitung befindliche Schlachtschiff möglichst stark gemacht werden sollte. So entstand der Typ H.«[32]

Tatsächlich setzte sich Hitler am 27. Januar 1939 gegen erhebliche Bedenken in der Marineführung in dem »Z-Plan« mit seinem Schlachtflottenkonzept durch. Er sah den Bau von sechs schweren Schlachtschiffen bis 1944 sowie den von vier weiteren Panzerschiffen bis Ende 1943 vor und war operativ eindeutig wieder auf die Nordseekriegführung gegen die britische Blokkade abgestellt. Der Mobilisierungs-Bedarf an Heizöl errechnete sich für diese Z-Plan-Flotte auf sechs Millionen Tonnen, der entsprechende Bedarf an Dieselöl auf zwei Millionen Tonnen, während sich 1938 der gesamte deutsche Verbrauch an Mineral-

[31] Vgl. dazu Volker R. Berghahn, Der Tirpitz-Plan. Genesis und Verfall einer innenpolitischen Krisenstrategie unter Wilhelm II. Düsseldorf 1971.

[32] Zitiert bei Dülffer, Weimar, Hitler und die Marine, S. 482.

ölprodukten auf 6,15 Millionen Tonnen belief, wovon nur 2,4 Millionen Tonnen aus heimischer Produktion stammten!

Es hieße wohl, derartig utopischen und größenwahnsinnigen Zukunftsprojektionen Hitlers, die im übrigen bereits im Planungsstadium steckenblieben, zu viel Realitätsgehalt und einen zu hohen programmatischen Verbindlichkeitsgrad beizumessen, wollte man in ihnen bereits einen konkreten Ansatz für einen zweiten »Griff nach der Weltmacht« zur Durchsetzung einer »atlantisch-überseeische(n) Weltmachtstellung« gegen die USA nach der Ausschaltung der Sowjetunion und der Erreichung der Kontinentalhegemonie sehen[33]. Der »Z-Plan« antizipierte nicht eine nebulöse Zukunftsstufe des Hitlerschen Expansionsprogrammes, sondern war vielmehr Ausdruck der pompösen propagandistischen Selbstdarstellung des Dritten Reiches, aber auch eklatanter Hilflosigkeit und Verwirrung in der Reichskanzlei angesichts der nunmehr immer näher rückenden Wahrscheinlichkeit, daß London weiteren deutschen Gewaltaktionen auf dem Kontinent nicht mehr tatenlos zusehen würde. Nur für diesen konkreten Fall einer britischen Intervention galt es zunächst, entweder ein Abschreckungs- oder auch ein Abwehrinstrument zu entwickeln, wobei der Zeitplan (1943/44) im krassen Widerspruch zu den Mobilisierungs-Plänen der Wehrmacht und zur dramatischen Zuspitzung der internationalen Situation stand.

Daß dieses ständig improvisierende und sprunghafte Vorgehen in der Formulierung der Zielvorgaben letztlich zu einer weiteren Schwächung der ohnehin unterlegenen deutschen Marinerüstung und zu einer zusätzlichen Überstrapazierung der Rüstungsproduktion, ihrer Kapazitäten und Rohstoffe führen mußte, erkannte Raeder spätestens bei Kriegsausbruch am 3. September 1939, als er das deprimierende Fazit aus einer über sechsjährigen Aufrüstung der Marine zog: »Was die Kriegsmarine anbetrifft, so ist sie selbstverständlich im Herbst 1939 noch keineswegs für den großen Kampf mit England hinreichend gerüstet ... Die Überwasserstreitkräfte aber sind so gering an Zahl und Stärke gegenüber der englischen Flotte, daß sie – vollen Einsatz vorausgesetzt – nur zeigen können, daß sie mit Anstand zu sterben verstehen und damit die Grundlage für einen späteren Wiederaufbau zu schaffen gewillt sind.«[34]

[33] So Klaus Hildebrand, Deutsche Außenpolitik 1933–1945. Kalkül oder Dogma? 2., überarbeitete Aufl. Stuttgart 1973, S. 85.
[34] Zitiert bei Deist, Aufrüstung der Wehrmacht, S. 473.

In dieser eindeutigen Bankrotterklärung kalkulierte der Oberbefehlshaber der Marine also bereits kühl das Sterben Tausender von Menschen für eine Machtdemonstration ein, die unter gegebenen Bedingungen niemals zu gewinnen war! Hier stellt sich wiederum die alte Leitfrage aus der Oberbefehlshaberbesprechung vom 5. November 1937, auf der Raeder sich im übrigen völlig zurückgehalten zu haben scheint: Wo lagen die Gründe und Impulse für diese hemmungslose Anpassungsbereitschaft der Militärs, oft wider besseres fachliches Wissen, an die völlig utopischen Vorgaben Hitlers? Dülffer trifft zweifellos den Kern[35]: Ein Eingehen auf Hitlers Präferenzen sicherte, mochten sie auch noch so unrealistisch und amateurhaft sein, der Marine gegenüber den Konkurrenten von Heer und Luftwaffe erst einmal einen vorderen Platz im Herrschaftssystem und bei der Zuteilung der knappen Rüstungsressourcen und Baukapazitäten. Etwaige Skrupel ließen sich in diesem einspurigen und engen professionellen Ressortdenken zunächst mit der Hoffnung unterdrücken, bleibe man erst einmal grundsätzlich mit seinen strategischen und operativen Erfüllungsleistungen »am Ball«, so sichere dies immerhin die Chance, auf Hitlers Vorstellungen dann im weiteren Verlauf revidierend und mäßigend einwirken zu können – wieder also das bekannte Handlungsmuster aller konservativen »Mittäter«.

Die politische und militärische Führung des Dritten Reiches überschritt 1938/39 die entscheidende Schwelle vom letzten Friedens- zum ersten Kriegsjahr eigentlich nur mit Gewißheit in zwei Dingen: daß das Schicksal der sogenannten »Rest-Tschechei« besiegelt war, und daß der Übergang von der friedlichen Revision zur gewaltsamen Aggression angesichts der von Deutschland provozierten Zuspitzung der internationalen Lage und einer sich für die Zukunft drohend abzeichnenden ökonomisch-militärischen Unterlegenheit der deutschen Seite gegenüber den inzwischen massiv aufrüstenden Westmächten immer näher rückte. Darüber hinaus bestanden Ungewißheit, Zweifel und tiefe Unsicherheit: Ungewißheit über die Frontstellung in einem Krieg, und hier vor allem über die Haltung der Westmächte und Polens, Zweifel über die Leistungskraft der deutschen »Wehrwirtschaft« und Unsicherheit in der Einschätzung des psychologischen Durchhaltevermögens der deutschen Bevölkerung. Auch ein einheitlicher Kriegsplan existierte nicht;

[35] Dülffer, Weimar, Hitler und die Marine, S. 484.

jede Teilstreitkraft plante und improvisierte ohne gegenseitige Abstimmung und holte sich jeweils nur das Plazet bei Hitler, der der Entscheidung zur eindeutigen Prioritätensetzung ständig auswich. Dies alles wurde übertönt mit militärischem Propagandagetöse und demonstrativer Zurschaustellung der wiedergewonnenen Macht, die ihre einschüchternde Wirkung auf das Ausland nicht verfehlten.

5. Das Jahr 1939: Durch das »strategische Fenster« in den Zweiten Weltkrieg

Eine sich abzeichnende Versorgungskrise im Innern und nach außen der drohende Umschlag von einem relativen militärischen Übergewicht Deutschlands in eine Unterlegenheit nahmen nicht nur in den Äußerungen Hitlers zwischen Frühjahr und Herbst 1939 einen zentralen Platz ein. Seine Befürchtungen fanden auch ihre Bestätigung in der Entwicklung der nationalen und internationalen Lage. Dabei handelte es sich hier nicht nur objektiv um eine Verschlechterung der innen- und außenpolitischen Situation des Reiches, wie sie die Historiker heute aus reichlich vorhandenen Krisendaten rekonstruieren können. Die deutsche Führungsspitze war sich auch der katastrophalen Folgen einer forcierten Rüstungskonjunktur voll bewußt. Nachrichten und Warnungen in dieser Richtung gab es genug. Wir können davon ausgehen, daß bis hinauf zu Hitler in den entscheidenden Wochen und Monaten vor der »Entfesselung« des Krieges in Berlin eine ausgesprochene Krisenstimmung herrschte[1].

Objektive Krisenlage und subjektives Krisenbewußtsein kamen also im Deutschland der späten dreißiger Jahre voll zur Deckung. Die Frage war nur, wie diese Wahrnehmung Eingang

[1] Zu dieser Deutung der Auslösung des Zweiten Weltkrieges aus einer inneren Krise heraus vgl. vor allem Timothy W. Mason, Sozialpolitik im Dritten Reich. Arbeiterklasse und Volksgemeinschaft. 2. Aufl. Opladen 1978; ders., Innere Krise und Angriffskrieg 1938/39. In: Friedrich Forstmeier und Hans-Erich Volkmann (Hrsg.), Wirtschaft und Rüstung am Vorabend des Zweiten Weltkrieges. Düsseldorf 1975, S. 158–188; zustimmend Jost Dülffer, Der Beginn des Krieges 1939. Hitler, die innere Krise und das Mächtesystem. In: Geschichte und Gesellschaft 2 (1976) 4, S. 443–470; kritisch Ludolf Herbst, Die Krise des nationalsozialistischen Regimes am Vorabend des Zweiten Weltkrieges und die forcierte Aufrüstung. Eine Kritik. In: VfZ 26 (1978), S. 347–371.

in die politischen Entscheidungsprozesse finden und welche Konsequenzen die Reichsführung aus diesem Bewußtsein ziehen würde. Grundsätzlich stellte sich auch jetzt noch die Alternative: radikale Kehrtwendung und Abrüstung, allerdings kurzfristig mit der Gefahr einer tiefen, die Massen verunsichernden Demobilmachungskrise, wie es Generalmajor Fromm schon 1936 prognostiziert hatte, oder mit einem »jetzt gerade« der Ausbruch nach vorn in die Gewalt.

Die Quellen geben, da es sich auch bei ihnen um Nachschriften von Geheimbesprechungen handelt, zwar nicht den Wortlaut, aber doch den Sinn von Hitlers Äußerungen im wesentlichen zutreffend wieder. Ihre Glaubwürdigkeit wird durch zahlreiche Parallelzeugnisse von Teilnehmern im großen und ganzen bestätigt. Nach der – im einzelnen besonders umstrittenen – Niederschrift seines Adjudanten Schmundt soll Hitler am 23. Mai 1939, als die Angriffsvorbereitungen gegen Polen bereits liefen, vor seinen Militärs dem Sinne nach erklärt haben[2]: »Die 80 Millionen Masse hat die ideellen Probleme gelöst. Die wirtschaftlichen Probleme müssen auch gelöst werden. Um die Schaffung der wirtschaftlichen Voraussetzungen hierzu kommt kein Deutscher herum ... Ohne Einbruch in fremde Staaten oder Angreifen fremden Eigentums ist dies nicht möglich.« Nach der nationalpolitischen Einigung der Deutschen könnten nunmehr »weitere Erfolge ... ohne Blutvergießen nicht mehr errungen werden«. Später kam der »Führer« wie üblich auch auf sein Lieblingsthema England zu sprechen, das ihm vor allem durch die seit 1938 energisch betriebene englische Aufrüstung, nach wie vor unüberwindliche Schwierigkeiten aufgab: »Ziel ist immer, England auf die Knie zu zwingen. Jede Waffe trägt die schlachtentscheidende Wirkung nur so lange in sich, als sie der Feind nicht besitzt. Das gilt für Gas, U-Boote und die Luftwaffe.« Gegen letztere werde England ab 1940 über Abwehrmittel verfügen. Am 14. August 1939 notierte der Generalstabschef Halder Hitlers Besorgnisse über das neue britische Rüstungsprogramm aller drei Teilstreitkräfte, das nach 1940 eine Verstärkung an Kreuzern und Zerstörern, nach 1941 eine solche an Schlachtschiffen bringen werde. Das Fazit – »im ganzen also noch ein Entwicklungsstadium etwa wie bei uns 1934« – war sicher viel zu optimistisch[3].

[2] ADAP 1918–1945, Serie D, Bd. VI. Baden-Baden 1956, Nr. 433, S. 477–483.

[3] Franz Halder, Generaloberst Halder. Kriegstagebuch. Tägliche Aufzeichnungen des Chefs des Generalstabes des Heeres 1939–1942, hrsg. v. Arbeitskreis

Auf der Oberbefehlshaberbesprechung am 22. August 1939 klangen die Argumente über das augenblicklich noch vorhandene Rüstungsübergewicht Deutschlands ganz ähnlich[4]. Offenbar in der Absicht, seine Generäle von der Notwendigkeit des bevorstehenden Angriffs auf Polen zu überzeugen, äußerte Hitler über England: »Wesentliche Verstärkung der Flotte nicht vor 1941 oder 1942 ... Noch ist Englands Luftwaffe verwundbar. In zwei bis drei Jahren kann sich dies ändern.« Auch auf die Wirtschaftsprobleme kam er zu sprechen: »Wir haben nichts zu verlieren, nur zu gewinnen. Unsere wirtschaftliche Lage ist infolge unserer Einschränkungen so, daß wir nur noch wenige Jahre durchhalten können. Göring kann das bestätigen. Uns bleibt nichts anderes übrig, wir müssen handeln.« Nach einer anderen Version soll Hitler sogar gesagt haben: »Göring hat ja ausgeführt, daß Vierjahresplan gescheitert und wir am Ende, wenn nicht Sieg im kommenden Krieg.« Unverkennbar ist hier auch das taktische Kalkül, mit dem der Diktator die Wirtschaftskrise als zusätzliches Argument für ein sofortiges Losschlagen einsetzt.

In seiner bekannten Egozentrik führte er auch mit seiner eigenen Person und der seines Freundes Mussolini »zwei persönliche Bedingungen« ein, deren Existenz *noch* eine Überlegenheit gegenüber den Westmächten garantiere, eine sehr prekäre Überlegenheit freilich, die durch ein Attentat jederzeit beseitigt werden könne. Diese persönlichen und die allgemeinpolitischen Umstände in Europa ließen Hitler den Zeitpunkt zum Losschlagen jetzt »günstiger als in zwei bis drei Jahren« erscheinen. Die Getreide-, Vieh-, Kohle-, Blei- und Zinklieferungen aus dem Osten würden es im übrigen erlauben, »keine Angst vor Blockade zu haben«.

Die geheime »Denkschrift und Richtlinien über die Führung des Krieges im Westen« vom 9. Oktober 1939 war argumentativ ganz abgestellt auf Hitlers Absicht, gegen den geschlossenen Widerstand der Generalität noch im Herbst 1939 Frankreich anzugreifen[5]. Auch hier war es wieder der Zeitfaktor, den der

für Wehrforschung Stuttgart, bearb. v. Hans-Adolf Jacobsen in Verbindung mit Alfred Philippi, Bd. 1. Stuttgart 1962, S. 8–15.

[4] ADAP, Serie D, Bd. VII. Baden-Baden 1956, Nr. 192, S. 167–172; vgl. dazu Winfried Baumgart, Zur Ansprache Hitlers vor den Führern der Wehrmacht am 22. 8. 1939. In: VfZ 16 (1968), S. 120–149.

[5] Hans-Adolf Jacobsen (Hrsg.), Dokumente zur Vorgeschichte des Westfeldzuges 1939/40. Baden-Baden 1956, S. 6, 16.

»Führer« mehrfach für sich ins Feld führte: »Die Zeit ist in diesem Kriege, wie überhaupt bei allen geschichtlichen Vorgängen, kein Faktor, der seinen Wert in sich selbst trägt, sondern der ausgewertet werden muß. Nach Lage der Dinge kann unter dieser Voraussetzung die Zeit mit größerer Wahrscheinlichkeit als Verbündeter der Westmächte gelten, denn als Verbündeter von uns ... Die kommenden Monate werden zu keiner wesentlichen Vergrößerung unserer eigenen Angriffskraft führen, wohl aber zur wesentlichen Verstärkung der Abwehrkraft unserer Gegner.« Hier werde »das immer stärker in Erscheinung tretende England« eine, wenn überhaupt, noch zu erwartende Zunahme der militärischen Kraft des Reiches auf jeden Fall kompensieren.

Zur Abrundung des vorgestellten Bildes, das dem Diktator unter immer stärkerem Zeitdruck zeigt, sei noch auf die Oberbefehlshaberbesprechung vom 23. November 1939 hingewiesen, und zwar auf einen der Kernsätze[6]: »Jetzt ist ein Kräfteverhältnis, das sich für uns nicht mehr verbessern, sondern nur verschlechtern kann. Der Gegner wird nicht Frieden schließen, wenn das Kräfteverhältnis für uns ungünstig ist ... Heute haben wir noch Überlegenheit, wie wir sie nie gehabt haben.« Offenbar war sich der Diktator auch der Wirkung seiner Durchhalteparolen auf das Volk nicht mehr ganz sicher: »Hinter mir steht das deutsche Volk, dessen Moral nur schlechter werden kann.«

Nun wird man das taktische Kalkül in Hitlers Reden niemals übersehen dürfen. Aber alle Wirtschaftsdaten des Jahres 1939 und auch die immer ungünstiger werdende internationale Konstellation sprechen dafür, daß Hitler hier mit instinktiver Sicherheit den Ernst der ökonomischen und politischen Zwangslage, in die sich das Reich hineinmanövriert hatte, erkannt und daraus seine Konsequenzen gezogen hat. In der starren ideologischen Fixierung auf ein »Alles oder Nichts« liefen die Schlußfolgerungen des Diktators nun aber nicht, wie manche Warner vielleicht damals noch gehofft haben mögen, darauf hinaus, das Steuer radikal in Richtung auf Frieden und Abrüstung herumzuwerfen. Im Gegenteil, der Diktator nahm die ihm reichlich präsentierten Krisendaten mit einer, man möchte fast annehmen, gewissen inneren Genugtuung noch als zusätzliches und

[6] ADAP, Serie D, Bd. VIII. Baden-Baden, Frankfurt 1962, Nr. 384, S. 345 bis 350.

schlagendes Argument zur Rechtfertigung des längst anvisierten »Lebensraumkrieges«. Die Tatsache, daß sich in den letzten Monaten niemand mehr wirklich seinem Kriegskurs entgegenwarf, läßt überdies die Vermutung zu, daß das innen- und außenpolitische Krisenszenario des Sommers 1939 seine Wirkung auf die politischen und militärischen Spitzen nicht verfehlt und sie durch eine erneute Mobilisierung des alten »Einkreisungs-« und »Belagerungstraumas« eher kriegswillig gemacht hat.

Zwei grundsätzliche Gegebenheiten wird man sich stets vergegenwärtigen müssen:

1. Die materiellen und personellen Ressourcen des Reiches, seine Produktionskapazitäten, seine Rohstoff- und Lebensmittelvorräte, seine finanziellen Möglichkeiten und die Reserven des Arbeitsmarktes waren so beschränkt, daß alle Versuche, sich auf einen längeren Mehrfrontenkrieg wie 1914 bis 1918 einzustellen, oder auch – wie ab Sommer 1936 – das Aufrüstungstempo bei enorm hohen militärischen Zielvorgaben für den Mobilmachungs-Fall zu verschärfen, sehr schnell die deutsche Volkswirtschaft an die Grenzen ihrer Leistungsfähigkeit stoßen ließen.

2. Diese Grenzen wurden zusätzlich noch enger gezogen durch das Bemühen des Regimes, mit Hilfe einer »Sowohl-Kriegs-als-auch-Friedenswirtschaft« der Bevölkerung eine zu drastische Einschränkung ihrer Lebensverhältnisse bereits im Frieden durch eine volle Ausschöpfung der Arbeitskraftreserven (etwa Dienstverpflichtung von Frauen) und eine radikale Umverteilung der Kapazitäten und Ressourcen auf den Rüstungssektor zu ersparen. Hinter dieser Politik der wehrwirtschaftlichen Halbheiten einer »friedensähnlichen Kriegswirtschaft« bis in den Krieg hinein stand die Furcht des Regimes, sich bei einem zu strengen Kurs der materiellen Einschränkung die Loyalität der Massen zu verscherzen und einen neuen »9. November 1918« zu provozieren, bevor der Krieg recht eigentlich begonnen hätte (das berühmte und vielfach nachweisbare »Novembersyndrom« der braunen Machthaber!). So stellte Generalmajor Thomas im November 1939 erbittert fest: »... mit Radioapparaten, Staubsaugern und Küchengeräten werden wir England nie besiegen können.«[7]

Krisensymptome häuften sich 1939 bei den Finanzen[8], im

[7] Zitiert bei Mason, Innere Krise, S. 170.
[8] Vgl. dazu Willi A. Boelcke, Die Kosten von Hitlers Krieg. Kriegsfinanzierung und finanzielles Kriegserbe in Deutschland 1933–1948. Paderborn 1985.

Bereich Devisen/Außenhandel[9], in der Landwirtschaft und auf dem Arbeitsmarkt. Die von Schacht 1933 in Gang gesetzte und verantwortete Politik des »deficit spending« zur Finanzierung der Aufrüstung mit Hilfe von Mefo-Wechseln stieß Ende der dreißiger Jahre nach Erreichen der Vollbeschäftigung und mit der vollen Auslastung der Produktionskapazitäten an ihre Grenzen; dies hätte an sich – wie es Schacht damals forderte – ein Umschalten auf Sparkurs, Haushaltskonsolidierung und Einlösen der Wechselschuld des Reiches notwendig gemacht. Stattdessen wurde der protestierende Reichsbankpräsident Anfang Januar 1939 entlassen und im Juli die Reichsbank gleichgeschaltet. Es wurde deutlich, daß die Lasten der Aufrüstung auf die zu unterwerfenden Völker und Räume abgewälzt werden sollten.

Preis- und Lohnstopps konnten, soweit sie angesichts der Überbeschäftigung überhaupt noch griffen, nicht über den Inflationsrückstau hinwegtäuschen, der sich trotz aller Kaufkraftabschöpfung durch die zunehmende Ausweitung der Nachfrage auf dem Konsumgütersektor bei Einschränkung des Angebotes ständig verstärkte. Es war abzusehen, daß dieses labile Gebäude aus Kontrollen, künstlichem Inflationsstau, währungstechnischen Manipulationen und kurzfristigem Krisenmanagement über kurz oder lang einstürzen mußte.

Mit der Zerschlagung der sogenannten »Rest-Tschechei« am 15. März 1939 schien der »Großdeutsche Wirtschaftsraum« vollendet. Die tschechischen Armeebestände reichten zur Ausrüstung bzw. Komplettierung von 20 Divisionen. Dazu kamen Kriegsgerät im Gesamtwert von 77 Millionen Reichsmark, hochentwickelte und ausgedehnte rüstungsindustrielle Kapazitäten (Škoda-Werke in Pilsen/Prag und Tschechoslowakische Waffenwerke A. G. in Brünn), umfangreiche Gold- und Devisenreserven, Vorräte an Kupfer, Nickel, Blei, Aluminium, Zink und Zinn sowie in der Slowakei, einem deutschen Satellitenstaat, Eisen- und Kupfererz, Edelmetalle, Mangan, Erdgas, Nahrungs- und Futtermittel sowie Lebendvieh. Schließlich

[9] Vgl. dazu Hans-Erich Volkmann, Die NS-Wirtschaft in Vorbereitung des Krieges. In: Wilhelm Deist u. a. (Hrsg.), Ursachen und Voraussetzungen der deutschen Kriegspolitik. Stuttgart 1979, S. 349 ff.; Bernd-Jürgen Wendt, Nationalsozialistische Großraumwirtschaft zwischen Utopie und Wirklichkeit. Zum Scheitern einer Konzeption 1938/39. In: Franz Knipping und Klaus-Jürgen Müller (Hrsg.), Machtbewußtsein in Deutschland am Vorabend des Zweiten Weltkrieges. Paderborn 1984, S. 223–245; Eckart Teichert, Autarkie und Großraumwirtschaft in Deutschland 1930–1939. Außenwirtschaftspolitische Konzeptionen zwischen Wirtschaftskrise und Zweitem Weltkrieg. München 1984, S. 27–52.

wurde verkehrsgeographisch und durch den Zugriff auf das tschechische Bank- und Investitionskapital der Zugang zum Donau- und Balkanraum endgültig geöffnet.

Im gleichen Monat wurden in kurzem Abstand zwei wichtige und richtungsweisende Wirtschaftsverträge geschlossen: am 2. März ein deutsch-ungarisches und am 23. März ein deutsch-rumänisches Wirtschaftsabkommen, der »Wohlthat-Vertrag«. Der innere Zusammenhang der drei Ereignisse ist unverkennbar: Er wird durch das Ziel markiert, nicht nur den »Großdeutschen Wirtschaftsraum« forciert auszubauen, sondern gleichzeitig auch den Übergang vom bilateralen Außenhandel zur kontrollierten arbeitsteiligen Großraum- und Ergänzungswirtschaft in Südosteuropa zu vollziehen.

Beide Abkommen sahen weit über den Rahmen üblicher Handelsverträge hinaus die organische und strukturelle Eingliederung zweier Volkswirtschaften des Südostens in die kontinentale Großraumwirtschaft vor. Der »Wohlthat-Vertrag« (nach dem verhandlungsführenden Ministerialdirektor Helmuth Wohltat aus dem Göringschen Stab des Vierjahresplanes) hatte somit durchaus wegweisenden Modellcharakter für die politisch-ökonomische Eingliederung auch der anderen südosteuropäischen Volkswirtschaften.

Freilich war das Gelingen dieses Konzeptes unter Friedensbedingungen immer noch daran gebunden, daß Großdeutschland mit seinen Gegenlieferungen nicht allzu lange in Verzug blieb, seine hohe Clearing-Verschuldung (eine halbe Milliarde Reichsmark) abbaute und in Rumänien die starken amerikanischen, britisch-niederländischen und französisch-belgischen Kapitaleinflüsse auf die Erdölgewinnung ausschalten konnte.

Wenn wir davon ausgehen, daß dem Außenhandel zwei wichtige Aufgaben zugewiesen worden waren – (a) die Sicherstellung der notwendigen Rohstoff- und Nahrungsmittelimporte in der Phase des rüstungsindustriellen Aufbaus und (b) der schrittweise Ausbau der blockadesicheren Großraumwirtschaft –, so hatte er beide Ziele verfehlt oder unter Friedensbedingungen doch nicht hinreichend erfüllen können. Das Konzept der ausreichenden Versorgung aus einem mehrgliedrigen Großwirtschafts- und Ergänzungsraum in Europa, der dem Zugriff der Feindmächte im Kriegsfall entzogen sein würde und ausschließlich auf die deutschen Bedürfnisse zugeschnitten war (Autarkie), drohte zu scheitern bzw. sich als reines Wunschdenken zu erweisen, bevor noch der erste Schuß gefallen war.

Die hohe Auslandsabhängigkeit Großdeutschlands vor allem bei Nahrungs- und Futtermitteln (»Fettlücke« von 40 bis 50 Prozent) sowie bei Öl und Nichteisenmetallen blieb. Im Kriegsfall waren als »blockadesicher« nur 44,4 Prozent der Nahrungsmittel- und 33 Prozent der Rohstoffimporte aus benachbarten europäischen Staaten unter Einschluß Skandinaviens, Rußlands und Italiens gedeckt. Der »Großdeutsche Wirtschaftsbereich« unter Einschluß der Slowakei und des besiegten Polen (neue deutsche Ostgaue und Generalgouvernement) konnte 1939 aus sich selbst heraus nur 87 Prozent seiner Lebensmittelversorgung decken (vgl. Übersicht 4). Erst unter Einschluß der Sowjetunion, Skandinaviens, Südosteuropas, des Baltikums, Hollands und Belgiens war bei Lebensmitteln ein Selbstversorgungsgrad des Gesamtraumes von 96 Prozent erreicht (vgl. Übersicht 5).

Bei Mineralöl bestand 1939 eine Auslandsabhängigkeit von knapp 50 Prozent. Deutschland begann den Krieg praktisch ohne größere Vorräte an synthetischem und natürlichem Gummi. Bei Textilrohstoffen lag der Grad der deutschen Selbstversorgung nur bei 43 Prozent. Überdies mußte Deutschland im Kriegsfall nicht nur die eigene Kriegsbereitschaft und Versorgung, sondern auch die seiner Bündnispartner innerhalb des europäischen »Großwirtschaftsraumes« garantieren. Ein relativ hoher Grad der Selbstversorgung bestand im »Großwirtschaftsraum« nur bei Kohle, Eisenerz und Schrott, bei einigen Leichtmetallen und bei Mineralöl. Dagegen sah die Situation bei so wichtigen Rohstoffen wie der Mehrzahl der Nichteisenmetalle (Blei, Kupfer, Aluminium, Zink, Nickel, Zinn), bei Kautschuk, Baumwolle und Wolle sehr ungünstig aus. So gelangte das OKW zu der Einsicht, »die wehrwirtschaftliche Blockadesicherheit auch bei den größten Anstrengungen und unter den günstigsten Voraussetzungen«, d.h. bei der Lieferbereitschaft Skandinaviens im Krieg, »nur in begrenztem Umfang erreichen« zu können[10].

Auf jeden Fall gingen alle wehrwirtschaftlichen Planspiele zur blockadesicheren Versorgung im Kriegsfall wie selbstverständlich davon aus, daß dann freundschaftliche und reibungslose Wirtschaftsbeziehungen mit der Sowjetunion gewährleistet seien. Hier waren also der Außenpolitik von der »Wehrwirtschaft« aus, eifrig unterstützt von der Wehrmachtführung und

[10] Volkmann, Die NS-Wirtschaft, S. 355.

dem »Wehrwirtschaftsstab« unter Generalmajor Thomas sowie dem Auswärtigen Amt, klare Zielvorgaben einer rechtzeitigen Verständigung mit Moskau und einer aktiven Wiederaufnahme des traditionellen Rapallo-Kurses von 1922 als Vorbedingung für einen Krieg gegen die Westmächte und Polen aufgegeben. Denn nur die Sowjetunion konnte eine annähernd hinreichende Zufuhr mit rüstungswichtigen Rohstoffen u. a. auch als Transitland für den Fernosthandel bei einer Blockade durch England im Westen garantieren. Das bedeutete aber für Hitler vorerst Verzicht auf seinen Ostkrieg, jedenfalls solange er im Westen gebunden war.

Insgesamt ist einem Expertenurteil im Grunde zuzustimmen: »Der angestrebte europäische Großwirtschaftsraum war 1938/39 also nicht einmal für seinen primär geschaffenen Zweck, den militärischen Konflikt, einsatzbereit. Die mit handelspolitischen Mitteln durchgeführte Südosteuropapolitik gestaltete sich politisch zwar zum Teil erfolgreich, ökonomisch aber war sie ein klarer Mißerfolg.«[11]

Schließen wir auch hier die – angesichts der gewaltigen Engpässe und Schwierigkeiten im Außenhandel sowie auf dem Arbeitsmarkt in der Rüstungsproduktion und in der Landwirtschaft – einzig sinnvolle Alternative einer Verlangsamung des Aufrüstungstempos und einer jedenfalls vorübergehenden Wiedereingliederung in den Welthandel, wie Schacht und Thomas es mit Nachdruck forderten, aus politischen Gründen aus, so ergab sich eine gewisse immanente zwingende Logik im Sommer 1939 zum »blitzartigen« Losschlagen und zum kurzen, schnellen Raubkrieg als Ausweg aus dem Versorgungsdilemma. Dadurch schien es zumindest möglich zu sein, Polen als Ausbeutungsobjekt unter das militärische Diktat Berlins zu zwingen und den machtpolitischen Druck auf die anderen europäischen Ergänzungsräume in Skandinavien, Nordost- und Südosteuropa zu verstärken. Außerdem bot die außenwirtschaftliche Zwangslage der Führung einen scheinbar einleuchtenden Rechtfertigungsgrund für eine kriegerische Risikopolitik, die aus der nüchternen Perspektive des wehrwirtschaftlichen Vorbereitungsstandes nach allen reichlich zur Verfügung gestellten Wirtschaftsdaten eigentlich nur ein verbrecherisches Vabanque sein mußte.

Erst der Einsatz von Millionen von Kriegsgefangenen,

[11] Teichert, Autarkie und Großraumwirtschaft, S. 21 f.

Fremd- und Zwangsarbeitern ab September 1939 brachte vor allem in der Landwirtschaft und auf dem Rüstungssektor eine spürbare Entlastung auf dem Arbeitsmarkt.

Bei der Diskussion der offenkundigen Krisenerscheinungen in der deutschen Volkswirtschaft und ihrer Ursachen in den Monaten vor Kriegsausbruch sollte man niemals übersehen, daß Hitler durch selbstherrliche kurzfristige Eingriffe in das Wirtschaftsgeschehen alles tat, um die Überlastung der Produktionskapazitäten, die zunehmende Verknappung der Rohstoffe und Arbeitskräfte und die Engpässe bei der industriellen Auftragserfüllung noch drastisch zu verschärfen. Dies galt für den personal- und materialaufwendigen Bau des Westwalles ebenso wie für die prestigeheischenden Repräsentativbauten des Regimes in der Reichshauptstadt und in anderen Großstädten oder für die utopischen Zielvorgaben des »Z-Planes« mit dem Bau gigantischer »eisen- und stahlfressender« Großkampfschiffe.

Schließlich waren auch die schon mehrfach angesprochene Entscheidungsunwilligkeit Hitlers (Göring: »Führer will möglichst wenig entscheiden«), seine fatale Neigung, einer Festlegung von Prioritäten oft bis zum letzten Augenblick auszuweichen, sowie das »wohlgeordnete Chaos« in der Befehls- und Kommandostruktur des Dritten Reiches und der Verzicht auf einheitliche und koordinierende Planungs- und Lenkungsinstanzen für die gesamte Volkswirtschaft mit umfangreichen Vollmachten und klaren Kompetenzabgrenzungen mit schuld daran, daß die vorhandenen knappen Ressourcen und Kapazitäten nicht effizient und zweckrational genug eingesetzt wurden. Überall geriet immer wieder Sand in das total bürokratisierte Getriebe.

Wann und in welcher Form die dargestellte »Kettenwirkung der Mangelerscheinungen« (Mason) und die Zerrüttung der Währung ohne den Krieg zu einem Kollaps der deutschen Volkswirtschaft mit weitreichenden sozialen und massenpsychologischen Konsequenzen für das Regime hätten führen können, und wie belastbar der überstrapazierte Wirtschaftsorganismus 1939 überhaupt noch war, läßt sich heute nicht mehr mit letzter Sicherheit sagen. Die bisweilen vertretene Auffassung, die gesellschaftlichen Spannungen vor allem in der Arbeiterschaft hätten damals einen solchen Siedepunkt erreicht, daß sich die Machthaber gezwungen gesehen hätten, durch einen Aggressionskrieg den aufgestauten Druck im Innern nach außen »abzulassen«, erscheint weit übertrieben. Sie geht vor allem an der Tatsache vorbei, daß dem NS-Regime eine breite Palette von Mitteln zur Verfügung stand, vom Terror und der Einschüchterung über die materielle Bestechung bis zur »Volksgemeinschaftsideologie«, um die Bevölkerung zu disziplinieren, trotz Mangelerscheinungen Massenloyalität zu erzwingen und Protestpotentiale frühzeitig zu entschärfen.

Dennoch wird man sagen können, daß 1939 das Zusammenwirken von innerer Krise in Deutschland und einer raschen Beschleunigung des internationalen Wettrüstens in Europa die Bereitschaft in Berlin für eine »Flucht in die gewaltsame Aggression« erheblich gestärkt und den Widerstand gegen den Krieg abgebaut hat. Hitler konnte für sich in einem Prozeß der »self-fulfilling prophecy« mit scheinbarer Logik geltend machen, daß die dramatische Zuspitzung der inneren und äußeren Spannungen ihm keine andere Alternative als den Weg der Gewalt gelassen habe. Derartige Argumente halfen ihm überdies, die verantwortlichen Militärs, Wirtschaftsführer, Politiker und Diplomaten und schließlich auch das gesamte Volk zwar nicht in Hurra-Stimmung wie 1914, aber doch in grimmiger und fatalistischer Entschlossenheit hinter sich zu sammeln. Die Hoffnung, in einer bemerkenswert weitgehenden Identität der Ziele und Interessen an den Groß- und Weltmachtambitionen des »Führers« und an seinem »Raubkrieg« künftig ideell wie materiell partizipieren zu können, erstickte schließlich etwaige Hemmungen und Zweifel bei den alten Führungseliten. Auch sie verinnerlichten am Ende die Ansicht ihres »Führers«, es habe angesichts der offenkundigen Kumulierung innerer und äußerer Schwierigkeiten und Probleme keinen anderen Ausweg als den Krieg gegeben.

Auch im internationalen Mächtesystem lösten die deutschen Herausforderungen ab Frühjahr 1939 immer bedrohlichere Gegenmaßnahmen aus, die den äußeren Handlungsspielraum Berlins einengten. Während der Wintermonate 1938/39 ging die innere Auflösung der Tschechoslowakei durch die Förderung des slowakischen Separatismus planmäßig und in schnellen Schritten voran. Sie erreichte am 14. März 1939 mit der in Berlin diktierten Unabhängigkeitserklärung der Regierung Tiso in Preßburg, am darauffolgenden Tag mit der Besetzung Prags durch deutsche Truppen und dann am 16. März mit der Proklamation des »Protektorats Böhmen und Mähren« durch Hitler vom Hradschin, der alten Prager Burg, ihren Höhepunkt und Abschluß.

Zwar reagierten die öffentliche Meinung und die Regierungen in London (mit zweitägiger Verspätung!), Paris, Washington und Moskau mit scharfen Protesten gegen den flagranten faktischen Bruch des von Hitler selbst unterzeichneten »Münchner Abkommens« sowie gegen die Verletzung des tschechischen Selbstbestimmungsrechts und verweigerten die legale Anerkennung des deutschen Schrittes, aber konkrete Gegenmaßnahmen erfolgten nicht. Das »Appeasement« Chamberlains hatte einen schweren Rückschlag erlitten und auch innenpolitisch die Basis einer breiten Zustimmung der Bevölkerung teilweise verloren, von einer radikalen Kehrtwendung gegen Deutschland und einem Ende des »Appeasement« am 15. März 1939 konnte nicht die Rede sein. Die Türen zu einer Verständigung mit Berlin, allerdings zu britischen Bedingungen, blieben offen. Am 22. März 1939 wurde das Memelgebiet wieder an Deutschland angegliedert.

Die Vernichtung des tschechoslowakischen Reststaates markiert nach dem »Anschluß« Österreichs im Jahr zuvor nur den Schlußpunkt der am 5. November 1937 von Hitler angestrebten ersten Phase einer Errichtung der großdeutschen Plattform in Mitteleuropa für den »Lebensraumkrieg«. Gleichzeitig liefen bereits die Vorbereitungen für die zweite Phase der deutschen Expansionspolitik. Sie zielte vordergründig auf eine endgültige »Bereinigung« des Verhältnisses zu Polen, stand aber im Grunde wiederum ganz im Schatten der nach wie vor völlig ungeklärten Beziehungen zu Großbritannien. Nichts kennzeichnet das deutsche Dilemma damals deutlicher als eine Bemerkung Weizsäckers Mitte Dezember 1938: Hitler und Ribbentrop bewegten sich auf den Krieg zu, »man schwanke nur, ob gleich gegen England, indem man sich dafür noch Polens Neutralität erhalte, oder zuerst im Osten zur Liquidation der deutsch-polnischen und der ukrainischen Frage«[12].

Zwischen Ende Oktober und Ende März bemühten sich Hitler und Ribbentrop intensiv darum, sich der Wirtschaftsressourcen Polens zu vergewissern, den Staat durch einen Beitritt zum Antikominternpakt in die antisowjetische Front mit einzubeziehen, dadurch das Glacis für einen Aufmarsch nach Osten zu planieren, gleichzeitig aber auch den Rücken im Osten für den Fall eines »vorgeschalteten« Krieges gegen die Westmächte

[12] Ulrich von Hassell, Vom anderen Deutschland. Aus den nachgelassenen Tagebüchern 1938–1944. Zürich und Freiburg i. Br. 1946, S. 37.

zu sichern. Welche der ihm zugedachten Funktionen Polen zuerst erfüllen sollte, hing also von der Haltung Londons ab. Berlin forderte die Rückkehr Danzigs zum Reich und eine exterritoriale Auto- und Bahnverbindung nach Ostpreußen sowie eine enge Partnerschaft gegen die Sowjetunion. Es bot dafür die Anerkennung des Korridors und eine Garantie der polnischen Interessen in der Ukraine. Bereits Anfang März gab der polnische Außenminister Beck definitiv zu verstehen, daß seine Regierung eine enge Anlehnung an das Dritte Reich als Satellit für den »Lebensraumkrieg« nach Osten ablehne und auch künftig entschlossen sei, einen Kurs der Unabhängigkeit zwischen Moskau und Berlin zu betreiben. Damit war Polen aus deutscher Sicht endgültig in das Lager der potentiellen Gegner abgewandert.

Der Handlungsspielraum der deutschen Außenpolitik in Europa wurde in diesen Wochen auch von der Schlüsselmacht Großbritannien, wie spätestens seit 1937 ständig befürchtet, entscheidend eingeengt. Nachdem Ende März Versuche Londons, die Sowjetunion zusammen mit den ostmitteleuropäischen Staaten in eine Defensivallianz mit den Westmächten gegen Deutschland einzubeziehen, am Widerstand Warschaus und Bukarests gescheitert waren, garantierte die britische Regierung zusammen mit Frankreich am 31. März die polnische Unabhängigkeit (»independence«, nicht »integrity«); am 6. April wurde das Garantieangebot in ein zweiseitiges britisch-polnisches Beistandsversprechen umgewandelt. Am 13. April folgten (auch als Antwort auf den italienischen Überfall auf Albanien am 7. April) britisch-französische Garantieerklärungen für Rumänien und Griechenland, am 12. bzw. 23. Mai Beistandserklärungen zwischen Großbritannien bzw. Frankreich und der Türkei für den Fall eines Mittelmeerkonflikts.

Zur gleichen Zeit häuften sich nach Abschluß des britisch-amerikanischen Handelsvertrages im November 1938 die Warnungen u.a. auch des deutschen Botschafters in Washington, Dieckhoff, daß Roosevelt bei einem deutsch-britischen Konflikt und einer Existenzbedrohung Großbritanniens nicht untätig bleiben und sich um einen raschen Abbau des politischen und militärischen Isolationismus (einen wirtschaftlichen hatte es niemals gegeben!) der USA intensiv bemühen werde. »Mit Hilfe einer ökonomischen Eindämmungsstrategie sollte vor allem das nationalsozialistische Deutschland wirtschaftlich unter Druck gesetzt und damit auch zu politischen Konzessionen gezwungen werden«[13]. In journalistischen Kreisen und im Auswärtigen Amt wurde bereits mit einigem Recht von einer »handelspolitischen Einkreisung« Deutschlands durch die Amerikaner gesprochen, die im übrigen durch die deutschen ideologischen und kommerziellen Aktivitäten in Südamerika, d.h. in ihrer eigenen »westlichen Hemisphäre« sichtlich verunsichert waren.

Schließlich forcierte die Regierung Chamberlain in diesen Frühjahrswochen durch die Einführung der allgemeinen Wehrpflicht, eine starke Ausweitung des Militärhaushaltes für 1939/40, eine Verstärkung der Feldarmee für den Einsatz auf dem Kontinent an der Seite Frankreichs, eine Verdoppelung der Territorial-Armee von dreizehn auf 26 Divisionen und einen schnellen Ausbau der Royal Air Force in Absprache mit Washington und Ottawa das Aufrüstungstempo. Die Briten taten dies in der Gewißheit, daß Deutschland damals weder über eine die Sicherheit des Inselreiches wirklich bedrohende Flotte noch über eine strategische Luftwaffe mit weitem Aktionsradius verfügte.

Hitler, der diese britischen Aktionen mit Hilfe seines Propagandaministers Goebbels sehr wirkungsvoll als eine erneute »Einkreisung« Deutschlands darstellen konnte, war nun seinerseits zu einer scharfen Ankurbelung des Tempos gezwungen, wollte er nicht den international günstigsten Augenblick zum militärischen Losschlagen verpassen. Das OKW richtete sich in seinen operativen Planungen auf die Bezwingung der Maginotlinie ein in der Annahme, damit werde Frankreich militärisch praktisch niedergeworfen sein. Außerdem hatte die Wehrmacht-Führung bis zum Sommer 1940 die Illusion, die Briten durch einen Seekrieg gegen die englisch-französischen Verbindungen in Nordsee und Atlantik, durch einen offensiven Luftkrieg und den Vorstoß deutscher Truppen an die Gegenküste zum Einlenken bewegen zu können. Konkrete Pläne für eine Besetzung der Insel bestanden bis zum Unternehmen »Seelöwe« nicht.

Anfang April befahl Hitler dem OKW, den »Fall Weiß« (Angriff auf Polen) so zu bearbeiten, »daß die Durchführung ab 1.9.39 jederzeit möglich ist« (Weisung Chef OKW vom 3. April 1939). In einer weiteren »Führerweisung für die ein-

[13] Hans-Jürgen Schröder, Machtpolitik und Ökonomie. Zur nationalsozialistischen Außenpolitik im Jahre 1938. In: Knipping u.a. (Hrsg.), Machtbewußtsein, S. 218.

heitliche Kriegsvorbereitung 1939/40« vom 11. April war für den Fall einer das Reich bedrohenden Haltung Polens »eine endgültige Abrechnung« mit dem Ziel einer Zerschlagung der polnischen Armee und Wirtschaft vorgesehen. Dabei sollte Polen im Kriegsfall möglichst isoliert werden, und zwar dadurch, daß es gelingen müsse, »den Krieg mit überraschenden, starken Schlägen zu eröffnen und zu schnellen Erfolgen zu führen«. Ein »überraschender Angriffsbeginn« sollte deshalb vorbereitet werden, um die Westmächte und die Sowjetunion aus dem deutsch-polnischen Konflikt herauszuhalten. Das übergeordnete Ziel beim Aufbau der deutschen Wehrmacht blieb für den Diktator auch in dieser Weisung »weiterhin durch die Gegnerschaft der westlichen Demokratien bestimmt«. Diesem Ziel sollte der »Fall Weiß« lediglich als »eine vorsorgliche Ergänzung der Vorbereitungen« untergeordnet sein. Er war »keineswegs als die Vorbedingung einer militärischen Auseinandersetzung mit den Westgegnern anzusehen«.

Auf der bereits erwähnten Oberbefehlshaberbesprechung vom 23. Mai 1939 rückten der »Fall Weiß« und eine »Auseinandersetzung mit dem Westen« sehr viel enger zusammen: »Kriegsglück im Westen mit schneller Entscheidung ist fraglich, ebenso die Haltung Polens.« An eine »Wiederholung der Tschechei«, also eine Eroberung ohne Krieg, glaubte Hitler nicht mehr. Polen sollte »bei erster passender Gelegenheit« angegriffen werden. Danzig war längst nicht mehr »das Objekt, um das es geht«. Vielmehr handelte es sich bei dem deutsch-polnischen Konflikt »um die Erweiterung des Lebensraumes im Osten und Sicherstellung der Ernährung, sowie die Lösung des Baltikum-Problems« – man möchte hier korrigieren: um die erste Stufe einer Lösung des »Lebensraumproblems«.

Hitler zweifelte bereits an den Chancen einer isolierten Kriegführung gegen den östlichen Nachbarn und verfügte, bei einer Intervention der Westmächte den Kampf »in erster Linie« gegen England und Frankreich zu führen. »Der Führer zweifelt an der Möglichkeit einer friedlichen Auseinandersetzung mit England. Es ist notwendig, sich auf die Auseinandersetzung vorzubereiten. England sieht in unserer Entwicklung die Fundierung einer Hegemonie, die England entkräften würde. England ist daher unser Feind, und die Auseinandersetzung mit England geht auf Leben und Tod.«[14] Wehrmacht und Staatsfüh-

[14] ADAP 1918–1945, Serie D, Bd. VI. Göttingen 1956, Nr. 433, S. 477–483.

rung hätten zwar den kurzen Krieg anzustreben, »die Staatsführung hat sich dagegen jedoch auch auf den Krieg von 10 bis 15jähriger Dauer einzurichten«.

An diesen Äußerungen ist, sollten sie – woran kaum zu zweifeln ist – etwa in diesem Tenor gefallen sein, einiges bemerkenswert: 1. Der ins Auge gefaßte Krieg gegen Polen hatte nun nicht mehr nur die Funktion, einen Unsicherheitsfaktor im Rücken auszuschalten, sondern er hatte zugleich die Aufgabe, die materiellen Voraussetzungen für den Westkrieg durch die Ausbeutung der polnischen Wirtschaft zu verbessern. Die ursprüngliche Funktion einer Glacisbildung gegen die Sowjetunion hatte Hitler inzwischen offenbar ebenso wie diese selbst weitgehend aus dem Auge verloren. 2. Hitler war sich gegenüber England und Frankreich augenscheinlich eines »blitzartigen« Erfolges nicht mehr sicher, sondern kalkulierte bereits mit einem langen Erschöpfungskrieg »auf Leben und Tod«. Damit dürfte die weithin vertretene These von einer »Blitzkriegs-Strategie« widerlegt sein.

Unter dem Druck der internationalen Entwicklung und vor allem der hartnäckigen Weigerung der Briten, sich kampflos vom Kontinent zurückzuziehen, hatte sich der Diktator schon vor dem ersten Schuß in heillose Widersprüche und Ausweglosigkeiten verfangen. Sie verbieten es eigentlich, seinem Denken und Planen, wie es manche Historiker tun, ex post so etwas wie die stringente Rationalität eines »Stufenplanes« von der europäischen zur Weltherrschaft zu unterstellen. Vieles war, je näher der Krieg heranrückte, mehr hilflose Reaktion und Improvisation als langfristiges Kalkül: Die ursprüngliche strategische »Wunschdoktrin« (isolierte Ausschaltung der einzelnen Gegner nacheinander) ließ sich nicht mehr mit der düsteren Aussicht eines Mehrfrontenkrieges nach West und Ost in Einklang bringen; der Wunschpartner Großbritannien war in das gegnerische Lager abgeschwenkt; das aus der Not geborene Prinzip der »Breitenrüstung« für »blitzartig schnelle Schläge« ohne tiefgestaffelte Reserven paßte nicht mehr recht zu dem »Krieg auf Leben und Tod«; die seltsamerweise auch am 23. Mai noch einmal von Hitler herausgestrichenen zeitlichen Vorgaben für den »großen Krieg« gegen England, 1943 bis 1945, waren – ebenfalls durch die Verweigerung der Briten – längst überholt, der 1. September 1939 als Angriffstermin gegen Polen mit der Gefahr eines Eingreifens der Westmächte in drohende Nähe gerückt. Dabei war die Sowjetunion, Hitlers ursprünglicher Feind Nr. 1, noch gar nicht ernsthaft in die Überlegungen für die nächste Zukunft mit einbezogen.

Hitler stand im Frühjahr 1939 außenpolitisch vor einem Scherbenhaufen. Die einseitige Kündigung des deutsch-britischen Flottenvertrages und des deutsch-polnischen Nichtangriffspaktes sowie die drohende Warnung vor dem Akklamationsforum des Reichstages am 28. April 1939 an den Hitler besonders verhaßten US-Präsidenten Roosevelt, sich nicht in die europäischen Angelegenheiten einzumischen, waren nichts anderes als leere martialische Droh- und Trotzgebärden, kaum dazu geeignet, die Ratlosigkeit und Unsicherheit des »Führers« vor seinem außenpolitischen Trümmerfeld propagandistisch zu kaschieren.

In den folgenden Monaten ging es nur noch darum, doch noch eine internationale Mächtekonstellation herbeizuzwingen, die entweder England und seinen Juniorpartner Frankreich von einer Hilfsaktion für Polen abhalten oder, sollte dies nicht gelingen, beide Mächte im Kriegsfall dazu zwingen würde, ihre Kräfte zu verzetteln und an mehreren Fronten gleichzeitig zum Einsatz zu bringen. Dies war noch einmal die Stunde des »genialen Weltpolitikers« Ribbentrop. Der Reichsaußenminister durfte sich überdies in seinen antibritischen Ressentiments, mit denen er seinen Londoner Botschafterposten Ende Dezember 1937 verlassen hatte, gegenüber den probritischen Illusionen seines »Führers« als scharfblickender Realist bestätigt fühlen. Wenn es ihm nun gelang, sein Lieblingsprojekt seit Anfang 1938, das »weltpolitische Dreieck Berlin-Rom-Tokio« (mit oder ohne die Sowjetunion) unter Einschluß der weiteren Antikominternpartner Ungarn (Beitritt 24. Februar 1939) und Spanien (Beitritt 27. März 1939) zu einem festen Militärpakt mit gegenseitiger Beistandsverpflichtung auszubauen, waren gleich mehrere Fliegen mit einer Klappe geschlagen: England und Frankreich waren entweder isoliert oder gezwungen, ihre begrenzten militärischen Kräfte gleichzeitig in drei neuralgischen Sicherheitszonen – Atlantik/Kontinent, Mittelmeer/Vorderer Orient und Fernost – aufmarschieren zu lassen; die USA würden mit einem Teil ihrer Flotte im Pazifik gebunden sein und kaum an eine Hilfeleistung für das angelsächsische Brudervolk denken können; die Sowjetunion mußte ihre Aufmerksamkeit noch intensiver als bisher von Europa weg auf die mandschurische und chinesische Grenze gegen Japan richten; Polen, so das

Kalkül der deutschen Reichsführung, wurde damit zur isolierten und leichten Beute.

In dieser auf den ersten Blick bestechenden Rechnung steckten jedoch zwei Fehler, die die Idee einer Tripleallianz vorerst scheitern ließen: Japan beugte sich nicht dem deutschen Wunsch, seine Eroberungsziele in China zurückzustecken und stattdessen – wie dies dann erst ein Jahr später beim Abschluß des Dreimächtepaktes im September 1940 geschehen sollte – seiner imperialistischen Politik eine antibritische und antiamerikanische Stoßrichtung nach Süd- und Südostasien zu geben. Tokio lehnte es auch ab, sich automatisch in einen europäischen Krieg gegen die Westmächte ziehen zu lassen, der seine Interessen in keiner Weise berührte. Für Italien erklärten Mussolini und Ciano mehrfach, zuletzt am 25. August, daß ihr Land erst 1942/43 für einen Krieg gerüstet sein werde. Was von dem ganzen ehrgeizigen Projekt blieb, war der in einem pompösen Zeremoniell am 22. Mai 1939 in der Reichskanzlei unterzeichnete »Stahlpakt« – eine Propagandademonstration »eherner« Achsenfreundschaft, auf die sich freilich infolge der Hitlerschen Alleingänge und faits accomplis und der deutschen Konkurrenz in Südosteuropa längst frostiger Rauhreif tiefen Mißtrauens gegenüber einer »preußischen Hegemonie in Europa« gelegt hatte. Politische und militärische Substanz sollte dieses Bündnis bis Kriegsende nie recht gewinnen. Die Weigerung Mussolinis, an der Seite Deutschlands in den Krieg einzutreten, konnte somit nicht überraschen, zumal er außerdem erst am 11. August durch Ciano von dem bevorstehenden deutschen Überfall auf Polen informiert wurde.

Erst als sich im Juli endgültig herausstellte, daß die Militärallianz mit Tokio nicht zu haben war, schaltete die Berliner Diplomatie zögernd auf die »zweite Wahl« um: die Annäherung an Moskau. Unter dem immer drohender auf Europa lastenden Schatten eines neuen Krieges war die Sowjetunion ab März 1939 schrittweise in die Rolle eines umworbenen Bündnispartners gerückt. Die taktische Raffinesse und mißtrauische Hartnäckigkeit, mit der im Dreiecksverhältnis London/Paris – Berlin – Moskau in den Sommermonaten die Großmächte um Bündnisse, Militärallianzen, Hilfszusagen und auch Einflußsphären teilweise zu Lasten Dritter wie der Baltischen Staaten, Polens und Rumäniens pokerten, sich gegenseitig beäugten und auszuspielen versuchten, gehören zu den faszinierendsten Kapiteln europäischer Zwischenkriegsdiplomatie.

Die Westmächte saßen dabei zunächst durchaus am längeren Hebel, und dies, obwohl sie die Sowjetunion noch ein halbes Jahr vorher vom Münchner Konferenztisch ausgeschlossen und dadurch dem seit den alliierten Interventionskriegen 1917 bis 1919 sehr tief sitzenden Mißtrauen der Kremlführung gegen die kapitalistischen Staaten neue Nahrung gegeben hatten. Hitler soll sogar, wenn wir dem Staatssekretär von Weizsäcker Glauben schenken dürfen[15], zeitweilig daran gedacht haben, bei einer Einigung der Westmächte mit Stalin den Angriff auf Polen im letzten Augenblick abzublasen und für den September 1939 einen »Parteitag des Friedens« nach Nürnberg einzuberufen. Am Ende kamen dem Diktator wieder einmal die anderen zu Hilfe: Chamberlain und Daladier weigerten sich, ihre mißtrauische Haltung gegenüber dem »halbasiatischen Rußland« (Chamberlain) abzulegen und im Konfliktfall den Sowjets ganz Ostmitteleuropa von der Ostsee bis zum Schwarzen Meer über die Köpfe der Baltischen Völker, der Polen und Rumänen hinweg für einen Durchmarsch gegen Deutschland preiszugeben. Auch fürchteten sie bis zuletzt, Hitler durch eine »Einkreisung« von Westen und Osten her gerade zum Verzweiflungsschritt einer »Flucht nach vorn« zu treiben.

Damit war Berlin am Ball. Deutliche Winke aus dem Kreml wie die berühmte Rede Stalins am 10. März 1939 vor dem 18. Parteikongreß der KPdSU – er werde sein Land nicht in Konflikte hineinziehen lassen durch »Kriegstreiber, die daran gewöhnt sind, andere die Kastanien aus dem Feuer für sich holen zu lassen« – oder die Ablösung des Juden Litwinow, eines engagierten Anwaltes der Westorientierung und der kollektiven Sicherheit, durch den neuen Außenminister Molotow, einen getreuen Gefolgsmann Stalins, am 3. Mai wurden von der deutschen Führung nach langem Zögern erst Anfang August aufgenommen. Dies war der Augenblick, als (a) der Draht nach Tokio endgültig abgekühlt war, sich (b) Gerüchte über die angeblich unmittelbar bevorstehende Ergänzung des politischen Vertrages vom 24. Juli durch eine feste Militärallianz zwischen den Westmächten und den Sowjets verdichteten und vor allem (c) der Angriffstermin auf Polen, der 1. September 1939, rasch näherrückte und damit (d) nicht nur die wohlwollende Neutralität der Sowjets an der polnischen Ostgrenze, sondern auch die reibungslose Versor-

[15] Die Weizsäcker-Papiere 1933–1950, hrsg. v. Leonidas E. Hill. Berlin 1974, S. 157.

gung durch das gewaltige russische Rohstoffpotential zur Grundvoraussetzung einer erfolgreichen Kriegsführung wurden.

Das am 19. August 1939 abgeschlossene Handels- und Kreditabkommen mit Moskau, ergänzt durch zwei weitere Wirtschaftsabmachungen vom 11. Februar 1940 und vom 10. Januar 1941, sollte der deutschen »Wehrwirtschaft« bis zum Überfall auf die Sowjetunion am 22. Juni 1941 kriegswichtige Rohstoffe wie Phosphat, Asbest, Chrom, Manganerz, Mineralöl und Rohbaumwolle gegen deutsche Lieferungen von Industriegütern, Kriegsmaterialien und Blaupausen für modernstes Kriegsgerät zuführen. Gleichzeitig blieb die Sowjetunion als wichtiges Transitland für den Handel mit Fernost (chinesische Sojalieferungen) offen, so daß die britische Fernblockade bis 1941 im Gegensatz zum Ersten Weltkrieg weitgehend unterlaufen werden konnte. Nach einer Woche diplomatischen Antichambrierens im Kreml, das an plumper Dramatik und peinlicher Hektik kaum zu überbieten war und von den Sowjets anfangs betont kühl aufgenommen wurde, war Ribbentrop am 23. August 1939 endlich am Ziel seiner Wünsche: er unterzeichnete in Moskau den Hitler-Stalin-Pakt und das geheime Zusatzabkommen über die »vierte Teilung« Polens und die Aufteilung der beiderseitigen Interessensphären zwischen Ostsee und Schwarzem Meer (Finnland, die Baltischen Staaten und Bessarabien fielen in die sowjetische Einflußzone). Die Existenz dieses geheimen Zusatzabkommens wird im übrigen von der sozialistischen Geschichtsschreibung aus politisch naheliegenden Gründen bis heute geleugnet.

Der auf zehn Jahre abgeschlossene deutsch-sowjetische Nichtangriffsvertrag war für Hitler nur ein befristetes Arrangement mit Stalin und eine Art Notlösung aus dem Zwang heraus, nunmehr gegen seinen ursprünglichen Willen mit »verkehrter Front« gegen den Westen kämpfen zu müssen. Er sollte gleich mehrere Zwecke erfüllen: (a) Neutralisierung der Sowjetunion beim Angriff auf Polen, (b) strategische Einschnürung und Isolierung Polens vom Osten her, (c) Abschreckung der Westmächte vor einer Intervention im deutsch-polnischen Konflikt und (d) im Falle eines bewaffneten Konfliktes im Westen Rükkenfreiheit im Osten. Demgegenüber hat Ribbentrop in dem Pakt zweifellos eine Lösung auf Dauer und die Krönung seines antibritischen Kontinentalblockprojektes »von Madrid bis Yokohama« gesehen.

Hitler hat augenscheinlich allen Warnungen zum Trotz in seiner verqueren Haßliebe zu England bis zuletzt, wie wir u. a. auch seinem berühmten Gespräch mit dem Danziger Völkerbundskommissar Burckhardt am 11. August 1939 entnehmen können[16], im Innersten seines Herzens auf ein Arrangement mit London gehofft, dies freilich nur zu seinen Bedingungen der »freien Hand« auf dem Kontinent. Demgegenüber hat er allen Versuchen Weizsäckers und Görings, durch die Entsendung des Ministerialdirektors aus dem Amt für den Vierjahresplan, Wohlthat, nach London (17.–20. Juli 1939) oder die Vermittlungstätigkeit des schwedischen Industriellen Birger Dahlerus noch in der letzten Minute einen echten Ausgleich mit den Briten herbeizuführen, unter Beifall Ribbentrops eine scharfe Absage erteilt. Aber auch für Chamberlain war damals der Spielraum für Kompromisse mit dem Diktator innenpolitisch bereits äußerst schmal geworden.

Alle deutschen Schritte in der letzten Augustwoche – Hitlers »großzügiges Angebot« vom 25. August einer Bestandsgarantie des britischen Empire und einer »vernünftige(n) Begrenzung der Rüstungen«, die Verschiebung des ursprünglich auf den 26. August angesetzten Angriffstermins am Tage vorher auf Grund der Meldungen vom Abschluß eines britisch-polnischen Bündnisses und von der Absage Mussolinis sowie eine erneute, freilich nur mündliche Lancierung des »großzügigen Angebotes« an Polen vom Herbst des Vorjahres über den britischen Botschafter in Berlin, Nevile Henderson, in der Nacht vom 30. auf den 31. August – hatten nur noch taktische Bedeutung, und zwar in doppelter Richtung: nach außen die Westmächte aus dem Kriege herauszuhalten und Polen zu isolieren und nach innen das eigene Volk propagandistisch auf einen zweiten »Opfergang« innerhalb einer Generation einzustimmen. Die Situation Ende August 1939 hatte insofern eine gewisse Ähnlichkeit mit der Julikrise 1914, als auch diesmal mit Rücksicht auf die Mobilisierung der Bevölkerung und im Blick auf die erhoffte Neutralität Großbritanniens ein »Aggressor« – damals das Zarenreich, jetzt die Polen – aufgebaut und der bevorstehende Krieg als ein Kampf um die Verteidigung der nationalen Existenz und um die Aufbrechung der internationalen »Einkreisung« des Reiches hingestellt werden mußten. Auch das gezielte

[16] Carl J. Burckhardt, Meine Danziger Mission 1937–1939. München 1969, S. 339ff.

propagandistische Hochpeitschen der Minderheitenspannungen in Polen durch die Presse und das Anheizen der Konflikte in und um Danzig ab Mai 1939[17] hatten – ähnlich wie in der Sudetenkrise ein Jahr vorher – nur den Zweck, dem Nachbarn im Osten den »Schwarzen Peter« als Aggressor zuzuspielen und das eigene Volk auf den Kriegskurs seiner Regierung einzuschwören.

Am 1. September 1939 »entfesselte« Hitlerdeutschland mit einem Überfall und ohne Kriegserklärung den Krieg gegen Polen. Als sich Berlin weigerte, den ultimativen Forderungen der Westmächte auf sofortige Einstellung der Feindseligkeiten und Zurückziehung der deutschen Truppen hinter die Grenze nachzukommen, weitete sich mit den Kriegserklärungen der britischen und der französischen Regierung am 3. September 1939 der deutsch-polnische Konflikt früher zum europäischen Krieg aus, als Hitler und sein Außenminister es ursprünglich gewünscht hatten.

Wie versteinert soll Hitler am Sonntagmorgen, dem 3. September, an seinem Schreibtisch in der gerade wenige Monate vorher fertiggestellten bombastischen Neuen Reichskanzlei gesessen und kurz nach 9.00 Uhr von dem Chefdolmetscher Paul Schmidt die Übersetzung des auf 11.00 Uhr befristeten britischen Ultimatums entgegengenommen haben. Nach einer Weile wandte er sich dem am Fenster stehenden Ribbentrop mit wütendem Blick zu und fragte: »Was nun?« Ribbentrop entgegnete nur hilflos mit leiser Stimme: »Ich nehme an, daß die Franzosen uns in der nächsten Stunde ein gleichlautendes Ultimatum überreichen werden.« Dieses war dann auf 17.00 Uhr nachmittags datiert[18]. Die »kleinen Würmchen« von München, die gegnerischen Führer »unter dem Durchschnitt«, über die der allmächtige Diktator noch eine gute Woche vorher, am 22. August, vor seinen Generälen im Triumphgefühl des bevorstehenden Vertragsabschlusses mit Stalin geglaubt hatte Spott und Verachtung ausgießen zu müssen, hatten ihm nun zur Unzeit einen Mehrfrontenkrieg mit »verkehrter Frontstellung« aufgezwungen. Auch dürfte es dem »Führer« nicht entgangen

[17] Bernd-Jürgen Wendt, Danzig – ein Bauer auf dem Schachbrett nationalsozialistischer Außenpolitik. In: Manfred Funke (Hrsg.), Hitler, Deutschland und die Mächte. Materialien zur Außenpolitik des Dritten Reiches. Düsseldorf 1976, S. 774–794.

[18] Paul Schmidt, Statist auf diplomatischer Bühne 1923–1945. Bonn 1953, S. 473.

sein, daß »sein« Volk in Berlin nur spärlich Spalier stand und ihn nur kühl begrüßte, als er am 1. September von der Neuen Reichskanzlei zur Kroll-Oper fuhr, um dem dort versammelten Reichstag seine Version von dem Überfall auf Polen zu verkünden. Die Stimmung in der Bevölkerung war gedrückt bis gleichgültig. Der Gauleiter von Schwaben, Karl Wahl, notierte seine Eindrücke über den Besuch mehrerer Orte: »Nichts von alledem, was ich 1914 erlebte, habe ich auf dieser Reise feststellen können: keine Begeisterung, keine Freude, kein Jubel. Überall, wohin man kam, herrschte eine bedrückende Ruhe, um nicht zu sagen Niedergeschlagenheit. Das ganze deutsche Volk schien von einem lähmenden Entsetzen gepackt zu sein, das es weder zu Beifalls- noch zu Mißfallensäußerungen befähigte.«[19] Staatssekretär von Weizsäcker hatte seinem Tagebuch knapp fünf Wochen vorher ein ähnlich besorgtes Stimmungsbild anvertraut: »Der berechtigte Haß gegen Polen ist stärker als andere Überlegungen. Sonst aber im Reich glaubt man doch, wir hätten eine Atempause nötig und seien zu erschöpft an Kräften, um jetzt einen Krieg zu wagen. Die Wirtschaftsstatistiker zeigen uns Bilder, die an Kriegsvorgänge (1914–1918) erinnern.«[20]

Die Schuldfrage bei der »Entfesselung« des Zweiten Weltkrieges im September 1939 ist eindeutig. Eine Kriegsschulddiskussion wie um den Ausbruch des Ersten Weltkrieges hat es diesmal, von einigen Unbelehrbaren im rechtsradikalen Lager abgesehen, nicht gegeben. Weit weniger Einigkeit unter den Historikern herrscht freilich, wenn es darum geht, die Motive und Hintergründe für den Entschluß zum Kriege aufzuhellen, die ganze Bandbreite der Mitverantwortung unter Politikern, Diplomaten, Militärs und Wirtschaftsführern auszumessen und die inneren und äußeren Bewegungsspielräume zu bestimmen, in denen die deutsche Reichsführung den Krieg vorbereiten, auslösen und schließlich bis zum Sommer 1941 von »Blitzsieg« zu »Blitzsieg« auf den Höhepunkt der deutschen Kontinentalherrschaft hinführen konnte.

Selbstverantwortete rüstungswirtschaftliche und militärpolitische Zwangslagen im Innern haben die längst getroffene Entscheidung zur Gewaltanwendung sicher beschleunigt und am Ende in den Krieg einmünden lassen; sie haben aber auch, zu-

[19] Zit. nach Wolfram Wette, Ideologie, Propaganda und Innenpolitik als Voraussetzungen der Kriegspolitik des Dritten Reiches. In: Deist u. a. (Hrsg.), Ursachen und Voraussetzungen, S. 25.
[20] Weizsäcker-Papiere, S. 157.

sammen mit der »Teilidentität der Ziele« zwischen konservativen und braunen Eliten, zwischen Volk und Führung, mitgeholfen, jene Stimmung fatalistischer Ausweglosigkeit und trotziger Entschlossenheit zu schaffen, jene massenhafte »Gefolgschaftstreue« zu mobilisieren und vor allem auch jenes »Einkreisungstrauma« von 1914 wiederzubeleben, die die Übernahme des Kriegsrisikos in einer mehr als kritischen Wirtschaftslage, die »Flucht nach vorn« dem eigenen Volk als durchaus kalkulierbar und letztendlich gerechtfertigt und folgerichtig erscheinen ließen.

Darüber hinaus wird man, ohne daß hier auf leichtfertige Weise die schwere Last der Verantwortung für den Krieg von den deutschen Schultern weg auf fremde verlagert und dann am Ende wieder wie nach 1918 gleichmäßig auf alle verteilt werden soll, nicht übersehen dürfen, daß auch die anderen Mächte die Bedingungskonstellation entscheidend mitgeschaffen haben, in der Hitler 1939 den Krieg glaubte wagen zu können und dann auch tatsächlich zwei Jahre lang mit überwältigenden militärischen Erfolgen geführt hat: die Briten durch ihre Politik des »Appeasement«, die Franzosen durch ihren völligen Verzicht auf eine aktive Außenpolitik, die USA durch ihren Isolationismus, die Sowjets durch den Pakt mit Hitler, die Polen durch ihre Schaukelpolitik zwischen West und Ost, die Mittel- und Kleinstaaten des Südostens durch ihre mehr oder weniger freiwillig vollzogene Eingliederung in den »Großwirtschafts- und Ergänzungsraum Südosteuropa«, die Japaner und Italiener schließlich durch ihre – freilich stets labile und brüchige – Achsenfreundschaft. Jeder einzelne dieser Staaten hatte gute Gründe, den rechtzeitigen und festen internationalen Schulterschluß gegen Hitlerdeutschland, der die Deutschen vielleicht noch im letzten Augenblick hätte bremsen können, zu verzögern, zu verweigern oder gar zu hintertreiben. Das Mißtrauen zwischen den Großmächten saß tief und war nicht gleichsam über Nacht durch die »nationalsozialistische Herausforderung« aus dem Wege zu räumen. Der Völkerbund als Forum kollektiver Sicherheit war faktisch längst vor 1933 gelähmt.

Unter dem Eindruck der Weltwirtschaftskrise und des Zusammenbruches des Systems internationaler Sicherheit in den Jahren 1929 bis 1932 glaubte jede Macht, ihre gewaltigen politischen, sicherheitspolitischen, wirtschaftlichen und sozialen Schwierigkeiten nur auf nationaler Ebene und durch ein nationales »Krisenmanagement« bewältigen zu können. Gewiß, auch die erneute »deutsche Herausforderung« an die internationale Sicherheit rangierte ab 1933 in der sicherheitspolitischen Problemskala eines jeden Staates, wenn auch, je nach geographischer Nähe oder Ferne vom kontinentaleuropäischen Krisenherd, unterschiedlich weit oben. Aber die Bedrohung durch den deutschen Imperialismus war eben doch nur eine neben vielen anderen, unter denen die gleichzeitige durch Italien im Mittelmeer, in Nord- und Ostafrika und durch Japan in Fernost besonders herausragten. Hier mußten die Außenämter und Generalstäbe in den verschiedenen Hauptstädten in ihren Abwehrstrategien Prioritäten setzen, die die eigene Sicherheit optimal garantierten und die überdies – und das war auch ein Kernelement des »Appeasement« – die in der Regel sehr beschränkten eigenen militärischen und wirtschaftlichen Kräfte nicht überstrapazierten.

Der im »sacro egoismo« eines jeden Staates wurzelnde Mangel an internationaler Sicherheitspartnerschaft und Solidarität gegenüber den Aggressoren war Hitlers große Chance für einen zweiten deutschen »Griff nach der Weltmacht« innerhalb von nur 25 Jahren. Er sollte dann freilich diesmal nicht, wie 1918, »nur« in die militärische Kapitulation, sondern in den totalen Zusammenbruch von 1945 und in den Verlust des Nationalstaates nach nur 75 Jahren seines Bestehens führen. Deutschland hatte sich in dem Augenblick endgültig übernommen, als es 1941 schließlich durch seine Kriegspolitik die »unheilige Allianz« zwischen Washington, London und Moskau zusammengeschweißt hatte.

Es war der große Irrtum der noch ganz im überkommenen Nationalstaatsdenken befangenen Staatsmänner anzunehmen, sie könnten Sicherheit und Frieden für ihre eigenen Staaten in zweiseitigen Geschäften mit den Aggressoren durch Konzessionen erkaufen und darüber die internationale Zusammenarbeit mit den anderen bedrohten Ländern hintansetzen. Als sie »ihre Lektion« endlich mit kräftiger deutscher »Nachhilfe« ab 1941 gelernt hatten, war es fast schon zu spät.

1. Berlin, 3. Februar 1933. Ausführungen des Reichskanzlers Hitler vor den Befehlshabern des Heeres und der Marine anläßlich eines Besuches bei General der Infanterie Freiherr Kurt von Hammerstein-Equord in dessen Wohnung

In diesem sogenannten »Liebmann-Protokoll« äußert sich Hitler zum erstenmal nach seiner Ernennung zum Reichskanzler über seine grundsätzlichen innen- und außenpolitischen Ziele sowie über den unaufhebbaren Zusammenhang zwischen der Errichtung des Diktaturstaates im Innern und einer aggressiven Außenpolitik. Das Dokument hat damit eine wegweisende Bedeutung bis hin zum Jahr 1939.

Quelle: Handschriftliche Aufzeichnung des Generalleutnant Liebmann. München, Archiv des Instituts für Zeitgeschichte, Nr. 167/51, fol. 39, abgedruckt bei Thilo Vogelsang, Neue Dokumente zur Geschichte der Reichswehr 1930–1933. In: Vierteljahrshefte für Zeitgeschichte (VfZ) 2 (1954), S. 434f.

H. am 3. 2. 33 (bei Hammerstein)
Ziel der Gesamtpolitik allein: *Wiedergewinnung der pol. Macht.* Hierauf muß gesamte Staatsführung eingestellt werden (alle Ressorts!).

1. *Im Innern.* Völlige Umkehrung der gegenwärt. innenpol. Zustände in D. Keine Duldung der Betätigung irgendeiner Gesinnung, die dem Ziel entgegensteht (Pazifismus!). Wer sich nicht bekehren läßt, muß gebeugt werden. Ausrottung des Marxismus mit Stumpf und Stiel. Einstellung der Jugend u. des ganzen Volkes auf den Gedanken, daß nur d. Kampf uns retten kann u. diesem Gedanken gegenüber alles zurückzutreten hat. (Verwirklicht in d. Millionen d. Nazi-Beweg. Sie wird wachsen.) Ertüchtigung der Jugend u. Stärkung des Wehrwillens mit allen Mitteln. Todesstrafe für Landes- u. Volksverrat. Straffste autoritäre Staatsführung. Beseitigung des Krebsschadens der Demokratie!

2. *Nach außen.* Kampf gegen Versailles. Gleichberechtigung in Genf; aber zwecklos, wenn Volk nicht auf Wehrwillen eingestellt. Sorge für Bundesgenossen.

3. *Wirtschaft!* Der Bauer muß gerettet werden! Siedlungspolitik! Künft. Steigerung d. Ausfuhr zwecklos. Aufnahmefähigkeit d. Welt ist begrenzt u. Produktion ist überall übersteigert. Im

Siedeln liegt einzige Mögl., Arbeitslosenheer z.T. wieder einzuspannen. Aber braucht Zeit u. radikale Änderung nicht zu erwarten, da Lebensraum für d[eutsches] Volk zu klein.

4. *Aufbau der Wehrmacht* wichtigste Voraussetzung für Erreichung des Ziels: Wiedererringung der pol. Macht. Allg. Wehrpflicht muß wieder kommen. Zuvor aber muß Staatsführung dafür sorgen, daß die Wehrpflichtigen vor Eintritt nicht schon durch Pazif., Marxismus, Bolschewismus vergiftet werden oder nach Dienstzeit diesem Gifte verfallen.

Wie soll pol. Macht, wenn sie gewonnen ist, gebraucht werden? Jetzt noch nicht zu sagen. Vielleicht Erkämpfung neuer Export-Mögl., vielleicht – und wohl besser – Eroberung neuen Lebensraums im Osten u. dessen rücksichtslose Germanisierung. Sicher, daß erst mit pol. Macht u. Kampf jetzige wirtsch. Zustände geändert werden können. Alles, was jetzt geschehen kann – Siedlung – Aushilfsmittel.

Wehrmacht wichtigste u. sozialistischste Einrichtung d. Staats. Sie soll unpol. u. überparteilich bleiben. Der Kampf im Innern nicht ihre Sache, sondern der Nazi-Organisationen. Anders wie in Italien keine Verquickung v. Heer u. SA beabsichtigt. – Gefährlichste Zeit ist die des Aufbaus der Wehrmacht. Da wird sich zeigen, ob Fr[ankreich] *Staatsmänner* hat; wenn ja, wird es uns Zeit nicht lassen, sondern über uns herfallen (vermutlich mit Ost-Trabanten).

2. Denkschrift Hitlers über die Aufgaben eines Vierjahresplanes vom August 1936

In dieser geheimen Denkschrift, die nur in drei Exemplaren an Blomberg, Göring und später 1944 an Speer ausgehändigt wurde, erläutert Hitler eingehend die ökonomischen Gründe, die ihn nun veranlaßten, auf eine Kriegs- und Einsatzbereitschaft in den nächsten vier Jahren hinzuarbeiten. Er nimmt die damalige kritische Wirtschaftslage Deutschlands zum Anlaß, um in bekannter Weise erneut seine Forderungen nach einer Erweiterung des »Lebensraumes« zu begründen. Weiterhin kennzeichnet er Deutschlands außenpolitische Lage mit der Bedrohung durch den Kommunismus und stellt dann »zu einer endgültigen Lösung unserer Lebensnot folgendes Programm auf«.

Quelle: Wilhelm Treue, Hitlers Denkschrift zum Vierjahresplan 1936. In: VfZ 3 (1955), S. 184–210 (Auszüge).

I.
Ähnlich der militärischen und politischen Aufrüstung bezw. Mobilmachung unseres Volkes hat auch eine wirtschaftliche zu erfolgen und zwar im selben Tempo, mit der gleichen Entschlossenheit und wenn nötig auch mit der gleichen Rücksichtslosigkeit. Interessen einzelner Herren dürfen in der Zukunft dabei keine Rolle mehr spielen. Es gibt nur ein Interesse, und das ist das Interesse der Nation und eine einzige Auffassung, das ist die, daß Deutschland politisch und wirtschaftlich in die Lage der Selbsterhaltung gebracht werden muß.

II.
Zu diesem Zwecke sind auf all den Gebieten, auf denen eine eigene Befriedigung durch deutsche Produktionen zu erreichen ist, Devisen einzusparen, um sie jenen Erfordernissen zuzulenken, die unter allen Umständen ihre Deckung *nur* durch Import erfahren können.

III.
In diesem Sinne ist die deutsche Brennstofferzeugung nunmehr im schnellsten Tempo vorwärtszutreiben und binnen 18 Monaten zum restlosen Abschluß zu bringen. Diese Aufgabe ist mit derselben Entschlossenheit wie die Führung eines Krieges anzufassen und durchzuführen; denn von ihrer Lösung hängt die kommende Kriegsführung ab und nicht von einer Bevorratung des Benzins.

IV.
Es ist ebenso augenscheinlich die Massenfabrikation von synthetischem Gummi zu organisieren und sicherzustellen. Die Behauptung, daß die Verfahren vielleicht noch nicht gänzlich geklärt wären und ähnliche Ausflüchte haben von jetzt ab zu schweigen. Es steht nicht die Frage zur Diskussion, ob wir noch länger warten wollen, sonst geht die Zeit verloren und die Stunde der Gefahr wird uns alle überraschen. Es ist vor allem nicht die Aufgabe staatlich-wirtschaftlicher Einrichtungen, sich den Kopf über Produktionsmethoden zu zerbrechen. Dies geht das Wirtschaftsministerium gar nichts an. Entweder wir besitzen heute eine Privatwirtschaft, dann ist es deren Aufgabe, sich den Kopf über die Produktionsmethoden zu zerbrechen, oder wir glauben, daß die Klärung der Produktionsmethoden Aufgabe des Staates sei, dann benötigen wir keine Privatwirtschaft mehr.

V.
Die Frage des Kostenpreises dieser Rohstoffe ist ebenfalls gänzlich belanglos, denn es ist immer noch besser, wir erzeugen in Deutschland teuerere Reifen und können sie fahren, als wir verkaufen theoretisch billige Reifen, für die das Wirtschaftsministerium aber keine Devisen bewilligen kann, die also mithin an [sic] Mangel des Rohstoffes nicht erzeugt werden können und mithin überhaupt auch nicht gefahren werden. Wenn wir schon gezwungen sind, in großem Umfang eine Binnenwirtschaft im autarken Sinn aufzubauen – und dies sind wir – denn durch Lamentieren und Feststellungen unserer Devisennot wird das Problem jedenfalls nicht gelöst – dann spielt im einzelnen der Rohstoffpreis nicht mehr die ausschlaggebende Rolle.

Es ist weiter notwendig, die deutsche Eisenproduktion auf das außerordentlichste zu steigern. Der Einwand, daß wir nicht in der Lage seien, aus dem deutschen Eisenerz mit 26% Gehalt ein ähnliches billiges Roheisen zu erzeugen, wie aus den 45%igen Schwedenerzen usw. ist belanglos, weil uns ja nicht die Frage gestellt ist, was wir *lieber* tun wollen, sondern nur, was wir tun *können*. Der Einwand aber, daß in dem Fall die ganzen deutschen Hochöfen umgebaut werden müßten, ist ebenfalls unbeachtlich, und vor allem geht das das Wirtschaftsministerium nichts an. Das Wirtschaftsministerium hat nur die nationalwirtschaftlichen Aufgaben zu stellen, und die Privatwirtschaft hat sie zu erfüllen. Wenn aber die Privatwirtschaft glaubt, dazu nicht fähig zu sein, dann wird der nationalsozialistische Staat aus sich heraus diese Aufgabe zu lösen wissen. Im übrigen hat Deutschland tausend Jahre keine fremden Eisenerze gehabt. Noch vor dem Kriege wurden mehr deutsche Eisenerze verarbeitet als in der Zeit unseres schlimmsten Verfalls. *Sollte uns die Möglichkeit aber bleiben, trotzdem noch billige Erze einzuführen, dann ist dies ja gut. Die Existenz der nationalen Wirtschaft und vor allem der Kriegsführung darf davon jedoch nicht abhängig sein.*

Es ist weiter notwendig, die Verbrennung der Kartoffel zu Spiritus sofort zu verbieten. Der Brennstoff muß aus der Erde gewonnen werden und nicht aus Kartoffeln. Wir haben statt dessen die Pflicht, etwa freiwerdende Anbauflächen entweder für die menschliche oder tierische Ernährung zu verwenden oder für den Anbau von Faserstoffen.

Es ist weiter notwendig, unsere *industrielle* Fettversorgung in kürzester Schnelligkeit vom Import unabhängig zu machen und aus unserer Kohle zu befriedigen. Diese Aufgabe ist chemisch gelöst, und sie schreit einfach nach ihrer Erfüllung. Die deutsche Wirtschaft aber wird die neuen Wirtschaftsaufgaben begreifen oder sie wird sich eben unfähig erweisen in dieser modernen Zeit, in der ein Sowjet-Staat einen Riesenplan aufrichtet, noch weiter zu bestehen. *Aber dann wird nicht Deutschland zugrunde gehen, sondern es werden dies höchstens einige Wirtschaftler.*

Es ist weiter notwendig, *ohne Rücksicht auf Kosten* die deutsche sonstige Erzförderung zu steigern und insbesondere die Erzeugung von Leichtmetall auf das Äußerste zu erhöhen, um damit einen Ersatzstoff für bestimmte andere Metalle zu finden.

Es ist endlich aber auch für die Aufrüstung notwendig, schon jetzt sich wenn irgend möglich jener Stoffe zu bedienen, die im Kriegsfalle anstelle der Edelmetalle treten müssen und treten werden. *Es ist besser, sich im Frieden diese Probleme zu überlegen und zu lösen als auf den nächsten Krieg zu warten, um dann im Rahmen der Fülle der gestellten Aufgaben erst auch diese wirtschaftlichen Untersuchungen und methodischen Erprobungen vornehmen zu wollen!*

Kurz zusammengefaßt: Ich halte es für notwendig, daß nunmehr mit eiserner Entschlossenheit auf all den Gebieten eine 100%ige Selbstversorgung eintritt, auf denen diese möglich ist und daß dadurch nicht nur die nationale Versorgung mit diesen wichtigsten Rohstoffen vom Ausland unabhängig wird, sondern daß dadurch auch jene Devisen eingespart werden, die wir im Frieden für die Einfuhr unserer Nahrungsmittel benötigen. *Ich möchte dabei betonen, daß ich in diesen Aufgaben die einzige wirtschaftliche Mobilmachung sehe, die es gibt, und nicht in einer Drosselung von Rüstungsbetrieben im Frieden zur Einsparung und Bereitlegung von Rohstoffen für den Krieg.* Ich halte es aber weiter für notwendig, sofort eine Überprüfung vorzunehmen der Devisenausstände der deutschen Wirtschaft im Auslande. Es gibt keinen Zweifel, daß die Außenstände unserer Wirtschaft heute ganz enorme sind. Und es gibt weiter keinen Zweifel, daß sich dahinter zum Teil auch die niederträchtige Absicht verbirgt, für alle Fälle im Ausland gewisse, dem inneren Zugriff entzogene Reserven zu besitzen. Ich sehe darin eine bewußte Sabotage der nationalen Selbstbehauptung bezw. der Verteidigung des Reiches, und ich halte aus diesem Grund die Erledigung zweier Gesetze vor dem Reichstag für notwendig.

1) ein Gesetz, das für Wirtschaftssabotage die Todesstrafe vorsieht und

2) ein Gesetz, das das gesamte Judentum haftbar macht für alle Schäden, die durch einzelne Exemplare dieses Verbrechertums der deutschen Wirtschaft und damit dem deutschen Volke zugefügt werden.

Die Erfüllung dieser Aufgaben in der Form eines Mehr-Jahresplans der Unabhängigmachung unserer nationalen Wirtschaft vom Ausland wird es aber auch erst ermöglichen, vom deutschen Volk auf wirtschaftlichem Gebiet und dem Gebiete der Ernährung Opfer zu verlangen, denn das Volk hat dann ein Recht, von seiner Führung, der es die blinde Anerkennung gibt, zu verlangen, daß sie auch auf diesem Gebiete durch unerhörte und entschlossene Leistungen die Probleme anfaßt und sie nicht bloß beredet, daß sie sie löst und nicht bloß registriert!

Es sind jetzt fast 4 kostbare Jahre vergangen. Es gibt keinen Zweifel, daß wir schon heute auf dem Gebiet der Brennstoff-, der Gummi- und zum Teil auch in der Eisenerzversorgung vom Ausland restlos unabhängig sein könnten. Genau so wie wir zur Zeit 7 oder 800.000 to Benzin produzieren, könnten wir 3 Millionen to produzieren. Genau so, wie wir heute einige tausend to Gummi fabrizieren, könnten wir schon jährlich 70 und 80.000 to erzeugen. Genau so, wie wir von 2½ Millionen to Eisenerz-Erzeugung auf 7 Millionen to stiegen, könnten wir 20 oder 25 Millionen to deutsches Eisenerz verarbeiten, und wenn notwendig auch 30. Man hat nun Zeit genug gehabt, in 4 Jahren festzustellen, was wir nicht können. Es ist jetzt notwendig, auszuführen, das, was wir können.

Ich stelle damit folgende Aufgabe:

I. Die deutsche Armee muß in 4 Jahren einsatzfähig sein.
II. Die deutsche Wirtschaft muß in 4 Jahren kriegsfähig sein.

3. Niederschrift des Obersten Hoßbach über die Besprechung in der Reichskanzlei am 5. November 1937 von 16.15 bis 20.30 Uhr

Diese »Hoßbach-Niederschrift« ist seit dem Nürnberger Prozeß 1946 als eines der sogenannten »Schlüsseldokumente« zur Vorbereitung eines Angriffskrieges durch die Führung des Dritten Reiches in die Geschichte eingegangen. Es macht beispielhaft deutlich, vor welch schwierigen methodischen und interpretatorischen Problemen auch die Zeitgeschichtsforschung bei der Auswertung ihres Quellenmaterials steht (vgl. Teil I).

Quelle: Akten zur Deutschen Auswärtigen Politik (ADAP), 1918 bis 1945, Serie D, 1937–1941, Bd. I. Baden-Baden 1950, Nr. 19 (Auszug).

Anwesend:
Der Führer und Reichskanzler,
der Reichskriegsminister Generalfeldmarschall von Blomberg,
der Oberbefehlshaber des Heeres Generaloberst Freiherr von Fritsch,
der Oberbefehlshaber der Kriegsmarine Generaladmiral Dr. h.c. Raeder,
der Oberbefehlshaber der Luftwaffe Generaloberst Göring,
der Reichsminister des Auswärtigen Freiherr von Neurath,
Oberst Hoßbach

Der Führer stellte einleitend fest, daß der Gegenstand der heutigen Besprechung von derartiger Bedeutung sei, daß dessen Erörterung in anderen Staaten wohl vor das Forum des Regierungskabinetts gehörte, er – der Führer – sähe aber gerade im Hinblick auf die Bedeutung der Materie davon ab, diese in dem großen Kreise des Reichskabinetts zum Gegenstand der Besprechung zu machen. Seine nachfolgenden Ausführungen seien das Ergebnis eingehender Überlegungen und der Erfahrungen seiner viereinhalbjährigen Regierungszeit; er wolle den anwesenden Herren seine grundlegenden Gedanken über die Entwicklungsmöglichkeiten und -notwendigkeiten unserer außenpolitischen Lage auseinandersetzen, wobei er im Interesse einer auf weite Sicht eingestellten deutschen Politik seine Ausführungen als seine testamentarische Hinterlassenschaft für den Fall seines Ablebens anzusehen bitte.

Der Führer führte sodann aus:

Das Ziel der deutschen Politik sei die Sicherung und die Erhaltung der Volksmasse und deren Vermehrung. Somit handele es sich um das Problem des Raumes.

Die deutsche Volksmasse verfüge über 85 Millionen Menschen, die nach der Anzahl der Menschen und der Geschlossenheit des Siedlungsraumes in Europa einen in sich so fest geschlossenen Rassekern darstelle, wie er in keinem anderen Land wieder anzutreffen sei und wie er andererseits das Anrecht auf größeren Lebensraum mehr als bei anderen Völkern in sich schlösse. Wenn kein dem deutschen Rassekern entsprechendes politisches Ergebnis auf dem Gebiet des Raumes vorläge, so sei das eine Folge mehrhundertjähriger historischer Entwicklung und bei Fortdauer dieses politischen Zustandes die größte Gefahr für die Erhaltung des deutschen Volkstums auf seiner jetzigen Höhe. Ein Aufhalten des Rückganges des Deutschtums in Österreich und in der Tschechoslowakei sei ebenso wenig möglich als die Erhaltung des augenblicklichen Standes in Deutschland selbst. Statt Wachstum setze Sterilisation ein, in deren Folge Spannungen sozialer Art nach einer Reihe von Jahren einsetzen müßten, weil politische und weltanschauliche Ideen nur solange von Bestand seien, als sie die Grundlage zur Verwirklichung der realen Lebensansprüche eines Volkes abzugeben vermöchten. Die deutsche Zukunft sei daher ausschließlich durch die Lösung der Raumnot bedingt, eine solche Lösung könne naturgemäß nur für eine absehbare, etwa 1–3 Generationen umfassende Zeit gesucht werden.

Bevor er sich der Frage der Behebung der Raumnot zuwende, sei die Überlegung anzustellen, ob im Wege der Autarkie oder einer gesteigerten Beteiligung an der Weltwirtschaft eine zukunftsreiche Lösung der deutschen Lage zu erreichen sei.

Autarkie: Durchführung nur möglich bei straffer nationalsozialistischer Staatsführung, welche die Voraussetzung sei, als Resultat der Verwirklichungsmöglichkeit sei festzustellen:

A. Auf dem Gebiet der Rohstoffe nur bedingte, nicht aber totale Autarkie.

1. Soweit Kohle zur Gewinnung von Rohprodukten in Betracht komme, sei Autarkie durchführbar.

2. Schon auf dem Gebiet der Erze Lage viel schwieriger. Eisenbedarf = Selbstdeckung möglich und Leichtmetall, bei anderen Rohstoffen – Kupfer, Zinn dagegen nicht.

3. Faserstoffe – Selbstdeckung, soweit Holzvorkommen reicht. Eine Dauerlösung nicht möglich.

4. Ernährungsfette möglich.

B. Auf dem Gebiet der Lebensmittel sei die Frage der Autarkie mit einem glatten »nein« zu beantworten.

Mit der allgemeinen Steigerung des Lebensstandards sei gegenüber den Zeiten vor 30–40 Jahren eine Steigerung des Bedarfs und ein gesteigerter Eigenkonsum auch der Produzenten, der Bauern, Hand in Hand gegangen. Die Erlöse der landwirtschaftlichen Produktionssteigerung seien in die Deckung der Bedarfssteigerung übergegangen, stellten daher keine absolute Erzeugungssteigerung dar. Eine weitere Steigerung der Produktion unter Anspannung des Bodens, der infolge der Kunstdüngung bereits Ermüdungserscheinungen aufweise, sei kaum noch möglich und daher sicher, daß selbst bei höchster Produktionssteigerung eine Beteiligung am Weltmarkt nicht zu umgehen sei. Der schon bei guten Ernten nicht unerhebliche Ansatz von Devisen zur Sicherstellung der Ernährung durch Einfuhr steigere sich bei Mißernten zu katastrophalem Ausmaß. Die Möglichkeit der Katastrophe wachse in dem Maße der Bevölkerungszunahme, wobei der Geburtenüberschuß von jährlich 560000 auch insofern einen erhöhten Brotkonsum im Gefolge habe, da das Kind ein stärkerer Brotesser als der Erwachsene sei.

Den Ernährungsschwierigkeiten durch Senkung des Lebensstandards und durch Rationalisierung auf die Dauer zu begegnen, sei in einem Erdteil annähernd gleicher Lebenshaltung unmöglich. Seitdem mit Lösung des Arbeitslosenproblems die volle Konsumkraft in Wirkung getreten sei, wären wohl noch kleine Korrekturen unserer landwirtschaftlichen Eigenproduktion, nicht aber eine tatsächliche Änderung der Ernährungsgrundlage möglich. Damit sei die Autarkie sowohl auf dem Ernährungsgebiet als auch in der Totalität hinfällig.

Beteiligung an der Weltwirtschaft: Ihr seien Grenzen gezogen, die wir nicht zu beheben vermöchten. Einer sicheren Fundierung der deutschen Lage ständen die Konjunkturschwankungen entgegen, die Handelsverträge böten keine Gewähr für die praktische Durchführung. Insbesondere sei grundsätzlich zu bedenken, daß seit dem Weltkrieg eine Industrialisierung gerade früherer Ernährungsausfuhrländer stattgefunden habe. Wir lebten im Zeitalter wirtschaftlicher Imperien, in welchem der Trieb zur Kolonisierung sich wieder dem Urzustand nähere; bei Japan und Italien lägen dem Ausdehnungsdrang wirtschaftliche Motive zu Grunde ebenso wie auch für Deutschland die wirtschaftliche Not den Antrieb bilden würde. Für Länder außerhalb der großen Wirtschaftsreiche sei die Möglichkeit wirtschaftlicher Expansion besonders erschwert.

Der durch die Rüstungskonjunkturen verursachte Auftrieb in der Weltwirtschaft könne niemals die Grundlage zu einer wirtschaftlichen Regelung für einen längeren Zeitraum bilden, welch letzterer vor allem auch die vom Bolschewismus ausgehenden Wirtschaftszerstörungen im Wege stünden. Es sei eine ausgesprochene militärische Schwäche derjenigen Staaten, die ihre Existenz auf dem Außenhandel aufbauten. Da unser Außenhandel über die durch England beherrschten Seegebiete führe, sei es mehr eine Frage der Sicherheit des Transportes als eine solche der Devisen, woraus die große Schwäche unserer Ernährungssituation im Kriege erhelle. Die einzige, uns vielleicht traumhaft erscheinende Abhilfe läge in der Gewinnung eines größeren Lebensraumes, ein Streben, das zu allen Zeiten die Ursache der Staatenbildungen und Völkerbewegungen gewesen sei. Daß dieses Streben in Genf und bei den gesättigten Staaten keinem Interesse begegne, sei erklärlich. Wenn die Sicherheit unserer Ernährungslage im Vordergrund stände, so könne der hierfür notwendige Raum nur in Europa gesucht werden, nicht aber ausgehend von liberalistisch-kapitalistischen Auffassungen in der Ausbeutung von Kolonien. Es handele sich nicht um die Gewinnung von Menschen, sondern von landwirtschaftlich nutzbarem Raum. Auch die Rohstoffgebiete seien zweckmäßiger im unmittelbaren Anschluß an das Reich in Europa und nicht in Übersee zu suchen, wobei die Lösung sich für ein bis zwei Generationen auswirken müsse. Was darüber hinaus in späteren Zeiten notwendig werden sollte, müsse nachfolgenden Geschlechtern überlassen bleiben. Die Entwicklung großer Weltgebilde gehe nun einmal langsam vor sich, das deutsche Volk mit seinem starken Rassekern finde hierfür die günstigsten Voraussetzungen inmitten des europäischen Kontinents. Daß jede Raumerweiterung nur durch Brechen von Widerstand und unter Risiko vor sich gehen könne, habe die Geschichte aller Zeiten – Römisches Weltreich, Englisches Empire – bewiesen. Auch Rückschläge seien unvermeidbar. Weder früher noch heute habe es herrenlosen Raum gegeben, der Angreifer stoße stets auf den Besitzer.

Für Deutschland laute die Frage, wo größter Gewinn unter geringstem Einsatz zu erreichen sei.

Die deutsche Politik habe mit den beiden Haßgegnern England und Frankreich zu rechnen, denen ein starker deutscher Koloß inmitten Europas ein Dorn im Auge sei, wobei beide Staaten eine weitere deutsche Erstarkung sowohl in Europa als auch in Übersee ablehnten und sich in dieser Ablehnung auf die Zustimmung aller Parteien stützen könnten. In der Errichtung deutscher militärischer Stützpunkte in Übersee sähen beide Länder eine Bedrohung ihrer Überseeverbindungen, eine Sicherung des deutschen Handels und rückwirkend eine Stärkung der deutschen Position in Europa.

England könne aus seinem Kolonialbesitz infolge des Widerstandes der Dominien keine Abtretungen an uns vornehmen.

Nach dem durch Übergang Abessiniens in italienischen Besitz eingetretenen Prestigeverlust Englands sei mit einer Rückgabe Ostafrikas nicht zu rechnen. Das Entgegenkommen Englands werde sich bestenfalls in dem Anheimstellen äußern, unsere kolonialen Wünsche durch Wegnahme solcher Kolonien zu befriedigen, die sich z.Z. in nicht englischem Besitz befänden – z.B. Angola –. In der gleichen Linie werde sich das französische Entgegenkommen bewegen.

Eine ernsthafte Diskussion wegen der Rückgabe von Kolonien an uns käme nur zu einem Zeitpunkt in Betracht, in dem England sich in einer Notlage befände und das deutsche Reich stark und gerüstet sei. Die Auffassung, daß das Empire unerschütterlich sei, teile der Führer nicht. Die Widerstände gegen das Empire lägen weniger in den eroberten Ländern als bei den Konkurrenten. Das Empire und das Römische Weltreich seien hinsichtlich der Dauerhaftigkeit nicht vergleichbar; dem letzteren habe seit den punischen Kriegen kein machtpolitischer Gegner ernsthafteren Charakters gegenüber gestanden. Erst die vom Christentum ausgehende auflösende Wirkung und die sich bei jedem Staat einstellenden Alterserscheinungen hätten das alte Rom dem Ansturm der Germanen erliegen lassen.

Neben dem englischen Empire ständen schon heute eine Anzahl ihm überlegener Staaten. Das englische Mutterland sei nur im Bunde mit anderen Staaten, nicht aus eigener Kraft in der Lage, seinen Kolonialbesitz zu verteidigen. Wie solle England allein z.B. Kanada gegen einen Angriff Amerikas, seine ostasiatischen Interessen gegen einen solchen Japans verteidigen!

Das Herausstellen der englischen Krone als Träger des Zusammenhaltes des Empire sei bereits das Eingeständnis, daß das Weltreich machtpolitisch auf die Dauer nicht zu halten sei. Bedeutungsvolle Hinweise in dieser Richtung seien:

a) Das Streben Irlands nach Selbständigkeit.

b) Die Verfassungskämpfe in Indien, wo England durch seine halben Maßnahmen den Indern die Möglichkeit eröffnet habe, späterhin die Nichterfüllung der verfassungsrechtlichen Versprechungen als Kampfmittel gegen England zu benutzen.

c) Die Schwächung der englischen Position in Ostasien durch Japan.

d) Der Gegensatz im Mittelmeer zu Italien, welches – unter Berufung auf seine Geschichte, getrieben aus Not und geführt durch ein Genie – seine Machtstellung ausbaue und sich hierdurch in zunehmendem Maße gegen englische Interessen wenden müsse. Der Ausgang des abessinischen Krieges sei ein Prestigeverlust Englands, den Italien durch Schüren in der mohammedanischen Welt zu vergrößern bestrebt sei.

In summa sei festzustellen, daß trotz aller ideeller Festigkeit das Empire machtpolitisch auf die Dauer nicht mit 45 Millionen Engländern zu halten sei. Das Verhältnis der Bevölkerungszahl des Empires zu der des Mutterlandes von 9 : 1 sei eine Warnung für uns, bei Raumerweiterungen nicht die in der eigenen Volkszahl liegende Plattform zu gering werden zu lassen.

Die Stellung Frankreichs sei günstiger als die Englands. Das französische Reich sei territorial besser gelagert, die Einwohner seines Kolonialbesitzes stellten einen militärischen Machtzuwachs dar. Aber Frankreich gehe innenpolitischen Schwierigkeiten entgegen. Im Leben der Völker nehmen die parlamentarische Regierungsform etwa 10%, die autoritäre etwa 90% der Zeit ein. Immerhin seien heute in unsere politischen Berechnungen als Machtfaktoren einzusetzen: England, Frankreich, Rußland und die angrenzenden kleineren Staaten.

Zur Lösung der deutschen Frage könne es nur den Weg der Gewalt geben, dieser niemals risikolos sein. Die Kämpfe Friedrichs d. Gr. um Schlesien und die Kriege Bismarcks gegen Österreich und Frankreich seien von unerhörtem Risiko gewesen und die Schnelligkeit des preußischen Handelns 1870 habe Österreich vom Eintritt in den Krieg ferngehalten. Stelle man an die Spitze der nachfolgenden Ausführungen den Entschluß zur Anwendung von Gewalt unter Risiko, dann bleibe noch die Beantwortung der Fragen »wann« und »wie«. Hierbei seien drei Fälle zu entscheiden:

Fall 1: Zeitpunkt 1943–1945.
Nach dieser Zeit sei nur noch eine Veränderung zu unseren Ungunsten zu erwarten.

Die Aufrüstung der Armee, Kriegsmarine, Luftwaffe sowie die Bildung des Offizierkorps seien annähernd beendet. Die materielle Ausstattung und Bewaffnung seien modern, bei weiterem Zuwarten läge die Gefahr ihrer Veraltung vor. Besonders der Geheimhaltungsschutz der »Sonderwaffen« ließe sich nicht immer aufrecht erhalten. Die Gewinnung von Reserven beschränke sich auf die laufenden Rekrutenjahrgänge, ein Zusatz aus älteren unausgebildeten Jahrgängen sei nicht mehr verfügbar.

Im Verhältnis zu der bis dahin durchgeführten Aufrüstung

der Umwelt nähmen wir an relativer Stärke ab. Wenn wir bis 1943/45 nicht handelten, könne infolge des Fehlens von Reserven jedes Jahr die Ernährungskrise bringen, zu deren Behebung ausreichende Devisen nicht verfügbar seien. Hierin sei ein »Schwächungsmoment des Regimes« zu erblicken. Zudem erwarte die Welt unseren Schlag und treffe ihre Gegenmaßnahmen von Jahr zu Jahr mehr. Während die Umwelt sich abriegele, seien wir zur Offensive gezwungen.

Wie die Lage in den Jahren 1943/45 tatsächlich sein würde, wisse heute niemand. Sicher sei nur, daß wir nicht länger warten können.

Auf der einen Seite die große Wehrmacht mit der Notwendigkeit der Sicherstellung ihrer Unterhaltung, das Älterwerden der Bewegung und ihrer Führer, auf der anderen Seite die Aussicht auf Senkung des Lebensstandards und auf Geburteneinschränkung ließen keine andere Wahl als zu handeln. Sollte der Führer noch am Leben sein, so sei es sein unabänderlicher Entschluß, spätestens 1943/45 die deutsche Raumfrage zu lösen. Die Notwendigkeit zum Handeln vor 1943/45 käme im Fall 2 und 3 in Betracht.

Fall 2:
Wenn die sozialen Spannungen in Frankreich sich zu einer derartigen innenpolitischen Krise auswachsen sollten, daß durch letztere die französische Armee absorbiert und für eine Kriegsverwendung gegen Deutschland ausgeschaltet würde, sei der Zeitpunkt zum Handeln gegen die Tschechei gekommen.

Fall 3:
Wenn Frankreich durch einen Krieg mit einem anderen Staat so gefesselt ist, daß es gegen Deutschland nicht »vorgehen« kann.

Zur Verbesserung unserer militär-politischen Lage müsse in jedem Fall einer kriegerischen Verwicklung unser 1. Ziel sein, die Tschechei und gleichzeitig Österreich niederzuwerfen, um die Flankenbedrohung eines etwaigen Vorgehens nach Westen auszuschalten. Bei einem Konflikt mit Frankreich sei wohl nicht damit zu rechnen, daß die Tschechei am gleichen Tage wie Frankreich uns den Krieg erklären würde. In dem Maße unserer Schwächung würde jedoch der Wille zur Beteiligung am Kriege in der Tschechei zunehmen, wobei ihr Eingreifen sich durch einen Angriff nach Schlesien, nach Norden oder nach Westen bemerkbar machen könne.

Sei die Tschechei niedergeworfen, eine gemeinsame Grenze Deutschland-Ungarn gewonnen, so könne eher mit einem neutralen Verhalten Polens in einem deutsch-französischen Konflikt gerechnet werden. Unsere Abmachungen mit Polen behielten nur solange Geltung als Deutschlands Stärke unerschüttert sei, bei deutschen Rückschlägen müsse ein Vorgehen Polens gegen Ostpreußen, vielleicht auch gegen Pommern und Schlesien in Rechnung gestellt werden.

Bei Annahme einer Entwicklung der Situation, die zu einem planmäßigen Vorgehen unsererseits in den Jahren 1943/45 führe, sei das Verhalten Frankreichs, Englands, Italiens, Polens, Rußlands voraussichtlich folgendermaßen zu beurteilen:

An sich glaube der Führer, daß mit hoher Wahrscheinlichkeit England, voraussichtlich aber auch Frankreich die Tschechei bereits im Stillen abgeschrieben und sich damit abgefunden hätten, daß diese Frage eines Tages durch Deutschland bereinigt würde. Die Schwierigkeiten des Empire und die Aussicht in einen lang währenden europäischen Krieg erneut verwickelt zu werden, seien bestimmend für eine Nichtbeteiligung Englands an einem Kriege gegen Deutschland. Die englische Haltung werde gewiß nicht ohne Einfluß auf die Frankreichs sein. Ein Vorgehen Frankreichs ohne die englische Unterstützung und in der Voraussicht, daß seine Offensive an unseren Westbefestigungen sich festlaufe, sei wenig wahrscheinlich. Ohne die Hilfe Englands sei auch nicht mit einem Durchmarsch Frankreichs durch Belgien und Holland zu rechnen, der auch bei einem Konflikt mit Frankreich für uns außer Betracht bleiben müsse, da es in jedem Fall die Feindschaft Englands zur Folge haben müßte. Naturgemäß sei eine Abriegelung im Westen in jedem Fall während der Durchführung unseres Angriffs gegen die Tschechei und Österreich notwendig. Hierbei sei zu berücksichtigen, daß die Verteidigungsmaßnahmen der Tschechei von Jahr zu Jahr an Stärke zunähmen und daß auch eine Konsolidierung der inneren Werte der österreichischen Armee im Laufe der Jahre stattfände. Wenn auch die Besiedelung insbesondere der Tschechei keine dünne sei, so könne die Einverleibung der Tschechei und Österreichs den Gewinn von Nahrungsmitteln für 5–6 Millionen Menschen bedeuten unter Zugrundelegung, daß eine zwangsweise Emigration aus der Tschechei von zwei, aus Österreich von einer Million Menschen zur Durchführung gelange. Die Angliederung der beiden Staaten an Deutschland bedeute militär-politisch eine wesentliche Entlastung infolge kürzerer, besserer Grenzziehung, Freiwerdens von Streitkräften für andere Zwecke und der Möglichkeit der Neuaufstellung von Truppen bis in Höhe von etwa 12 Divisionen, wobei auf 1 Million Einwohner eine neue Division entfalle.

Von der Seite Italiens sei[en] gegen die Beseitigung der Tschechei keine Einwendungen zu erwarten, wie dagegen seine Haltung in der österreichischen Frage zu bewerten sei, entziehe sich der heutigen Beurteilung und sei wesentlich davon abhängig, ob der Duce noch am Leben sei.

Das Maß der Überraschung und der Schnelligkeit unseres Handelns sei für die Stellungnahme Polens entscheidend. Gegen ein siegreiches Deutschland wird Polen – mit Rußland im Rücken – wenig Neigung haben, in den Krieg einzutreten.

Einem militärischen Eingreifen Rußlands müsse durch die Schnelligkeit unserer Operationen begegnet werden; ob ein solches überhaupt in Betracht kommen werde, sei angesichts der Haltung Japans mehr als fraglich.

Trete der Fall 2 – Lahmlegung Frankreichs durch einen Bürgerkrieg – ein, so sei infolge Ausfall des gefährlichsten Gegners die Lage *jederzeit* zum Schlag gegen die Tschechei auszunutzen.

In gewissere Nähe sähe der Führer den Fall 3 gerückt, der sich aus den derzeitigen Spannungen im Mittelmeer entwickeln könne und den er eintretendenfalls zu jedem Zeitpunkt, auch bereits im Jahre 1938, auszunutzen entschlossen sei ...

Wenn Deutschland diesen Krieg zur Erledigung der tschechischen und österreichischen Frage ausnutze, so sei mit Wahrscheinlichkeit anzunehmen, daß England – im Kriege mit Italien liegend – sich nicht zu einem Vorgehen gegen Deutschland entschließen würde. Ohne die englische Unterstützung sei eine kriegerische Handlung Frankreichs gegen Deutschland nicht zu erwarten.

Der Zeitpunkt unseres Angriffs auf die Tschechei und Österreich müsse abhängig von dem Verlauf des italienisch-englisch-französischen Krieges gemacht werden und läge nicht etwa gleichzeitig mit der Eröffnung der kriegerischen Handlungen dieser drei Staaten. Der Führer denke auch nicht an militärische Abmachungen mit Italien, sondern wolle in eigener Selbständigkeit und unter Ausnutzung dieser sich nur einmal bietenden günstigen Gelegenheit den Feldzug gegen die Tschechei beginnen und durchführen, wobei der Überfall auf die Tschechei »blitzartig schnell« erfolgen müsse.

Feldmarschall von Blomberg und Generaloberst von Fritsch

wiesen bei der Beurteilung der Lage wiederholt auf die Notwendigkeit hin, daß England und Frankreich nicht als unsere Gegner auftreten dürften, und stellten fest, daß durch den Krieg gegen Italien das französische Heer nicht in dem Umfange gebunden sei, daß es nicht noch mit Überlegenheit an unserer Westgrenze auf den Plan treten könne. Die mutmaßlich an der Alpengrenze gegenüber Italien zum Einsatz gelangenden französischen Kräfte veranschlagte Generaloberst von Fritsch auf etwa 20 Divisionen, so daß immer noch eine starke französische Überlegenheit an unserer Westgrenze bliebe, der als Aufgabe nach deutschem Denken der Einmarsch in das Rheinland zu unterstellen sei, wobei noch besonders der Vorsprung Frankreichs in der Mobilmachung in Rechnung zu stellen und zu berücksichtigen sei, daß abgesehen von dem ganz geringen Wert unseres derzeitigen Standes der Befestigungsanlagen – worauf Feldmarschall von Blomberg besonders hinwies – die für den Westen vorgesehenen vier mot[orisierten] Divisionen mehr oder weniger bewegungsunfähig seien. Hinsichtlich unserer Offensive nach Südosten machte Feldmarschall von Blomberg nachdrücklich auf die Stärke der tschechischen Befestigungen aufmerksam, deren Ausbau den Charakter einer Maginot-Linie angenommen hätte und unseren Angriff aufs Äußerste erschwere.

Generaloberst von Fritsch erwähnte, daß es gerade Zweck einer durch ihn angeordneten Studie dieses Winters sei, die Möglichkeiten der Führung der Operationen gegen die Tschechei unter besonderer Berücksichtigung der Überwindung des tschechischen Festungssystems zu untersuchen; der Generaloberst brachte ferner zum Ausdruck, daß er unter den obwaltenden Verhältnissen davon absehen müsse, seinen am 10. 11. beginnenden Auslandsurlaub durchzuführen. Diese Absicht lehnte der Führer mit der Begründung ab, daß die Möglichkeit des Konfliktes noch nicht als so nahe bevorstehend anzusehen sei. Gegenüber dem Einwand des Außenministers, daß ein italienisch-englisch-französischer Konflikt noch nicht in so greifbarer Nähe sei als es der Führer anzunehmen schiene, stellte der Führer als den ihm hierfür möglich erscheinenden Zeitpunkt den Sommer 1938 hin. Zu den seitens des Feldmarschalls von Blomberg und des Generalobersten von Fritsch hinsichtlich des Verhaltens Englands und Frankreichs angestellten Überlegungen äußerte der Führer in Wiederholung seiner bisherigen Ausführungen, daß er von der Nichtbeteiligung Englands überzeugt sei und daher an eine kriegerische Aktion Frankreichs gegen Deutschland nicht glaube. Sollte der in Rede stehende Mittelmeerkonflikt zu einer allgemeinen Mobilmachung in Europa führen, so sei unsererseits sofort gegen die Tschechei anzutreten, sollten dagegen die am Kriege nicht beteiligten Mächte ihr Desinteressement erklären, so habe sich Deutschland diesem Verhalten zunächst anzuschließen.

Generaloberst Göring hielt angesichts der Ausführungen des Führers es für geboten, an einen Abbau unseres militärischen Spanienunternehmens zu denken. Der Führer stimmt dem insoweit zu, als er den Entschluß einem geeigneten Zeitpunkt vorbehalten zu glauben solle.

Der zweite Teil der Besprechungen befaßte sich mit materiellen Rüstungsfragen.

Für die Richtigkeit:*
Oberst d. G. gez. Hoßbach

* Unterschrift unleserlich

Quellenlage

A. Unveröffentliche Quellen

Wer sich in den Archiven intensiver mit Themen nationalsozialistischer Außenpolitik beschäftigen will, sollte drei Dinge bedenken: 1. die kriegs- und nachkriegsbedingte Lückenhaftigkeit der Überlieferung, 2. den oft chaotisch anmutenden Kompetenzenwirrwarr im Dritten Reich und den informellen und unorthodoxen Regierungsstil des »Führers« auch in der Außenpolitik mit einer schrittweisen Entmachtung des traditionellen Apparats des Auswärtigen Amtes und einer Übertragung außenpolitischer Aufgaben am AA vorbei auf Sonderbeauftragte wie Göring, Heß, Papen, Ribbentrop, Rosenberg oder Schacht und auf konkurrierende außenpolitische Parteiinstanzen der NSDAP mit vielfach hoheitlichen Befugnissen wie das Außenpolitische Amt (APA) unter Rosenberg, die Auslandsorganisation (AO) unter Bohle (ab 1937 als Staatssekretär dem AA unterstellt), die 1937 gegründete Volksdeutsche Mittelstelle (VOMI) unter Lorenz (ab 1938 Hitler direkt unterstellt) und die Dienststelle Ribbentrop[1], 3. die notwendige, auch materialmäßige Breite eines modernen Untersuchungsansatzes, bei dem die herkömmliche Trennung von Innen- und Außenpolitik in der interdependenten Aspektvielfalt von Außen- und Außenwirtschaftspolitik, Wehrwirtschaft, Militärpolitik und Gesellschaftsgeschichte aufgehoben ist.

1. Die verstärkten Luftangriffe auf Berlin 1943 und ab Anfang 1945 die näherrückende Ostfront veranlaßten das 1919 gegründete Reichsarchiv in Potsdam mit seinen Beständen der zentralen Regierungs- und Verwaltungsorgane des Deutschen Reiches seit 1871, das 1936/37 dort als selbständiges Archiv ausgegliederte Heeresarchiv sowie die in der Reichshauptstadt verbleibenden zentralen Reichsbehörden, ihre Archivmaterialien an sichere Orte des Reichsgebietes, u. a. im Harz und in Thüringen, aus-, später auch umzulagern. Die durch Kriegseinwirkungen, einen Vernichtungsbefehl von höchster Stelle vom 10. 4. 1945 und Kriegsfolgen teilweise reduzierten Aktenbestände fielen – wie das Reichsarchiv – teilweise in die Hände der Roten Armee und gelangten dann zurück nach Potsdam in das neue Deutsche Zentralarchiv, heute Zentrales Staatsarchiv.

Die von den angloamerikanischen Truppen, mit denen »im Troß« ausgewiesene Archivexperten vorrückten, erbeuteten Akten, darunter fast das gesamte Archiv des Auswärtigen Amtes, wurden zunächst für den Nürnberger Prozeß 1945/46 als Anklagematerial ausgewertet[2],

[1] Zu den Strukturen und Entscheidungsprozessen der NS-Außenpolitik vgl. nach wie vor das Standardwerk von Hans-Adolf Jacobsen, Nationalsozialistische Außenpolitik 1933–1938. Frankfurt, Berlin 1968.

[2] Teilweise veröffentlicht in: Der Prozeß gegen die Hauptkriegsverbrecher vor

darauf zum Großteil in die USA nach Alexandria im Bundesstaat Virginia und nach Whaddon Hall in England verschifft, dort, soweit es die Außenpolitik des Deutschen Reiches betraf, verfilmt[3] und dann nach langwierigen diplomatischen Verhandlungen ab 1958 in die Bundesrepublik zurückgeschickt. Dies geschah mit der Auflage, das Material allen wissenschaftlich Interessierten ohne die sonst bei nationalen Archiven übliche Sperrfrist von 30 oder 50 Jahren zugänglich zu machen. Mit Beginn der sechziger Jahre konnte die Auswertung der Akten beginnen. Soweit die deutschen Bestände auf weitere Aufbewahrungsorte in den USA (Sammlungen, Institute, Bibliotheken) verstreut waren, kamen auch teilweise nur Mikrofilme zurück. Ein kleiner Teil der »Beuteakten«, vor allem die Personalakten der NSDAP, lagert bis heute unter alliierter Kontrolle in Westberlin im Document Center. Die einschlägigen Zentralakten auf dem Boden der Bundesrepublik sind heute zusammengefaßt im 1952 gegründeten Bundesarchiv Koblenz[4], in seiner 1968 endgültig nach Freiburg i. Br. verlegten Außenstelle, dem Bundesarchiv/Militärarchiv, sowie im Politischen Archiv des Auswärtigen Amtes[5].

Bei dieser ausgesprochen zerrissenen und verstreuten Quellen- und Überlieferungslage wird man generell sagen können, daß der Schwerpunkt der Überlieferung zentraler Provenienz zwischen 1867 (Gründung des Norddeutschen Bundes) und 1933/34 (mit Ausnahme der Reichskanzlei der Weimarer Republik) in Potsdam, für den Zweiten Weltkrieg 1939–1945 beim Bundesarchiv lagert. Über nahezu gleichgewichtige Materialien verfügen beide deutsche Staaten für die Jahre 1934 bis 1939. Das Schwergewicht der militärischen Überlieferung liegt beim Bundesarchiv/Militärarchiv.

Von besonderem Wert auch für die Außenpolitik sind infolge der Herrschaftsstruktur im »Doppelstaat« (Ernst Fraenkel) des Dritten Reiches mit oft ungenügender Kompetenzabgrenzung zwischen »Staats-« und »Parteipolitik« (etwa beim Eingreifen in den Spanischen Bürgerkrieg im Juli 1936, beim »Anschluß« Österreichs oder in der Sudetenkrise 1938) die Bestände der NSDAP, ihrer Gliederungen, angeschlossenen Verbände und Einrichtungen. Der weitaus überwiegen-

dem Internationalen Militärtribunal (International Military Tribunal = IMT), Nürnberg 14. 11. 1945–1. 10. 1946, 42 Bände. Nürnberg 1947–1949.

[3] Vgl. A Catalogue of Files and Microfilms of the German Foreign Ministry Archives 1920–1945, ed. by George O. Kent, vol. I–IV. Stanford/California 1962–1972; Hans Philippi, Das Politische Archiv des Auswärtigen Amtes. Rückführung und Übersicht über die Bestände. In: Der Archivar 13 (1960), Sp. 199 ff.; Irmtraut Schmid, Der Bestand des Auswärtigen Amtes im Deutschen Zentralarchiv Potsdam. In: Archivmitteilungen 12 (1962), S. 71 ff., 123 ff.

[4] Das Bundesarchiv und seine Bestände. Begründet von Friedrich Facius, Hans Booms und Heinz Boberach, 3. ergänzte und neu bearbeitete Auflage von Gerhard Granier, Josef Henke und Klaus Oldenhage. Boppard 1977.

[5] Vgl. Anm. 3.

de Teil des zentralen (wie auch des regionalen) Schriftgutes der NSDAP wurde gegen Kriegsende vernichtet. Was übrig blieb und 1962 aus amerikanischem Gewahrsam zurückkehrte, wurde ebenfalls vom Bundesarchiv übernommen. Besonders hinzuweisen ist noch auf das reichhaltige audiovisuelle Archivgut in Koblenz, u.a. mit Spielfilmen und Wochenschauen aus dem Dritten Reich.

Die Beschäftigung mit der NS-Außenpolitik führt den Historiker meist auch in die nationalen Staatsarchive der jeweiligen Kontrahenten oder Bündnispartner des Dritten Reiches. Hier sind bei einer Sperrfrist von in der Regel 30 Jahren die westlichen Archive alle für den Besucher offen, u.a. die National Archives in Washington und das Public Record Office in London. Leider läßt sich Gleiches von der Sowjetunion und anderen sozialistischen Staaten weder für die Zwischenkriegs- und Kriegszeit noch für später sagen.

2. Auswärtige »Parteipolitik«, oft in scharfer Konkurrenz zur herkömmlichen »Staatspolitik« des AA, erschließt sich vor allem aus den (in der Regel sehr lückenhaften) Überlieferungen folgender Einrichtungen der NSDAP: Stellvertreter des Führers (Heß); nach der Flucht von Heß ab 12. 5. 1941 Parteikanzlei unter Bormann (Bundesarchiv); Persönliche Adjutantur des Führers, 1934–1939 Fritz Wiedemann, als Verbindungsorgan zu staatlichen Ressorts und Parteiinstanzen, oft mit außenpolitischen »Sonderaufgaben« betraut (Bundesarchiv); Reichsorganisationsleiter der NSDAP, Robert Ley (Bundesarchiv); APA unter Rosenberg (Bundesarchiv und Politisches Archiv des AA); AO unter Bohle (Bundesarchiv, ab 1937 Politisches Archiv des AA); VOMI unter Lorenz (Bundesarchiv) sowie Dienststelle Ribbentrop (Politisches Archiv des AA).

3. Im zentralen Beziehungsdreieck von Außenpolitik – Außenwirtschaft – »Wehrwirtschaft«/»Vierjahresplan«/Aufrüstung muß es vor allem darauf ankommen, den engen Zusammenhang zwischen Diplomatie und Außenwirtschaftspolitik sowie zwischen Staat und Privatwirtschaft im angestrebten »Großwirtschaftsraum« mit Hilfe der Akten zu rekonstruieren. Deshalb sei für das Politische Archiv des AA besonders hingewiesen auf die – durch Vernichtungsbefehl Ribbentrops 1945 stark reduzierten, aber mit Hilfe eines deutschen Mikrofilms aus dem Jahre 1943 zu ergänzenden – Bestände Büro Reichsminister/Reichsaußenminister, Büro Staatssekretär, bis zur Umorganisation des AA 1936 auf die Akten der Abt. II–IV und des Sonderreferates Wirtschaft, ab 1936 auf die Bestände der Politischen Abteilung mit den einzelnen Länderreferaten und vor allem auf die der Handelspolitischen, ab 1938 Wirtschaftspolitischen Abteilung. Die Handakten ihrer Abteilungsleiter Ritter (bis 1937) und seines Nachfolgers Wiehl, des Stellvertretenden Abteilungsleiters Clodius sowie die Akten des Handelspolitischen Ausschusses bilden eine wichtige Ergänzung. Im Bundesarchiv sind in diesem Zusammenhang von Relevanz die Überlieferungen der Reichskanzlei, des Reichsfinanz- und

Reichswirtschaftsministeriums (mit der Reichsstelle für Devisenbewirtschaftung), der dem AA und dem Reichswirtschaftsministerium unterstellten Reichsstelle für den Außenhandel mit ihren nachgeordneten regionalen Außenhandelsstellen für die Lenkung des Außenhandels und die reichseinheitliche Außenhandelsförderung, der Reichswirtschaftskammer, der Reichsgruppe Industrie, der 1938 gegründeten Reichsstelle, ab 1939 Reichsamt für Wirtschaftsausbau und der Wirtschaftsgruppen, u.a. der Wirtschaftsgruppe Eisenschaffende Industrie als Nachfolgerin des Vereins Deutscher Eisen- und Stahlindustrieller.

Kriegsereignisse haben das Registraturgut des Beauftragten für den Vierjahresplan (Göring) und seiner Einrichtungen fast völlig vernichtet. Restbestände sind im Bundesarchiv, im Zentralen Staatsarchiv Potsdam sowie im Institut für Zeitgeschichte in München.

Zur Rekonstruktion der durch die forcierte Aufrüstung geschaffenen »wehrwirtschaftlichen« Zwangslagen und Engpässe ist es auf jeden Fall notwendig, im Militärarchiv Freiburg die umfangreichen und gut erhaltenen Bestände des dem Wehrmachtamt des Reichskriegsministeriums, dann ab 1938 dem OKW unterstellten »Wehrwirtschaftsstabes« unter Generalmajor Thomas (am 22. 11. 1939 in Wehrwirtschafts- und Rüstungsamt umbenannt) auszuwerten. Eine Vorstellung der – im übrigen ebenfalls stark kriegszerstörten – Überlieferung der Spitzenbehörden Reichswehr- bzw. ab 1935 Reichskriegsministerium, OKW und Wehrmachtführungsstab sowie von Heer, Marine und Luftwaffe in Freiburg würde hier zu weit führen.

Von besonderem Interesse als »Hintergrundinformationen« auch für den außenpolitischen Kurs des Regimes und seine propagandistische Kriegsvorbereitung sind im Bundesarchiv die – von den Beteiligten teilweise unter Lebensgefahr aufbewahrten und dadurch geretteten – Mitschriften von »Bestellungen« und »Vertraulichen Informationen« der Pressekonferenzen des Reichsministeriums für Volksaufklärung und Propaganda in den Sammlungen Brammer[6], Traub und Sänger.

B. Veröffentlichte Quellen

Für die Beschäftigung mit den inzwischen in reichem Maße veröffentlichten Quellen zur NS-Außenpolitik gilt ähnliches wie für die Hitler-Forschung allgemein: Wer in einem mehr »personalistischen Ansatz« eher davon überzeugt ist, daß Hitler der eigentliche Motor der Außenpolitik und sein »Programm« so etwas wie eine »Kompaßnadel« für ihre generelle Richtung war, der wird sich zunächst intensiv mit der

[6] Zur Auswertung der Sammlung Brammer vgl. Hans Booms, Der Ursprung des Zweiten Weltkrieges. Revision oder Expansion? In: Gottfried Niedhart (Hrsg.), Kriegsbeginn 1939. Entfesselung oder Ausbruch des Zweiten Weltkrieges. Frankfurt 1964, S. 52–93.

»Weltanschauung« des »Führers« und seinen zahllosen »programmatischen« Äußerungen beschäftigen[7]. Demgegenüber haben es diejenigen, denen es unter einer sozial- und strukturgeschichtlichen Fragestellung vor allem um eine Rekonstruktion der innenpolitischen Bedingungsfaktoren und Funktionen außenpolitischen Verhaltens geht, mit der Präsentation von anschaulichem und konkretem Beweismaterial für die außenpolitische Relevanz innerstaatlicher kollektiver Prozesse und »Strukturen« sehr viel schwerer. Sie argumentieren oft mehr indirekt, hypothetisch und abstrakt-theoretisch. Beide Richtungen sind sich jedoch darin einig, daß die Analyse der internationalen Beziehungen, in deren Zusammenhang die deutsche Außenpolitik konzipiert und durchgeführt wurde, unverzichtbar ist.

Hitler hat in kleinerem Kreis relativ oft und freimütig, in der Öffentlichkeit aus taktischen Gründen vor allem in der Phase der Machteroberung sowie der Machtkonsolidierung und ihrer äußeren »Abschirmung« bis in die Mitte der dreißiger Jahre hinein recht zurückhaltend und friedfertig über seine außenpolitischen Ziele gesprochen. Er vermittelt unmittelbare Einblicke in sein Denken in ›Mein Kampf‹, im sogenannten ›Zweiten Buch‹ aus dem Jahre 1928, das jedoch damals nicht veröffentlicht wurde[8], und dann im Kriege in den »Tischgesprächen« sowie den erst jüngst auf Deutsch veröffentlichten Aufzeichnungen Heinrich Heims über die ›Monologe im Führer-Hauptquartier 1941–1944‹[9]. Hermann Rauschnings ›Gespräche mit Hitler‹ sind in ihrer Fragwürdigkeit als Primärzeugnisse über den Diktator inzwischen ebenso erkannt[10] wie die ebenfalls häufig zitierten ›Tagebücher 1937 bis 1938‹ des italienischen Außenministers Galeazzo Ciano. Demgegenüber genießen die von dem Danziger Völkerbundkommissar Carl Burckhardt in seinem Buch ›Meine Danziger Mission 1937–1939‹ (München 1960) wiedergegebenen Aufzeichnungen über Gespräche mit Hitler, Ribbentrop u.a. und die ›Erinnerungen‹ des Chefarchitekten und Rüstungsministers Albert Speer (Berlin 1979) bei den Historikern einiges Vertrauen.

Ein Standardwerk ist nach wie vor die vielzitierte Sammlung von Max Domarus ›Hitler. Reden und Proklamationen 1932–1945. Kommentiert von einem deutschen Zeitgenossen‹ (Würzburg 1962/63), der

[7] Vgl. dazu Andreas Hillgruber, Quellen und Quellenkritik zur Vorgeschichte des Zweiten Weltkrieges? In: Niedhart (Hrsg.), Kriegsbeginn 1939, S. 369–395.

[8] Hitlers Zweites Buch. Ein Dokument aus dem Jahre 1928. Eingel. und kommentiert v. Gerhard L. Weinberg. Stuttgart 1961.

[9] Henry Picker, Hitlers Tischgespräche im Führerhauptquartier 1941–1942. Stuttgart 1976; Werner Jochmann (Hrsg.), Monologe im Führerhauptquartier 1941–1944. Die Aufzeichnungen Heinrich Heims. München 1980.

[10] Vgl. dazu Theodor Schieder, Hermann Rauschnings ›Gespräche mit Hitler‹ als Geschichtsquelle. Opladen 1972; Wolfram Ender, Konservative und rechtsliberale Deuter des Nationalsozialismus 1930–1945. Eine historisch-politische Kritik. Frankfurt, Bern, New York 1984, S. 92–119.

wir auch die Überlieferung zahlreicher – leider bisweilen gekürzt wiedergegebener – geheimer Reden verdanken.

Schwierig wird es, wenn der Historiker in dem Bemühen, »gleichsam in nuce Programmatisches und Aktuell-Taktisches bei Hitler (zu) verknüpfen«[11], zu den vier »Schlüsseldokumenten« greift. Im Nürnberger Hauptkriegsverbrecherprozeß 1945/46 wurde dieser Begriff für die folgenden vier Zeugnisse der Anklage wegen einer »Verschwörung gegen den Frieden« und der Vorbereitung eines Angriffskrieges geprägt: Die »Hoßbach-Niederschrift« über die Besprechung vom 5. 11. 1937; die vom Adjutanten Oberst i. G. Rudolf Schmundt nachträglich aufgezeichnete und quellenkritisch besonders problematische Aufzeichnung über die Rede Hitlers vom 23. 5. 1939 (»Schmundt-Protokoll«); Hitlers Rede vor den Oberbefehlshabern am 22. 8. 1939, über die es mehrere Zeugnisse gibt, und seine ähnlich umstrittene Rede vor den Oberbefehlshabern am 23. 11. 1939.

Diese vier Zeugnisse haben inzwischen, teilweise gekürzt, Eingang in fast jede Dokumentensammlung zum Dritten Reich gefunden[12]. Die Schwierigkeiten ihrer Überlieferung, Einordnung und Deutung sind am Beispiel der »Hoßbach-Niederschrift« am Beginn dieses Buches nachgezeichnet worden. Auf jeden Fall hat die Tatsache, daß diese und noch viele andere Dokumente zum erstenmal unter problematischen Prozeßbedingungen als Anklagematerialien zutage gefördert worden sind, immer wieder zu Verdächtigungen Anlaß gegeben und die Arbeit des Zeithistorikers nicht erleichtert.

Auf gesichertem Boden stehen wir bei weiteren »Schlüsseldokumenten« wie den Aufzeichnungen des Generalleutnants Liebmann über die erste Ansprache Hitlers vor den führenden Generälen der Reichswehr am 3. 2. 1933[13], der geheimen ›Denkschrift zum Vierjahresplan‹ vom August 1936[14] und zahlreichen geheimen Reden Hitlers, die uns u. a. durch Tondokumente überliefert sind. Dabei läßt sich durch eine inhaltliche Analyse nachweisen, daß keines dieser »Schlüsseldokumente« isoliert steht, sondern daß sie zusammen mit den programmatischen Äußerungen Hitlers eine relativ große Homogenität und Geschlossenheit in seinem Denken und Argumentieren verraten. Allerdings wäre es

[11] Hillgruber, Quellen und Quellenkritik, S. 382.

[12] Vgl. u. a. Walther Hofer, Der Nationalsozialismus. Dokumente 1933–1945. Frankfurt 1957, S. 193 ff. (»Hoßbach-Niederschrift«), S. 226 f. (»Schmundt-Protokoll«); Werner Conze, Der Nationalsozialismus. Stuttgart 1962, Teil II, S. 36 ff. (»Hoßbach-Niederschrift«), S. 51 ff. (Hitlers Ansprache vor den Oberbefehlshabern, 22. 8. 1939, Auszug), S. 53 (Hitler vor den Oberbefehlshabern, 23. 11. 1939, Auszug).

[13] Gedruckt und kommentiert bei Thilo Vogelsang, Neue Dokumente zur Geschichte der Reichswehr 1930–1933. In: VfZ 2 (1954), S. 434 ff.; vgl. Dokument 1.

[14] Gedruckt und kommentiert bei Wilhelm Treue, Hitlers Denkschrift zum Vierjahresplan 1936. In: VfZ 3 (1955), S. 184–210; vgl. Dokument 2.

wissenschaftlich absolut unseriös, durch wörtliche Zitate zu suggerieren, daß auch nur eines der erwähnten vier »Schlüsseldokumente« Ausführungen des Diktators im Wortlaut wiedergäbe. Ihre inhaltliche Authentizität ist demgegenüber annähernd gesichert.

Große Vorsicht ist geboten bei der Flut autobiographischer Aufzeichnungen und Memoiren, die nach 1945 meist in apologetischer Absicht von Vertretern aus dem »inneren Kreis der Macht« veröffentlicht worden sind. Auf eine detaillierte Vorstellung sei hier deshalb verzichtet.

Die von dem kanadischen Historiker Leonidas E. Hill herausgegebenen ›Weizsäcker-Papiere 1933–1950‹ (Berlin 1974), eine Edition von ausgewählten Briefen, Tagebucheintragungen, Notizen und Memoranden aus dem Nachlaß des Staatssekretärs, haben zwar manches interessante Quellenmaterial zur Außenpolitik des Dritten Reiches zutage gefördert, gleichzeitig aber durch die Auswahlprinzipien und die auf Apologie angelegten störenden schulmeisterlichen Interpretationshilfen des Herausgebers unter den Fachleuten Mißtrauen und Kritik erregt. Das Buch von Georg Thomas, ›Geschichte der deutschen Wehr- und Rüstungswirtschaft (1918 bis 1943–45)‹, hrsg. v. Wolfgang Birkenfeld (Boppard 1966), hat durch den hohen Rang seines Verfassers, er war als Generalmajor Chef des »Wehrwirtschaftsstabes« im OKW, einen wichtigen und interessanten autobiographischen Charakter.

Es bleibt abschließend noch hinzuweisen auf einige Aktenreihen und Sammelbände, mit deren Hilfe sich jeder Interessierte in einschlägigen Institutsbibliotheken relativ leicht in die Zusammenhänge nationalsozialistischer Außenpolitik einarbeiten kann.

Da sind zunächst die unterschiedlich weit fortgeschrittenen Dokumentenserien einzelner Staaten zu ihrer jeweiligen nationalen Außenpolitik. Die ›Akten zur deutschen auswärtigen Politik 1918–1945‹ (ADAP), eine Auswahl der Akten des Auswärtigen Amtes, liegen für das Dritte Reich jetzt geschlossen vor, und zwar die Serien C 1933 bis 1937, in 6 Bänden, Göttingen 1971–1981, D 1937–1941, in 13 Bänden, Baden-Baden/Frankfurt/Göttingen/Bonn 1950–1970, und E 1941 bis 1945, in 8 Bänden bis zum 8. 5. 1945, Göttingen 1969–1979. Das Gegenstück des britischen Foreign Office, die ›Documents on British Foreign Policy 1919–1939‹ (DBFP), umfaßt bisher in der 2. Serie 1929 bis 1938, 1946ff. 21 Bände (bis 1938), in der 3. Serie 1938/39, 1949ff. 10 Bände. Die Sammlung des State Department zur US-Außenpolitik, ›Foreign Relations of the United States, Diplomatic Papers‹ (FRUS), ist für die Jahre 1933 bis 1945 vollständig. Die ›Documents diplomatiques français 1932–1939‹ (DDF) des Pariser Quai d'Orsay enthalten bisher in der 1. Serie 1932–1935, 1966ff. 6 Bände (bis Juli 1934) und in der 2. Serie 1936–1939, 1963ff. 18 Bände (bis zum 25. 8. 1939). Die italienischen ›I Documenti diplomatici Italiani‹ (DDI) bringen in der 8. Serie 1935–1939, 1952f. bisher die Bände 12 und 13 für Mai bis September 1939, in der 9. Serie 1939–1943, 1954ff. bisher 5 Bände bis Oktober

1940. Die amtliche sowjetische Dokumentenausgabe ›Dokumenty vnešnej politikii SSSR‹, Moskau 1957, hat bisher 21 Bände für Oktober 1917 bis 31. 12. 1938 vorgelegt.

Die schon 1947 bis 1949 in dem 42bändigen Werk ›Der Prozeß gegen die Hauptkriegsverbrecher vor dem Internationalen Militärgerichtshof Nürnberg 14. 11. 1945–1. 10. 1946‹ abgedruckten Materialien bieten auch heute noch wichtige Einblicke in die nationalsozialistische Außenpolitik und Kriegsvorbereitung. Dieses umfangreiche Editionswerk ersetzt für denjenigen, der sich intensiver mit dem Nürnberger Prozeß und seinen 12 Nachfolgeprozessen (darunter als Fall 11 der sogenannte Wilhelmstraßenprozeß) beschäftigen will, jedoch nicht Archivstudien im Bundesarchiv, im Staatsarchiv Nürnberg, im Institut für Zeitgeschichte, München, im Institut für Völkerrecht der Universität Göttingen und gegebenenfalls auch beim Internationalen Gerichtshof im Haag und in Gewahrsamsorten der damals anklagenden Mächte, besonders der Amerikaner.

Zwar haben »der seit 1934 entstehende informelle Regierungsstil, den Hitler aus jedem institutionalisierten Gefüge herauslöste« (Hans Mommsen) und die schrittweise Ausbildung des totalen »Führerstaates« schon ab 1933 zu einem offenkundigen Funktions- und Bedeutungsverlust von Reichsregierung und Reichskanzlei als Schaltzentren staatlicher Macht bzw. zu ihrer Umwandlung in mehr oder minder nur noch vollziehende »Organe des Führerwillens« geführt; dennoch war es sinnvoll, die Edition der ›Akten der Reichskanzlei‹ aus der Weimarer Republik über 1933 hinaus zur ›Regierung Hitler 1933–1938‹ fortzusetzen[15]. Denn so werden nicht nur instruktive Einblicke in den relativ raschen Struktur- und Stilwandel des politischen Herrschaftssystems schon in den ersten Monaten nach der »Machtergreifung« am 30. 1. 1933 vermittelt, sondern auch in den gleitenden Übergang von der konservativen Revisionspolitik mehr traditionellen Stiles im Auswärtigen Amt zur nationalsozialistischen Außenpolitik der Kriegsvorbereitung.

Nach wie vor reichlich zitiert wird auch bei uns der schon ältere Dokumentenband ›Anatomie des Krieges. Neue Dokumente über die Rolle des deutschen Monopolkapitals bei der Vorbereitung und Durchführung des Zweiten Weltkrieges‹, hrsg. und eingel. v. Dietrich Eichholtz und Wolfgang Schumann. Berlin (Ost) 1969. Dies mag auch daran liegen, daß dieser Band interessante Wirtschaftsdokumente u. a. von der IG Farben enthält, an die wir sonst kaum oder gar nicht herankommen. Bemerkenswert ist jedoch, daß die beiden Autoren

[15] Bisher erschienen sind Akten der Reichskanzlei. Regierung Hitler 1933 bis 1938, hrsg. f.d. Historische Kommission bei der Bayerischen Akademie der Wissenschaften v. Konrad Repgen, f.d. Bundesarchiv v. Hans Booms. Die Regierung Hitler, Teil I: 1933/34. Bd. 1, 30. 1.–31. 8. 1933; Bd. 2: 12. 9. 1933–27. 8. 1934, bearbeitet von Karl-Heinz Minuth. Boppard 1983.

trotz der vielversprechenden Ankündigung im Titel und auch trotz aller theoretischen Bemühungen der DDR-Historie, Hitler zum »Handlanger« und reinen »Agenten« des »Monopolkapitals« zu stempeln, nicht ein Dokument beibringen können, aus dem eindeutig hervorgeht, daß der Diktator seinen Kriegskurs gleichsam auf Weisung der deutschen Industrie geplant und durchgeführt hat. Daß weite Wirtschaftskreise dann an diesem Kurs partizipierten und von ihm profitierten, ist unbestritten.

»Die nationalsozialistische Außenpolitik stellt weiterhin eines der zentralen Interessengebiete der zeitgeschichtlichen Forschung dar.«[1] Dem ist auch heute, zehn Jahre später, nichts hinzuzufügen, und daran wird sich wohl auch in den kommenden zehn Jahren nichts ändern. Dabei geht es längst nicht mehr nur um die Rekonstruktion des Geschehens aus den Akten (hier dürfte bald ein gewisser »Sättingungsgrad« erreicht sein); es handelt sich vor allem auch darum, die einzelnen Ereignisse in die Geschichte des Dritten Reiches im engeren und in die der Außenpolitik des deutschen Nationalstaates seit der Reichsgründung von 1870/71 im weiteren Sinne einzuordnen, sie unter immer neuen Fragestellungen und Perspektiven zu deuten und mosaikartig zu einem einigermaßen stimmigen Gesamtbild deutscher auswärtiger Politik im internationalen Staatensystem zusammenzufügen.

Die Beschäftigung mit der nationalsozialistischen Außenpolitik ist zugleich zu einem ebenso interessanten wie kontroversen Experimentierfeld historischer und sozialwissenschaftlicher Methoden und Theoriebildungen geworden. Hier wird über die Vor- und Nachteile von politischer Geschichte und Sozialgeschichte gestritten, werden Handlungsspielräume geschichtlicher Persönlichkeiten im Rahmen langfristiger Strukturen und Zwangslagen ausgelotet und kritisch überprüft, wird die alte Frage nach »Freiheit und Notwendigkeit« neu gestellt[2], über Schwierigkeiten im Umgang mit so problematischen Begriffen wie »Kontinuität« und »Diskontinuität«, »Zwangslagen« und »Strukturen« nachgedacht und die Diskussion über die wechselseitige Abhängigkeit von Innen- und Außenpolitik weitergeführt, nachdem sie sich endlich aus dem sterilen Primatsdenken der sechziger Jahre gelöst hat.

Zwar zwingen uns hier mehr äußere Gründe, mit dem Beginn des Zweiten Weltkrieges am 1. 9. 1939 einen Schnitt zu machen und den Krieg selbst aus der Betrachtung auszuklammern. Dennoch stellt sich

[1] Wolfgang Schieder, Spanischer Bürgerkrieg und Vierjahresplan. Zur Struktur nationalsozialistischer Außenpolitik. In: Wolfgang Schieder, Christof Dipper (Hrsg.), Der Spanische Bürgerkrieg in der internationalen Politik 1936–1939. München 1976, S. 162–190.

[2] Zur Forschungskontroverse über die Deutung Hitlers und seiner Rolle im Dritten Reich vgl. u.a. Klaus Hildebrand, Nationalsozialismus oder Hitlerismus? In: Michael Bosch (Hrsg.), Persönlichkeit und Struktur in der Geschichte. Düsseldorf 1977, S. 55–61; Hans Mommsen, Nationalsozialismus oder Hitlerismus? Ebenda, S. 62–71; Gerhard Hirschfeld und Lothar Kettenacker (Hrsg.), Der »Führerstaat«. Mythos und Realität. Studien zur Struktur und Politik des Dritten Reiches. Stuttgart 1981. Zu der durch diesen Band und die ihm zugrunde liegende Tagung ausgelösten heftigen Diskussion vgl. Jost Dülffers Besprechung in: Militärgeschichtliche Mitteilungen (MGM) 31 (1982), S. 156ff.

die nationalsozialistische Außen- und Kriegspolitik zwischen 1933 und 1945 heute in der Forschung als eine Einheit dar, und zwar als eine gesonderte Einheit im übergreifenden Gesamtzusammenhang der deutschen Außenpolitik zwischen 1870/71 und 1945, die über die Kontinuitätsproblematik in diesen Kontext untrennbar eingebunden ist. Auf eine Gesamtwürdigung müssen deshalb auch die Fragen an die Literatur abgestellt sein. Dabei soll der Schwerpunkt hier auf der Periode der Vorbereitung des Krieges zwischen 1933 und 1939 liegen.

Wenn wir im folgenden versuchen wollen, wenige »Schneisen« in das heute nahezu unüberschaubare »Dickicht« der wissenschaftlichen Diskussion um das Dritte Reich und seine Außen- und Kriegspolitik zu schlagen, werden wir uns an einigen Leitfragen orientieren müssen:

1. Welche Rolle spielte Hitler als »Außenpolitiker« im NS-Herrschaftssystem bei der Planung und Vorbereitung des Krieges, wie bestimmt sich sein »Ort in der Geschichte des preußisch-deutschen Nationalstaates«?[3]

2. War Hitler ein zielstrebig auf Krieg und Gewalt schlechthin zusteuernder »prinzipienloser Opportunist« (Alan Bullock), oder richtete er seine praktische Politik konsequent an einem schon früh formulierten und dann beharrlich über alle Widerstände hinweg festgehaltenen »Programm« mit hohem Verbindlichkeitscharakter aus (das Problem der »Programmorientierung« nationalsozialistischer Außenpolitik)?

3. Welchen Grad von innerer Kohärenz und Konsistenz hatte das Hitlersche Rassen- und Lebensraumprogramm überhaupt, oder war es Wandlungen unterworfen?

4. Gab es im NS-Herrschaftssystem neben Hitler noch weitere – vielleicht sogar autonome und konkurrierende – außenpolitische Entscheidungszentren und alternative Konzeptionen und, wenn ja, welche Chancen zur Durchsetzung hatten sie (»monokratische« oder »polykratische« Struktur nationalsozialistischer Außenpolitik)?

5. War die Außenpolitik ein relativ autonomer, zwar mit der Innenpolitik irgendwie verbundener, aber doch eigenen Prinzipien, Zielen und Gesetzmäßigkeiten unterworfener Politikbereich, oder stellte sie nur sekundär eine Funktion innenpolitischer Abläufe und Strukturen dar?

6. Damit eng verbunden ist die Frage, ob die Kriegspolitik am Ende vorwiegend eine relativ kurzfristige »Flucht nach vorn« aus einer sonst nicht mehr lösbaren innenpolitischen Krise (»Krisentheorie«), eine Reaktion auf eine spezifische internationale Mächtekonstellation oder der Vollzug eines längst anvisierten Programmzieles war.

7. Handelte es sich um eine singulär nationalsozialistische, eine mehr allgemein faschistische oder um traditionelle deutsche Außen- und Machtpolitik?

[3] Klaus Hildebrand, Hitlers Ort in der Geschichte des preußisch-deutschen Nationalstaates. In: HZ 217 (1973), S. 584–632.

8. An diesem Punkt ist dann das bis heute außerordentlich kontrovers diskutierte Problem von »Kontinuitäten« und »Diskontinuitäten« im außenpolitischen Verhalten des kleindeutschen Nationalstaates zwischen 1870/71 und 1945 sowie die Frage nach dem Zäsurcharakter des Jahres 1933 und, eng damit verbunden, des Jahres 1939 angesprochen.

Zur ersten Orientierung über Forschungsstand und Forschungskontroversen empfehlen sich a) Forschungsberichte, b) Aufsatzsammlungen mit »Workshop«-Charakter, in denen namhafte Experten in geraffter Form ihre Ergebnisse zur Diskussion stellen und sich gleichzeitig auch die Genesis von Kontroversen nachvollziehen läßt und c) zusammenfassende Überblicksdarstellungen mit der Verarbeitung und Präsentation des jeweils neuesten Diskussionsstandes.

Unter a) seien vor allem Arbeiten von Klaus Hildebrand[4], Gerhard Schreiber[5] und John Hiden/John Farquharson[6] erwähnt, alle drei sehr faire und detaillierte Einführungen in das Pro und Contra der Diskussion, ohne daß die Verfasser ihre eigene Position verleugnen, mit weiterführenden Literaturangaben und teilweise auch außerordentlich aufschlußreichen Rückblicken in die Debatten unter den Zeitgenossen vor 1945 über den rätselvollen Charakter des Dritten Reiches, seines »Führers« und seiner Außenpolitik. Ergänzend bieten sich ältere Literaturberichte von Jost Dülffer[7], Klaus Hildebrand[8], Andreas Hillgruber[9] und Wolfgang Michalka[10] an.

Unter b) ragen zunächst jene Aufsatzsammlungen heraus, die die nationalsozialistische Außenpolitik in den Kontext des internationalen Mächtesystems stellen und dies in einem doppelten Sinne: Zum einen werden wie bei Manfred Funke[11] die bilateralen Beziehungen Deutschlands, seine einzelnen Expansionsziele und -räume durchleuchtet, zum anderen wird wie bei Erhard Forndran/Frank Golczewski/Dieter Riesenberger[12], Wolfgang Benz/Hermann Graml[13],

[4] Das Dritte Reich. München, Wien 1980.

[5] Hitler. Interpretationen 1923–1983. Darmstadt 1984.

[6] Explaining Hitler's Germany. Historians and the Third Reich. London 1983.

[7] Politik zum Kriege. Das Deutsche Reich und die Mächte auf dem Weg in den Zweiten Weltkrieg. In: Neue Politische Literatur (NPL) 26 (1981), S. 42–58.

[8] Hitler. Rassen- contra Weltpolitik. Ergebnisse und Desiderate der Forschung. In: MGM 19 (1976), S. 207–224.

[9] Tendenzen, Ergebnisse und Perspektiven der gegenwärtigen Hitler-Forschung. In: HZ 226 (1978), S. 600–621.

[10] Wege der Hitler-Forschung. Problemkreise, Methoden und Ergebnisse. Eine Zwischenbilanz. In: Quaderni di storia 8 (1978), S. 157–190 und 10 (1979), S. 123–151.

[11] Hitler, Deutschland und die Mächte. Materialien zur Außenpolitik des Dritten Reichs. Düsseldorf 1978.

[12] Innen- und Außenpolitik unter nationalsozialistischer Bedrohung. Determinanten internationaler Beziehungen in historischen Fallstudien. Opladen 1977.

[13] Sommer 1939. Die Großmächte und der europäische Krieg. Stuttgart 1979.

Karl Rohe[14] und Wolfgang J. Mommsen/Lothar Kettenacker[14a] aus dem Blickwinkel der Bündnispartner und Gegner Deutschlands der nationalsozialistische Expansionismus als *die* große Herausforderung an die Sicherheit der europäischen und außereuropäischen Mächte begriffen, auf die sie nach dem Zusammenbruch des kollektiven Sicherheitssystems nationale Abwehrstrategien entwickeln mußten. Für jeden, der sich mit der Genesis der Kontroversen um die NS-Außenpolitik und um die »Entfesselung« des Zweiten Weltkrieges durch Berlin[15] auch an Hand älterer wegweisender Arbeiten von Fachleuten vertraut machen will, sind die beiden Aufsatzsammlungen von Wolfgang Michalka[16] und Gottfried Niedhart[17] unverzichtbar, zumal da beide Herausgeber einleitend einen wohlfundierten Literaturüberblick über ihre Themen geben. Der Sammelband von Friedrich Forstmeier/Hans-Erich Volkmann[18], Ergebnis einer Tagung des Militärgeschichtlichen Forschungsamtes in Freiburg 1974, führt interdisziplinär Politik- und Wirtschaftshistoriker zusammen und macht beispielhaft deutlich, wie tief und untrennbar die Außenpolitik des Dritten Reiches primär als Aufrüstungs- und Kriegspolitik sowohl vor als auch nach Kriegsbeginn[19] in binnenwirtschaftlichen Bedingungsfaktoren und Zwängen verankert war und von hier aus entscheidende Impulse empfing.

Die unter c) präsentierte Auswahl von Überblicksdarstellungen kann als eine Art Zwischenbilanz naturgemäß nur mehr den vorläufigen und offenen Charakter einer Bestandsaufnahme haben, glücklicherweise, möchte man sagen, denn andernfalls würde der wissenschaftliche Diskurs zu einem öden Dogmenstreit gerinnen.

Als erstes muß hier eine – auch methodisch wegweisende – interdisziplinäre »Teamarbeit« vorgestellt werden. Mit ihr haben vier namhafte Mitarbeiter des Freiburger Militärgeschichtlichen Forschungsamtes – Wilhelm Deist, Manfred Messerschmidt, Hans-Erich Volkmann und Wolfram Wette – das auf 10 Bände angelegte Projekt ›Das Deutsche Reich und der Zweite Weltkrieg‹ (bisher erschienen die Bände 1 bis 4)

[14] Die Westmächte und das Dritte Reich 1933–1939. Klassische Großmachtrivalität oder Kampf zwischen Demokratie und Diktatur? Paderborn 1982.

[14a] The Fascist Challenge and the Policy of Appeasement. London 1983.

[15] Der durch Walther Hofer in die Diskussion eingeführte Begriff der »Entfesselung des Zweiten Weltkrieges« ist heute in der Forschung im allgemeinen akzeptiert; Walther Hofer, Die Entfesselung des Zweiten Weltkrieges. Eine Studie über die internationalen Beziehungen im Sommer 1933. 3. erw. Aufl. Frankfurt 1964.

[16] Nationalsozialistische Außenpolitik. Darmstadt 1978.

[17] Kriegsbeginn 1939. Entfesselung oder Ausbruch des Zweiten Weltkrieges? Frankfurt 1964 und Darmstadt 1976.

[18] Wirtschaft und Rüstung am Vorabend des Zweiten Weltkrieges, Düsseldorf 1975.

[19] Dies. (Hrsg.), Kriegswirtschaft und Rüstung 1939–1945. Düsseldorf 1977.

eröffnet[20]. In einer souveränen und kritischen Gesamtschau und Diskussion bisheriger Forschungsergebnisse und unter Verarbeitung neuer Quellen besonders aus dem Militärarchiv in Freiburg begreifen alle vier Autoren moderne Militärgeschichte als Gesellschaftsgeschichte oder genauer: als eine integrative und umfassende Vorbereitung von Staat, Gesellschaft, Wirtschaft und Wehrmacht auf den Krieg.

Jeder der vier Wissenschaftler greift unter seinem besonderen Aspekt mit Recht auf die Weimarer Republik und hier besonders auf die Endphase der drei Präsidialkabinette Brüning (1930–1932), Papen (Juni–Dezember 1932) und Schleicher (Dezember 1932–Januar 1933) zurück. Damit soll keineswegs Weimar auf die Vorgeschichte des Dritten Reiches reduziert werden. Vielmehr wird einem etwas sehr Wesentliches auch für die nationale und internationale Einordnung des Dritten Reiches hier erneut bewußt: der epochale Zäsurcharakter der Weltwirtschaftskrise von 1929–1932 und mit ihr der Zusammenbruch des internationalen Systems kollektiver Sicherheit, wie es in Versailles 1919/20 geschaffen worden war[20a].

Aus dem Blickwinkel der späten zwanziger und frühen dreißiger Jahre verliert das Jahr 1933 auch in dem angesprochenen Werk des Freiburger Forschungsamtes unter ideologischem, militärpolitischem und außenwirtschaftlichem (nicht unter innenpolitisch-rechtsstaatlichem!) Aspekt viel von der Dramatik der sogenannten Machtergreifung. Der Übergang von 1930 auf 1933/34 erscheint, ob wir die Diskussion über »Autarkie« und »Großraumwirtschaft«, die geheime Aufrüstung, die Militarisierung der deutschen Gesellschaft oder die forcierte Revisionspolitik unter Brüning und seinem Außenminister Curtius nehmen, eigentlich mehr als ein gleitender. Darauf haben schon Karl Dietrich Bracher in seiner ›Auflösung der Weimarer Republik‹ (1. Aufl. Düsseldorf, Stuttgart 1955) und Karl Dietrich Bracher/Wolfgang Sauer/Gerhard Schulz in ihrem Buch ›Die nationalsozialistische Machtergreifung‹ (1. Aufl. Köln, Opladen 1960) ebenso wie jüngst Hans-Ulrich Thamer in seiner grundlegenden Gesamtdarstellung ›Verführung und Gewalt. Deutschland 1933–1945‹ (Berlin 1986) immer wieder mit Nachdruck hingewiesen.

Das Freiburger Projekt ist von seinem Anspruch her so weitgespannt angelegt, daß es nur in »team-work« mit jeweils wichtigen Querverweisen auch auf die anderen Teile des Bandes bewältigt werden kann. Wolfram Wette beschäftigt sich unter ausführlichem Rückgriff auf die Weimarer Republik mit Ideologien, Propaganda und Innenpolitik und insbesondere mit der Frage, wie eine an sich keineswegs kriegsbegeisterte Bevölkerung am Ende zwar nicht wie 1914 auf einen Hurra-

[20] Ursachen und Voraussetzungen der deutschen Kriegspolitik (= Das Deutsche Reich und der Zweite Weltkrieg, Band 1). Stuttgart 1979.

[20a] Vgl. dazu Gerhard Schulz (Hrsg.), Die große Krise der dreißiger Jahre. Vom Niedergang der Weltwirtschaft zum Zweiten Weltkrieg. Göttingen 1985.

Patriotismus, aber doch auf einen fanatischen Einsatz- und Durchhaltewillen eingeschworen wurde. Hans-Erich Volkmann arbeitet unter dem Thema NS-Wirtschaft in Vorbereitung des Krieges die einzelnen Stufen zur anvisierten »Autarkie« des Reiches innerhalb einer europäischen »Großraumwirtschaft« heraus, Wilhelm Deist die Phasen einer sich bald dramatisch beschleunigenden Aufrüstung und Manfred Messerschmidt die Außenpolitik im Dienste der Kriegsvorbereitung.

Alle vier Autoren nehmen die grundsätzliche »Programmorientierung« der Hitlerschen Außenpolitik ernst, ohne sie freilich in ein Schema von genau vorher geplanten Stufenabfolgen zu pressen. Systematische Kriegsvorbereitung im Innern und eine nach außen gewandte und rassebiologisch fundierte Lebensraum-Ideologie erscheinen bei ihnen als durchgängig von Anfang bis Ende als Zielperspektiven gültige und nie korrigierte, wohl auch unkorrigierbare Konstanten des Hitlerschen Weltbildes und als schon vor 1933 »felsenfest« fixierte Bezugspunkte einer daraus geradlinig abgeleiteten Innen- und Außenpolitik mit hoher Konstanz und Verbindlichkeit für die praktische Politik. Dabei stellen sich die Ziele des Hitlerschen Hegemonial- und Lebensraumdenkens zumindest bis 1939 als vorwiegend kontinentaleuropäisch und nicht als global-überseeisch orientiert dar.

Etwas andere Akzente setzt Klaus Hildebrand mit seiner Gesamtdarstellung[21]. Auch er differenziert sorgfältig zwischen einem dogmatisch-inflexiblen und unwandelbaren ideologischen Kern nationalsozialistischer Außenpolitik und den mehr machtpolitisch kalkulierten und bisweilen durchaus flexiblen und pragmatischen Zügen ihrer konkreten Umsetzung zwischen 1933 und 1945. Das Ziel Hitlers ist bei ihm aber von Anfang an global über die Kontinentalhegemonie hinaus auf »Weltmacht« oder gar »Weltvorherrschaft« angelegt. Die Wurzeln dieser imperialistischen Politik reichten in das Wilhelminische Deutschland und in die Kriegszielpolitik zwischen 1914 und 1918 zurück. Damit leistet Hildebrand zugleich einen überzeugenden Beitrag zur Kontinuitäts-Debatte.

Hans-Adolf Jacobsens heute immer noch wegweisendes Standardwerk zur NS-Außenpolitik[22] hat nur den einen Nachteil, daß es bereits mit 1938 schließt. Jacobsen kommt das unbestrittene Verdienst zu, zum erstenmal neben dem Auswärtigen Amt die mit- und gegeneinander konkurrierenden außenpolitischen Parteiämter und Instanzen im »polykratischen« Herrschaftsgefüge des Dritten Reiches mit seinen oft anarchischen und selbstzerstörerischen oder zumindest selbstblockierenden Dimensionen bis ins Detail ihrer weltweiten Aktivitäten untersucht zu haben, ohne jedoch Hitler aus der letztendlichen Hauptverantwortung für die Außenpolitik zu entlassen. Der amerikanische Hi-

[21] Deutsche Außenpolitik 1933–1945. Kalkül oder Dogma? Stuttgart 3. Aufl. 1976.

[22] Nationalsozialistische Außenpolitik 1933–1938. Frankfurt 1968.

storiker Gerhard L. Weinberg hat eine umfassende diplomatiegeschichtliche Darstellung der NS-Außenpolitik mit interessanten neuen Akzenten vorgelegt[23]. Die schon ältere Überblicksgeschichte über die Entwicklung Europas in der Zwischenkriegszeit von Hermann Graml[24] ist durch neuere Ergebnisse keineswegs überholt.

Für die unterschiedlichen Standpunkte in der kontroversen Diskussion über Charakter und Ziele der NS-Außenpolitik, wie sie sich nach 1945 bis heute entfaltet hat, gilt im Grunde dasselbe wie für die äußerst kontroversen Versuche einer Gesamtwürdigung des Dritten Reiches: sie sind so alt wie ihr Gegenstand selbst. Unter reichlicher Darbietung ganz überraschend »moderner« Beurteilungen durch Zeitgenossen der dreißiger und vierziger Jahre betont Schreiber mit Recht, »daß jene – die Hitler-Forschung bis heute prägende – kontroverse Diskussion darüber, ob Hitler kontinentale oder globale Ziele anstrebte, ob er in diesem Rahmen einem Programm verpflichtet gewesen sei oder als prinzipienloser Opportunist gehandelt habe, bereits lange vor dem Beginn des Zweiten Weltkrieges eingesetzt hat, daß die Zeitgenossen die Argumentation der gegenwärtigen Erörterungen oft bis ins Detail vorwegnahmen«[25]. Auch die bis heute anhaltende Diskussion über »monokratische« oder »polykratische« Strukturen des NS-Herrschaftssystems und seiner Entscheidungsprozesse[26] weist bereits auf die frühen Standardwerke von Ernst Fraenkel[27] und Franz Neumann[28] zurück.

Eine Gegenüberstellung der bis heute lesenswerten Hitler-Biographie von Konrad Heiden (1936/37)[29] und der – als Primärquelle für Hitler zwar inzwischen äußerst umstrittenen, als zeitgenössisches Dokument eines kritischen Beobachters jedoch nach wie vor aufschlußreichen – Bücher des Danziger Senatspräsidenten Hermann Rauschning ›Die Revolution des Nihilismus‹ (Zürich 1938)[30] und ›Gespräche mit Hitler‹ (Zürich 1939)[31] soll kurz verdeutlichen, was gemeint ist. Offen-

[23] The Foreign Policy of Hitler's Germany. Bd. 1: Diplomatic Revolution in Europe 1933–36. Bd. 2: Starting World War II 1937–1939. Chicago, London 1970 und 1980.

[24] Europa zwischen den Kriegen, dtv-Weltgeschichte des 20. Jahrhunderts, Band 5. München 1969.

[25] Schreiber, Hitler. Interpretationen S. 128.

[26] Peter Hüttenberger, Nationalsozialistische Polykratie. In: Geschichte und Gesellschaft (GG) 2 (1976) 4, S. 417–442.

[27] Der Doppelstaat. Frankfurt, Köln 1974 (engl. 1941).

[28] Behemoth. Struktur und Praxis des Nationalsozialismus 1933–1944. Frankfurt 1977 (engl. 1944).

[29] Adolf Hitler. Das Zeitalter der Verantwortungslosigkeit, 2 Bde. Zürich 1936/37.

[30] Die Revolution des Nihilismus. Neu hrsg. und mit einer Einl. v. Golo Mann. Zürich 1964.

[31] Gespräche mit Hitler. Wien 1973 (1. Aufl. Zürich 1940); dazu Theodor Schieder, Hermann Rauschnings ›Gespräche mit Hitler‹ als Geschichtsquelle. Opladen 1972; Wolfram Ender, Konservative und rechtsliberale Deuter des Na-

bar hat der Diktator in seiner ganzen Widersprüchlichkeit zwischen irrationaler Phantasterei und rational kalkulierender Berechnung, zwischen dogmatischem Fanatismus und flexiblem Pragmatismus so scharfsinnige und kluge Zeitgenossen wie die beiden Genannten derartig irritiert, daß sie sich nicht ganz festlegen konnten, ob er denn nun mehr ein zielgerichtet und programmorientiert handelnder Dogmatiker oder ein »völlig prinzipienloser Opportunist«, vielleicht auch beides gewesen ist. Heiden neigt mehr der ersteren, Rauschning der letzteren Einschätzung zu.

Konrad Heiden stellte bei Hitler schon früh »einen Plan der Weltherrschaft« fest, den er in allen Einzelheiten nachvollziehe[32]. Ein »Krieg um den Erdball« stehe zur Diskussion und dies »nicht nur um des Erdballs willen«, denn für den Nationalsozialismus sei der Krieg schlechthin ein »höherer Zustand« der Völker. »So beruhen alle wirklichen politischen Handlungen Hitlers auf dem Programm von ›Mein Kampf‹.«[33] Gleichzeitig erscheint der Diktator aber auch als »ein ganz triebhafter Mensch«, der »an Berufung und Stimmen« glaube. »Ein Inkonsequenter ziert sich mit formaler Logik. Ein tief Unzuverlässiger spielt sich und der Welt übermenschliche Treue vor.«[34] Der Nationalsozialismus sei eine »Praxis der Herrschaft, keine Ideologie«[35].

Ähnlich widersprüchlich urteilt Rauschning, gewöhnlich als Kronzeuge für Hitlers hemmungslosen Opportunismus und Nihilismus genommen: Dieser habe sich mit seiner rigorosen »Gelegenheitspolitik« ohne klare Ziele »von günstigen Gelegenheiten hochschaukeln« lassen, »bereit, alles preiszugeben, was er bisher verfochten hatte, nur um seine Macht zu vergrößern«[36]. Eine »große Voraussetzungslosigkeit« und die »Abwesenheit jedes vorgefaßten Programmes« kennzeichneten seine Politik. Der Nationalsozialismus sei eine »Bewegung schlechthin, Dynamik absolut gesetzt, Revolution mit wechselndem Nenner, jederzeit bereit, ihn zu vertauschen«. Hitler mache nicht »aus einer Doktrin Politik, wohl aber ... mit einer Weltanschauung«[37]. Dem hält Michalka freilich entgegen, es sei erstaunlich, »daß gerade Rauschnings Interpretation, die sowohl machtpolitische als auch ideologische Komponenten und Konstanten in Hitlers Denken und Handeln betont, von der Forschung bislang einseitig und damit verzerrt rezipiert wurde«[38].

Die ganze Spannweite der ambivalenten Deutung Hitlers als eines »Programmpolitikers« und/oder »Opportunisten« war also 1945 abge-

tionalsozialismus 1930–1945. Eine historisch-politische Kritik. Frankfurt u.a. 1984, S. 92–119.

[32] Heiden, Adolf Hitler, Bd. 2, S. 253.

[33] Ebenda, S. 255.

[34] Ebenda, Bd. 1, S. 362.

[35] Ebenda, Bd. 2, S. 265f.

[36] Rauschning, Gespräche mit Hitler, S. 127.

[37] Rauschning, Die Revolution des Nihilismus, S. 55f.

[38] Michalka (Hrsg.), Nationalsozialistische Außenpolitik, S. 8 (Einleitung).

steckt. Darauf konnte die Hitler-Forschung nach dem Kriege aufbauen, und sie tat es wiederum von zunächst ähnlich extremen Positionen aus. Dafür mögen die beiden britischen Historiker Alan Bullock und Hugh R. Trevor-Roper beispielhaft stehen. Bullock, dessen frühe Hitler-Biographie noch heute in manchem unübertroffen ist, prägte das griffige und seitdem häufig wiederholte Wort vom »völlig prinzipienlose(n) Opportunist(en)«, der allerdings »eine erhebliche Konsequenz und eine erstaunliche Willenskraft in der Verfolgung seiner Ziele« bewiesen habe. Der Biograph stellt besonders Hitlers verzehrende Machtgier und seine skrupellose Taktik heraus. »Er war der Wille zur Macht in seiner brutalsten und reinsten Form, was nicht identifiziert werden darf mit dem Triumph eines Dogmas wie bei Lenin und Robespierre – denn das einzige Dogma des Nationalsozialismus war die Macht um ihrer selbst willen.«[39] Bullock, der sich wie viele andere Historiker auf die – möglicherweise zu einseitig rezipierten – Bücher Rauschnings als »Kronzeugen« beruft, hat seine Ansichten später unter dem Einfluß seines Kollegen Trevor-Roper teilweise revidiert[40]. Trevor-Roper[41] geht aus von »vier von verschiedener Hand geöffneten Fenstern« in das Denken Hitlers: Von ›Mein Kampf‹, Rauschnings ›Gesprächen mit Hitler‹[42], von Hitlers zwischen 1941 und 1942 geführten ›Tischgesprächen‹[43] und den (inzwischen als historisch wertlos erkannten) sogenannten Bunkeraufzeichnungen Bormanns von Februar bis April 1945[44]. Er konstatiert an Hand dieser vier Dokumente über zwanzig Jahre hinweg »absolute Übereinstimmung und Folgerichtigkeit in Denken und Handeln« Hitlers sowie ein »konsequente(s), zielbewußte(s) Vorgehen« des Diktators. »Die wahre Bedeutung von ›Mein Kampf‹ als authentischer Darstellung der wohlüberlegten und konkreten Kriegsziele, die Hitler schon im Jahre 1923 vorschwebten, wird häufig übersehen.«

Hillgruber nennt Trevor-Ropers Aufsatz eine »grundlegende, wenn auch pointiert-einseitige Studie«[45]. Er bemängelt neben einem gewissen

[39] Alan Bullock, Hitler. Eine Studie über Tyrannei. Vollständig überarbeitete Neuausgabe. Düsseldorf 1971, Zitate S. 794 und 364.

[40] Alan Bullock, Hitler und die Ursprünge des Zweiten Weltkrieges. In: Niedhart (Hrsg.), Kriegsbeginn 1939, S. 124–162.

[41] Hugh R. Trevor-Roper, Hitlers Kriegsziele. In: Michalka (Hrsg.), Nationalsozialistische Außenpolitik, S. 32, 35.

[42] Vgl. Anm. 31.

[43] Henry Picker, Hitlers Tischgespräche im Führerhauptquartier 1941–1942. Stuttgart 1976; vgl. jetzt auch Adolf Hitler, Monologe im Führerhauptquartier 1941–1944. Die Aufzeichnungen Heinrich Heims, hrsg. v. Werner Jochmann. München 1980.

[44] The Testament of Adolf Hitler. The Hitler-Bormann documents. February–April 1945, hrsg. v. François Genoud, übers. v. R. H. Stevens. Mit einer Einleitung von Hugh R. Trevor-Roper. London 1961.

[45] Andreas Hillgruber, Hitlers Strategie. Politik und Kriegführung 1940–1941. Frankfurt 1965, S. 583.

Schematismus, der »die verschiedenen Abwandlungen und Erweiterungen« der Hitlerschen Ziele im Kriege nicht berücksichtigte, vor allem, daß der britische Historiker die Kriegsziele des Diktators »allein in der Errichtung eines deutschen Ost-Imperiums auf den Trümmern der Sowjetunion« gesehen und dabei die globalen, über den kontinentaleuropäischen Raum hinaus weisenden Aspekte des »Programmes« übersehen habe. Hillgruber bezieht sich hier auf frühe Erkenntnisse Günter Moltmanns[46]. Nach ihnen soll der Diktator nicht nur die Herrschaft über Kontinentaleuropa unter Einschluß der Sowjetunion und auch nicht nur eine deutsche »Weltmacht«-Stellung neben anderen »Weltmächten« wie vor und im Ersten Weltkrieg angestrebt haben, sondern letztendlich eine »Weltherrschaft« oder besser »Weltvorherrschaft«.

Fortan sollte also das Interpretenlager der sogenannten »Programmologen« (Wolfgang Schieder) oder auch »Intentionalisten«, bisweilen auch abschätzig »Traditionalisten« oder »Hitleristen« genannt, in zwei Untergruppen zerfallen; sie sind sich zwar grundsätzlich einig darin, den Intentionen und Programmentwürfen des Diktators, seiner »Weltanschauung« kontinuierlich und im Kern unwandelbar seit 1924 einen Schlüsselcharakter und einen hohen Verbindlichkeitsgrad zum Verständnis nationalsozialistischer Außenpolitik bis zum bitteren Ende 1945 zu unterstellen. Hier erscheint ›Mein Kampf‹ also, wie es schon ein Zeitgenosse formulierte, gleichsam als »Kompaßbuch des deutschen Nationalsozialismus«. Die »Programmologen« gliedern sich jedoch nun in »Globalisten« wie Günter Moltmann, Andreas Hillgruber, Klaus Hildebrand[47], Jochen Thies[48] oder auch Milan Hauner[49], die die weltweite Dimension des Hitlerschen Denkens und Planens herausstellen und sich dabei u. a. auch auf die zum erstenmal von Thies aufgearbeiteten gigantischen Baupläne des Diktators für Berlin (als Welthauptstadt künftig »Germania«) und andere deutsche Großstädte als sinnfälligen architektonischen Ausdruck seiner Vorstellungen über eine künftige deutsche Weltherrschaft berufen, und in die »Kontinentalisten« wie Hugh R. Trevor-Roper, Dietrich Aigner[50], Robert Cecil[51], Eber-

[46] Weltherrschaftsideen Hitlers. In: Europa und Übersee. Festschrift für Egmont Zechlin. Hamburg 1961, S. 197–240.

[47] Deutsche Außenpolitik 1933–1945. Kalkül oder Dogma? Stuttgart 3. Aufl. 1976.

[48] Architekt der Weltherrschaft. Die »Endziele« Hitlers. Düsseldorf 1976; ders., Hitlers »Endziele«. Zielloser Aktionismus, Kontinentalimperium oder Weltherrschaft? In: Michalka (Hrsg.), Nationalsozialistische Außenpolitik, S. 70–91.

[49] Did Hitler Want a World Dominion? In: Journal of Contemporary History (JCH) 13 (1978), S. 15–32.

[50] Hitler und die Weltherrschaft. In: Michalka (Hrsg.), Nationalsozialistische Außenpolitik, S. 49–69.

[51] Hitlers Griff nach Rußland. Graz, Wien, Köln 1977 (engl. 1975).

hard Jäckel[52], Hans-Adolf Jacobsen[53] und Axel Kuhn[54]. Sie beharren nach wie vor darauf, daß Hitler von Anfang bis Ende auf sein Ostimperium fixiert gewesen sei.

Insbesondere Hillgruber und Hildebrand haben ihre Position dadurch noch schärfer markiert, daß sie aus heuristischen Gründen den Begriff »Stufenplan« eingeführt haben. Er ist in der Forschung zwar außerordentlich umstritten, hat jedoch fruchtbare Diskussionsanstöße gegeben[55]. Danach waren der deutschen Außen- und Kriegszielpolitik im Denken Hitlers gewisse Etappen vorgezeichnet: Nach Erringung der Macht im Innern und Konsolidierung der deutschen Herrschaft in Mitteleuropa Aufbau eines Kontinentalimperiums mit »wehrwirtschaftlichem« Rückhalt im »Ostraum«; auf einer zweiten Stufe in den Bahnen des wilhelminischen Imperialismus Gewinnung eines kolonialen Ergänzungsraumes in Afrika, Schaffung einer starken Überseeflotte und Ausbau von Stützpunkten im Atlantik (»Weltmacht«-Phase); schließlich gegebenenfalls in der nächsten Generation Entscheidungskampf um die »Weltvorherrschaft« gegen die USA, und zwar entweder nach vorheriger Ausschaltung Großbritanniens und seines Empires oder besser mit dem Inselreich als Juniorpartner und den Ressourcen seines Weltreiches.

Das Insistieren der »Globalisten« auf dem weltumspannenden utopischen Entwurf nationalsozialistischer Expansionspolitik und dessen handlungsleitendem Charakter für die politische Praxis könnte erst bei einer sorgfältigen Analyse der gesamten nationalsozialistischen Außen- und Kriegspolitik zwischen 1933 und 1945 entsprechend gewürdigt werden. Deshalb hier nur wenige grundsätzliche Bemerkungen: Man sollte die »Globalisten« gegen ihre zahlreichen Kritiker insoweit in Schutz nehmen, als sie nie beabsichtigt haben, einen genauen »Fahrplan zur Weltherrschaft« mit penibler Festlegung der einzelnen »Stufen« zu rekonstruieren, sondern stets nur »die wesentlichen Triebkräfte und zentralen Ziele der Außenpolitik Hitlers« in ihrem unverrückbaren Charakter herausstellen wollten[56].

Dennoch bleibt bei diesem »programmologischen« Interpretationsansatz in mehrfacher Hinsicht auch methodisch ein gewisses Unbehagen, das im übrigen seine Vertreter durchaus konzedieren. Der Begriff

[52] Hitlers Weltanschauung. Entwurf einer Herrschaft. Erw. und überarb. Neuausgabe. Stuttgart 1981.

[53] Zur Struktur der NS-Außenpolitik 1933–1945. In: Funke (Hrsg.), Hitler, Deutschland und die Mächte, S. 137–185.

[54] Hitlers außenpolitisches Programm. Entstehung und Entwicklung 1919 bis 1939. Stuttgart 1970.

[55] Zur kritischen Diskussion dieses Begriffes vgl. Karl Dietrich Erdmann, Die Zeit der Weltkriege. In: Bruno Gebhardt, Handbuch der Deutschen Geschichte (Hrsg.), Bd. 4, S. 342, Anm. 14; vgl. auch Andreas Hillgruber, Deutschlands Rolle in der Vorgeschichte der beiden Weltkriege. Göttingen 1968, S. 68f.

[56] Hildebrand, Das Dritte Reich, S. 172.

»Stufenplan« suggeriert nachträglich, vor allem da er in den Quellen nirgendwo faßbar ist, »eine Systematik, von der es zweifelhaft ist, ob mit ihr die Visionen und Improvisationen Hitlers zutreffend bezeichnet werden«[57]. Drängt sich also grundsätzlich schon der Verdacht auf, daß es sich hier um eine – wesentlich aus den Äußerungen Hitlers gewonnene – Konstruktion ex post handelt, die die NS-Außenpolitik im nachhinein zu stark rationalisiert und schematisiert und damit ihrer ausgesprochen improvisatorischen, pragmatischen und widersprüchlichen Züge beraubt, so muß in unserem Zusammenhang noch einmal nachdrücklich betont werden, daß es verfehlt wäre, der deutschen Außenpolitik bis 1939 bereits eine globale Zielperspektive der »Weltmachtstellung« oder gar einer »Weltvorherrschaft«, was immer diese mehr als schwammigen Begriffe meinen, gleichsam als Handlungsanweisung und Antriebskraft zu unterstellen.

Weitere Einwände lassen sich unter Verweis auf das methodisch-theoretische Instrumentarium und die Fragestellungen der modernen Sozialwissenschaften wie der Politikwissenschaft und der Soziologie formulieren: Darf Außenpolitik so personalistisch und ausschließlich, wie dies bei den »Programmologen« geschieht, letztendlich auf das außenpolitische Aktionsprogramm *eines* Mannes, eben Hitlers, zurückgeführt und aus ihm erklärt werden? Bedeutet diese »Hitlerzentrik« nicht methodisch einen Rückfall in ein längst überwunden geglaubtes historisches Denken, nach dem »Männer Geschichte machen«, und überdies geradezu eine Dämonisierung des Diktators als eines allmächtigen Drahtziehers? Selbst wenn sich die Kritiker der »Programmologen« auch darin einig sind, daß Hitler gerade in der Außenpolitik wie in kaum einem anderen Aufgabenbereich »ein persönliches Regiment« (Wolfgang J. Mommsen) praktiziert und ihr seine ganz eigene Handschrift aufgedrückt hat, bleibt doch die Frage, welche realpolitische Verbindlichkeit denn nun dieses »Programm« mit seinen beiden dogmatisch fixierten Endzielen – Rassenherrschaft und Lebensraum – für den konkreten Ablauf außenpolitischen Agierens und Reagierens gehabt hat, wie stringent sich unter ihm Nah- und Fernziele miteinander verbinden lassen oder wieweit sich die Reichsregierung nicht durch innere und äußere Einflußfaktoren sehr bald zu entscheidenden Abstrichen an diesem »Programm« und am Ende zu seiner jedenfalls partiellen Revision gezwungen gesehen hat. Denn immerhin fällt z.B. auf, daß zwischen 1933 und dem Hitler-Stalin-Pakt die Sowjetunion als ein doch angeblich mit dogmatischer Starrheit verfolgtes Eroberungsziel, wenn wir den Quellen wie etwa der »Hoßbach-Niederschrift« Glauben schenken dürfen, offenbar fast völlig aus dem Blickfeld des Diktators gerät.

Dies führt uns auf eine weitere wichtige Überlegung, die auch schon intensiv im Blick auf den Imperialismus des Wilhelminischen Deutsch-

[57] Erdmann, Die Zeit der Weltkriege, S. 342, Anm. 14.

lands angestellt worden ist: Besitzt Außenpolitik überhaupt einen relativ hohen Grad von Eigenständigkeit, und unterliegt sie im internationalen Mächtesystem mehr oder weniger eigenen und autonomen Gesetzmäßigkeiten? Oder ist sie nicht vielmehr auch eingebettet in und determiniert durch Macht- und Herrschaftsstrukturen in einem Staat, durch seine überpersönlichen und kollektiven innenpolitischen Antriebsfaktoren und Zwangsläufigkeiten wie Wirtschafts- und Konjunkturabläufe, soziale Schichtungen und Klassenspannungen, Legitimationsdruck und eine bestimmte Erwartungshaltung aufgeputschter Volksmassen, Verteidigungsstrategien gesellschaftlich-politischer Eliten und ihre Versuche, wie in einem »Überdruckkessel« aufgestaute innerstaatliche Konfliktpotentiale durch eine aggressive Expansionspolitik oder Drohgebärden nach außen abzulenken (»Sozialimperialismus«)[58]? Schließlich noch eine letzte Frage: Waren die auch im Dritten Reich nach wie vor außerordentlich komplexen außenpolitischen Entscheidungsstrukturen mehr »monokratisch« ausgerichtet, also am Willen und den Vorgaben des »Führers«, oder mehr »polykratisch«, d.h. gab es neben der Reichskanzlei und dem Auswärtigen Amt noch weitere relativ autonome Macht- und Entscheidungszentren mit durchaus eigenen und alternativen Ideen?

Die in den sechziger Jahren in Gang gekommene Methoden- und Theoriediskussion in der Geschichtswissenschaft, ein Paradigmenwechsel von der politischen zur Sozialgeschichte, von Staat und Verfassung zu Gesellschaft und Ökonomie, von den handelnden Akteuren zu den handlungsbestimmenden »Strukturen«, ein interdisziplinärer Brückenschlag zu den Sozialwissenschaften und auch die Tatsache, daß nach dem Abflauen des »Kalten Krieges« endlich auch die westdeutschen Historiker begonnen hatten, die Herausforderungen marxistisch-materialistischer Geschichtsdeutungen ernst zu nehmen und ihnen offensiv entgegenzutreten, haben dazu geführt, daß die oben kurz umrissenen Fragen nun auch an die »Hitlerforschung« (ebenso wie zeitlich parallel in der »Fischer-Kontroverse« an das Wilhelminische Deutschland) gestellt wurden. Hier wurde eine unverzichtbare und bis heute wegweisende »Revision« des überkommenen Geschichtsbildes eingeleitet.

Die »Revisionisten« (dieser Begriff geht auf Karl Dietrich Bracher[59] zurück) oder auch »Neo-Revisionisten«, da sie sich schon auf Fraenkel und Neumann berufen konnten, – an ihrer Spitze Martin Broszat[60],

[58] Diese Interpretation wird kritisch diskutiert von Klaus Hildebrand, Innenpolitische Antriebskräfte der nationalsozialistischen Außenpolitik. In: Michalka (Hrsg.), Nationalsozialistische Außenpolitik, S. 175–197.

[59] Tradition und Revolution im Nationalsozialismus. In: ders., Zeitgeschichtliche Kontroversen. Um Faschismus, Totalitarismus, Demokratie. München 1976, S. 62.

[60] Soziale Motivation und Führer-Bindung des Nationalsozialismus. In: Michalka (Hrsg.), Nationalsozialistische Außenpolitik, S. 92–116.

Hans Mommsen[61], Timothy Mason[62], Reinhard Bollmus[63] und Wolfgang Schieder[64] – wollen, wenngleich sie in vielem sehr unterschiedliche Wege gehen, doch gemeinsam von der »Hitler-Scholastik« (Jens Petersen), der inzwischen etwas steril gewordenen Konzentration der Historiker auf die Person des Diktators, seine geheimsten Gehirnwindungen und Ziele, wegführen. In ihr sehen sie mit einigem Recht einen späten Sieg des Reichspropagandaministers Goebbels und des von ihm geschickt propagierten Bildes vom monolithischen »Führerstaat«, in dem alles auf ein Kommando hört. In ihrem Bedürfnis, den »Führer« zu entdämonisieren und auf das »Normalmaß« eines – wenn auch abstoßenden und exzentrischen – Politikers zurückzuführen, fragen sie nach den innenpolitischen Bedingungen, die Hitler ermöglicht und seine Außenpolitik bestimmt haben, nach der »Funktionalität« dieser Außenpolitik im Dienste der Herrschafts- und Machtsicherung im Innern und gewisser Zwangslagen (»Funktionalisten«).

Dieser strukturell-funktionale Untersuchungsansatz ist methodisch amerikanischen Soziologen wie Robert K. Merton, Kingsley Davis und Talcott Parsons verpflichtet. Er nimmt gleichzeitig ältere Ergebnisse von Rauschning, Fraenkel und Neumann wieder auf und überträgt innenpolitische Erkenntnisse über den »Doppelstaat« (Fraenkel), das Neben- und teilweise auch Gegeneinander von traditionellem Normen- und revolutionärem Maßnahmenstaat, nun auch auf die Außenpolitik. Hier erscheint die NS-Außenpolitik »als eine im Grunde nach außen gewandte Innenpolitik« (Michalka). Im oft anarchischen Konkurrenzgerangel rivalisierender Machtgruppen und Instanzen im Staats- und Parteiapparat (»institutioneller Darwinismus«) sowie im Spannungsfeld sich widersprechender Ziele und Programme wird Hitlers Politik zur Funktion »struktureller Prozesse«, der Diktator selbst wird zu einem machtbesessenen, völlig skrupel- und prinzipienlosen Opportunisten ohne ein präzises oder gar handlungsleitendes und langfristig ausgefeiltes Programm. Im Gegenteil: Ihm war jedes Mittel, auch die Außenpolitik, recht, wenn es ihm nur half, Macht im Innern zu akkumulieren, gegen mögliche Widersacher durchzusetzen und seiner Herrschaft wie der seiner Partei die nötige Legitimation bei den »Volksgenossen« zu verschaffen.

Hans Mommsen betont die Objekt- und Grenzenlosigkeit der machtpolitischen Zielsetzungen des Nationalsozialismus und bestreitet, »daß Hitler ein bestimmtes außenpolitisches System gehabt habe«.

[61] Nationalsozialismus. In: Sowjetsystem und demokratische Gesellschaft. Eine vergleichende Enzyklopädie. Freiburg u. a. 1971, Bd. 4, Sp. 695–713.

[62] Intention and Explanation. A Current Controversy about the Interpretation of National Socialism. In: Hirschfeld u. a. (Hrsg.), Der »Führerstaat«. S. 23 bis 42.

[63] Das Amt Rosenberg und seine Gegner. Studien zum Machtkampf im nationalsozialistischen Herrschaftssystem. Stuttgart 1970.

[64] Vgl. Anm. 1.

Er sei vielmehr »ein Mann der Improvisation, des Experimentierens und der Augenblickseingebung« gewesen, letztlich sogar ein »schwacher Diktator«[65].

Ihre eindrucksvollste Ausprägung hat diese »revisionistische« Position bei Martin Broszat gefunden. Broszat sieht als Garantie für den Massenerfolg des Regimes und für seine Legitimation bei der Bevölkerung seine Fähigkeit, eine einmal in Gang gesetzte gesellschaftliche Dynamik mit einer bemerkenswerten »plebiszitären Sensibilität« (Broszat) durch immer höher geschraubte Ziele und Erwartungen auf eine soziale, völkische und nationale »Wiedergeburt« und Freiheit permanent in Bewegung zu halten und die dadurch ausgelöste enorme »Schubkraft« durch immer neue innen- und außenpolitische »Leistungen« anzuheizen. Dies geschah, wie wir gesehen haben, durch »einen Kurs selbstzerstörerischer Überdehnung des Kräftepotentials«, um den Preis eines hohen inneren Kräfteverschleißes und eines Raubbaus an den eigenen Ressourcen. Hitler war, »wenngleich nicht bloß Agent bestimmter Interessen, so doch Exponent von in sich antagonistischen Kräften und Tendenzen ..., die auf den von ihm verkörperten fanatischen Ausweg drängten«.

Er vermied konkrete Programmfestlegungen, um die Bewegung offen und flexibel zu halten, propagierte aber, um die entfesselte soziale Dynamik auf ein Ziel hinlenken und ihren inneren Motor am Laufen halten zu können, gewisse unverrückbare und fanatisch festgehaltene weltanschauliche »Ideen« und »Fixpunkte« wie Antisemitismus, Antibolschewismus und Lebensraumgewinnung. Das Ziel der Lebensraumgewinnung im Osten hatte somit nach Broszat bis 1939/40 »weitgehend die Funktion einer ideologischen Metapher, eines Symbols zur Begründung immer neuer außenpolitischer Aktivität, um den ›Endzustand‹ perfekter nationaler Freiheit zu erreichen«.

Dieser außenpolitische Aktionismus war »seinem Wesen nach zeitlich und räumlich unbegrenzt«. Wie bei Goethes Zauberlehrling konnte das Regime am Ende die innere und äußere »Bewegung«, unter der es angetreten war, nicht mehr anhalten, »wenn es die in Gang gesetzte plebiszitäre Dynamik nicht entbehren und damit sich selbst überflüssig machen wollte. Nur die weitere Aktion verbürgte Integration und Ablenkung der antagonistischen Kräfte der entfesselten Gesellschaft des Dritten Reiches.« Sie entzog sich immer mehr »rationaler Bändigung und Kalkulation« und schlug in die nationale Katastrophe und in »selbstzerstörerischen Wahn« um. »Auch hier war Hitler die unerläßliche Integrationsfigur und Drehscheibe des Geschehens, aber nicht Agens im Sinne gesellschaftlich unmotivierter, reiner persönlicher Willkür.«[66]

[65] Zitate aus Hans Mommsen, Rezension des Buches von Hans-Adolf Jacobsen, Nationalsozialistische Außenpolitik. In: MGM 7 (1970), S. 183; ders., Nationalsozialismus, Sp. 702.

[66] Martin Broszat, Soziale Motivation und Führerbindung des Nationalsozialismus. In: Michalka (Hrsg.), Nationalsozialistische Außenpolitik, S. 101, 105, 115f.

So sehr man den »Funktionalisten« für ihr Bemühen danken muß, das dämonisierte Bild des allgewaltigen und allgegenwärtigen Diktators zu »normalisieren« (Hans Mommsen) und seine Außenpolitik in den Bedingungsrahmen innenpolitischer Vorgänge zu stellen, so sehr bleibt doch auch bei diesem strukturgeschichtlichen Ansatz einiges offen. Kann man den »Programmologen« ein Stück Überrationalisierung der NS-Außenpolitik vorwerfen, so scheint es bei Broszat, als habe er dem einen Überschuß an Irrationalismen entgegengesetzt. Das Pendel ist sehr weit zur Gegenseite ausgeschlagen. Es bleibt bei den »Revisionisten« ein nicht hinreichend erklärter »Rest Hitler« als eine unverwechselbare und nicht austauschbare »Individualität«. Personales Entscheidungshandeln und politische Verantwortung werden hier unzulässig in Herrschafts- und Machtstrukturen gleichsam »aufgelöst« und »entpersonalisiert«. Die Problematik einer strukturell-funktionalen Analyse äußert sich auch bei diesem Beispiel darin, daß sie individuelle Handlungsspielräume allzu stark einschränkt und die historischen Abläufe rückblickend in einer Weise als zwanghaft alternativlos und determiniert erscheinen läßt, die sich nur noch schwer mit einer individualisierenden Ereignisgeschichte und dem Anspruch auf eine, wenn auch begrenzte Freiheit personalen Handelns vermitteln läßt. Hier stoßen wir auf durchaus noch ungelöste Methodenprobleme.

Es bleibt ein gewisses Unbehagen, daß ein auf »Funktionen« reduzierter Hitler erneut, wie schon bei seinen Zeitgenossen, als Entscheidungsmotor unterschätzt und die negative Kraft seiner Persönlichkeit »bagatellisiert« wird. Er war eben nicht austauschbar! Vor allem aber muß noch einmal nachdrücklich darauf verwiesen werden, daß Hitler und seine vielen Tausend Helfershelfer in der Wehrmacht, der Staats- und Parteibürokratie und in der Wirtschaft es waren, die im Banne ganz konkreter Ziele und »Programme« wie der »Wiederwehrhaftmachung«, des Aufstiegs zur europäischen Hegemonialmacht und der Kriegsvorbereitung erst die von Broszat treffend dargestellte innere gesellschaftliche, militärpolitische, ökonomische und massenpsychologische Dynamik entfesselt haben. Mit Hilfe dieser Dynamik haben sie dann vor und im Kriege bis hin zum »Holocaust« Entscheidungen herbeigeführt, verwirklicht und verantwortet, die entweder von Anbeginn richtungsweisend vorformuliert oder doch zumindest – wie die Ausrottung der polnischen Intelligenz, die inhumane Kriegsführung im Osten oder der millionenfache Judenmord ab 1942 – in sehr frühen »programmatischen« und ideologischen Weichenstellungen, wenn auch nicht alternativlos, so doch als Möglichkeit angelegt waren. Eine solche Weichenstellung schon 1933 war die hochgradig ideologisierte und zielgerichtete Erklärung des inneren »Bürgerkrieges« gegen unschuldige deutsche Staatsbürger jüdischen Glaubens. Gerade im »Holocaust« und seiner Vorgeschichte verschlingen sich Innen- und Außenpolitik zu einer untrennbaren Einheit.

Es wäre forschungsstrategisch verhängnisvoll, wenn sich die Vertreter der beiden konträren Positionen – hier die »Programmologen« und »Traditionalisten«, dort die »Revisionisten« und »Funktionalisten« – in sterilen methodischen Grabenkämpfen einigeln und über ihrem inzwischen schon vielfach ritualisierten Schlagabtausch eines vergessen würden: Theorien sind letztlich immer nur Konstrukte oder auch blasse, abstrakte Derivate komplexer geschichtlicher Realität. Sie haben eine wichtige heuristische Funktion, dabei mitzuhelfen, Fragen an die Quellen zu formulieren, das überreichlich anfallende Material zu ordnen und realhistorische Vorgänge, bei denen es noch zahlreiche »blinde Flecken« im Dritten Reich gibt, zu erschließen und zu deuten. Theoretische Konstrukte sind stets nur »perspektivischer Natur« (Wolfgang J. Mommsen). Eine pluralistische Methoden- und Aspektvielfalt, gepaart mit einem gehörigen Maß an Offenheit und Toleranz, ist für den Historiker unerläßlich.

Deshalb sollten wir alle Versuche der Vermittlung und des Brückenschlages wie bei Alan Bullock und Wolfgang Schieder dankbar begrüßen. So findet Bullock in einer gewissen Korrektur seiner früheren Annahmen gerade in der NS-Außenpolitik zahllose Beispiele »für jene außergewöhnliche Kombination von Zielstrebigkeit, Berechnung und Geduld bei der Vorbereitung mit Opportunismus, Impulsivität und Improvisation bei der Durchführung, die ich für ein Wesensmerkmal der Hitlerschen Politik halte«. Improvisation und taktisches Offenhalten der Entscheidungsfreiheit bis zum letzten Augenblick vertrugen sich durchaus mit Konsequenz im Grundsätzlichen. Der taktische Opportunist Hitler »wußte, wohin er wollte; er war fast der einzige europäische Politiker, der das wußte, und behielt deshalb die Initiative in den Händen.«[67]

In anderer Akzentuierung unterscheidet Wolfgang Schieder in seiner Untersuchung über das deutsche Engagement im Spanischen Bürgerkrieg »in der außenpolitischen Programmatik Hitlers zwei Ebenen ..., zwischen denen es letzten Endes keine Vermittlung gab«: auf der einen Ebene die »Vorstellungen einer außenpolitischen Endlösung« mit »in hohem Maße ideologisierten Globalzielen«, die mit »einer ungemein fanatischen Konsequenz« verfolgt wurden; auf der anderen Ebene »mehr oder weniger klar umschreibbare Objekte« und »konkrete Entscheidungen« mit nachprüfbarem Inhalt. »Die Außenpolitik Hitlers läßt sich demnach weder ausschließlich als Umsetzung von Langzeitprogrammen begreifen, noch ist sie als Produkt eines objektlosen Nihilismus zu erklären. Sie besteht vielmehr im Ganzen aus einer oft widersprüchlichen Mischung von dogmatischer Starrheit im Grundsätzlichen und äußerster Flexibilität im Konkreten. Aus dem Zusammenspiel dieser beiden Verhaltensweisen erklärt sich letzten Endes auch die besondere Dynamik und Aggressivität dieser Politik.«[68]

[67] Hitler und die Ursprünge, S. 141, 143.
[68] Spanischer Bürgerkrieg und Vierjahresplan, S. 164f.

Unter »revisionistischem« Einfluß, auch angeregt durch die bahnbrechenden Untersuchungen Jacobsens[69] zu den Instrumentarien und Strukturen der NS-Außenpolitik und das von Hüttenberger[70] weiterentwickelte Polykratiemodell, hat sich die Forschung in mehrere interessante und vielversprechende Richtungen fortbewegt. Sie können hier nur knapp angedeutet werden.

1. Der britische Historiker Timothy W. Mason hat unter Beifall seines Landsmannes William Carr[71], der deutschen »Revisionisten« und auch unterstützt von Jost Dülffer[72], seine eingehenden Untersuchungen über Gesellschaft und Ökonomie im Dritten Reich zu einer Art »Krisen-Theorie« weiterentwickelt. Danach hat sich das Regime selbst durch seine forcierte Kriegsvorbereitung mit einer krassen Überforderung der deutschen Wirtschaftskraft und durch ein nur notdürftig durch Terror und materielle Bestechungen verdecktes Fortwirken der kapitalistischen Klassenkampfsituation in der Arbeiterschaft mit bedrohlichen Zeichen von Verweigerung und Auflehnung 1938/39 in eine innenpolitisch so ausweglose Lage und eine so gefährliche Legitimationskrise hineinmanövriert, daß sich am Ende als ein möglicher Ausweg aus den fast unlösbaren inneren Problemen die »Flucht nach vorn« in den Angriffs- und Beutekrieg angeboten habe, »um den Weg zur ›Lösung‹ dieser angestauten wirtschafts- und sozialpolitischen Probleme freizumachen ... Die Funktion des Krieges war also, inneren Gefahren vorzubeugen.«[73] Der amerikanische Historiker Gerhard L. Weinberg[74] und sein britischer Kollege Richard Overy[75] melden ebenso wie Klaus Hildebrand[76] schwere Bedenken gegen die »Krisen-Theorie« an. Selbst wenn der Krieg sekundär eine wichtige innenpolitische Entlastungsfunktion hatte, wird man Mason doch wohl entgegenhalten müssen, daß er die sozialpolitische Krisenanfälligkeit des NS-Regimes weit überschätzt. Seine Wirtschafts- und Finanzkrise dürfte allerdings mit all ihren Konsequenzen für die Bereitschaft zur Gewaltanwendung bei Mason treffend dargestellt worden sein.

[69] Vgl. Anm. 22.

[70] Vgl. Anm. 26.

[71] Rüstung, Wirtschaft und Politik am Vorabend des Zweiten Weltkrieges. In: Michalka (Hrsg.), Nationalsozialistische Außenpolitik, S. 437–454.

[72] Der Beginn des Krieges 1939. Hitler, Die innere Krise und das Mächtesystem. In: GG 2 (1976) 4, S. 443–470.

[73] Timothy W. Mason, Innere Krise und Angriffskrieg. In: Forstmeier u.a. (Hrsg.), Wirtschaft und Rüstung, S. 158–188; ders., Sozialpolitik im Dritten Reich. Arbeiterklasse und Volksgemeinschaft. Opladen, 2. Aufl. 1978; Zitate aus Innere Krise, S. 178; Sozialpolitik, S. 308.

[74] Deutschlands Wille zum Krieg. Die internationalen Beziehungen 1937 bis 1939. In: Karl Dietrich Bracher, Manfred Funke, Hans-Adolf Jacobsen (Hrsg.), Nationalsozialistische Diktatur 1933–1945. Eine Bilanz. Bonn 1983, S. 407–426.

[75] Richard J. Overy, Hitler's War and the German Economy. A Reinterpretation. In: Economic History Review (EHR) 35 (1982), S. 272–291.

[76] Das Dritte Reich, S. 158ff.

2. Nach wie vor aktuell ist die u.a. von Michalka mit Nachdruck gestellte Frage nach dem »polykratischen« Charakter der NS-Außenpolitik, nach konkurrierenden und rivalisierenden Entscheidungsinstanzen und einem »Konzeptionen-Pluralismus« jenseits von und in gewisser Konkurrenz zu Hitlers »Programm«[77]. Instruktive Untersuchungen von Michalka selbst über Ribbentrop[78], von Stefan Martens[79] und Richard Overy[80] über Göring sowie Reinhard Bollmus[81] über das Amt Rosenberg (ein Standardwerk über Schacht steht leider noch aus) erhärten eigentlich den Eindruck, daß man im außenpolitischen Bereich mit dem Begriff »Polykratie« sehr vorsichtig umgehen sollte, wenn darunter die Herausbildung eigenständiger Machtzentren gemeint ist, die auch in der Lage gewesen wären, sich gegen den »Außenpolitiker« Hitler durchzusetzen und seinen Kriegskurs auch nur an einer Stelle wirkungsvoll zu korrigieren. Ein solcher Nachweis ist bisher noch nicht gelungen und dürfte auch nur schwer zu führen sein. Daß es sehr unterschiedliche und zum Teil stark abweichende Konzeptionen gegeben hat, ist dagegen unbestritten.

3. Gewisse Unsicherheiten in der sprachlichen Umschreibung der Außenpolitik zwischen 1933 und 1945 bis heute – war es deutsche, faschistische, nationalsozialistische, Hitlers oder gar revolutionäre Außenpolitik? – spiegeln zum einen die Schwierigkeiten bei der typologischen Zuordnung des Dritten Reiches in der ganzen Bandbreite zwischen individualisierenden oder mehr generalisierenden Etiketten – »Hitlerismus«, »Nationalsozialismus«, »Faschismus« oder »Totalitarismus«[82]. Sie verweisen aber auch zum anderen auf das ebenso schwierige Problem einer Einordnung des Dritten Reiches und seiner Außenpolitik sowohl in die europäischen Traditionen als auch in die Kontinuitätslinien des deutschen Nationalstaates von Bismarck zu Hitler.

Schon in den fünfziger Jahren hat sich Ludwig Dehio[83] mit seiner damals provozierenden These von den beiden Weltkriegen »als zwei

[77] Wolfgang Michalka, Die nationalsozialistische Außenpolitik im Zeichen eines »Konzeptionen-Pluralismus«. Fragestellungen und Forschungsaufgaben. In: Funke (Hrsg.), Hitler, Deutschland und die Mächte, S. 46–62; ders., Vom Antikominternpakt zum euro-asiatischen Kontinentalblock. Ribbentrops Alternativkonzeption zu Hitlers außenpolitischem »Programm«. In: ders. (Hrsg.), Nationalsozialistische Außenpolitik, S. 471–492.

[78] Ribbentrop und die deutsche Weltpolitik 1933–1940. Außenpolitische Konzeptionen und Entscheidungsprozesse im Dritten Reich. München 1980.

[79] Hermann Göring. »Erster Paladin des Führers« und »zweiter Mann im Reich«. Paderborn 1985.

[80] Richard J. Overy, Goering. The »Iron Man«. London u.a. 1984.

[81] Vgl. Anm. 63.

[82] Vgl. dazu Erdmann, Die Zeit der Weltkriege, hier bes. § 54: Nationalsozialismus-Faschismus-Totalitarismus. In: Gebhardt, Handbuch der Deutschen Geschichte, Bd. 4, S. 360–370.

[83] Ludwig Dehio, Deutschland und die Weltpolitik im 20. Jahrhundert. Frankfurt 1955.

Akten desselben Dramas« und vom zweimaligen Anlauf Deutschlands zur europäischen Hegemonie 1914 und 1939 gegen die Versuche etwa Gerhard Ritters[84] gewandt, das Dritte Reich aus den Kontinuitätszusammenhängen der preußisch-deutschen Geschichte als eine Art »Betriebsunfall« herauszulösen und in die Traditionen westlicher Massendemokratien seit der Französischen Revolution hineinzustellen. Fritz Fischer hat dann mit seinen bahnbrechenden Forschungen zum deutschen ›Griff nach der Weltmacht‹, d.h. zur deutschen Kriegszielpolitik im Ersten Weltkrieg, in den sechziger Jahren die Tür zur Kontinuitätsdebatte weit geöffnet. Er hat dieser Diskussion außerdem durch seine Ausführungen zum einen über das Bündnis zwischen Hitler und den »traditionellen agrarischen und industriellen Machteliten, die zugleich in der Wehrmacht und in der Diplomatie dominierten«, und zum anderen über die Ostziele Hitlers und ihre Vorbilder im Frieden von Brest-Litowsk 1918 zwischen dem Deutschen Reich und der sowjetischen Revolutionsregierung unter Lenin wichtige Impulse gegeben[85].

Methodisch wurde die Diskussion um Kontinuität wesentlich vertieft durch Thomas Nipperdey[86]. Inhaltlich wurde sie, u.a. auf Fischer aufbauend, von Andreas Hillgruber[87] und Klaus Hildebrand[88] entscheidend vorangetrieben, ohne daß man bis heute schon von einem Abschluß sprechen kann. Hillgrubers Diktum markiert etwa den heutigen Stand: »So liegen Kontinuität und Diskontinuität gerade in der Außenpolitik des ›Dritten Reiches‹ doch näher beieinander als es in einer auf Hitlers ›letzte‹ Ziele und die Verbrechen des Nationalsozialismus konzentrierten Betrachtungsweise, aber auch bei einer Betonung seiner quasi-revolutionären Methoden (ein kritischer Hinweis auf die These Jacobsens, d.Verf.) erscheint.«[89] Dennoch sollte man mit Hillgruber nicht übersehen, daß der von Hitler intendierte zweite Anlauf zum Aufbau einer deutschen »Weltmachtstellung« »infolge der Überlagerung dieser weitgespannten machtpolitischen Komponente mit radikalen rassenideologischen Zielvorstellungen eines universalen Antisemitismus qualitativ etwas anderes dar(stellt) als selbst die extremen

[84] Die zahlreichen Titel von Gerhard Ritter sind bei Schreiber, Hitler. Interpretationen, S. 237f. aufgeführt.

[85] Bündnis der Eliten. Zur Kontinuität der Machtstrukturen in Deutschland 1871–1945. Düsseldorf 1979, S. 93; vgl. auch ders., Zum Problem der Kontinuität in der deutschen Geschichte von Bismarck zu Hitler. In: ders., Der Erste Weltkrieg und das deutsche Geschichtsbild. Beiträge zur Bewältigung eines historischen Tabus. Düsseldorf 1977, S. 350–363.

[86] Thomas Nipperdey, 1933 und die Kontinuität der deutschen Geschichte. In: HZ 227 (1978), S. 86–111.

[87] Andreas Hillgruber, Kontinuität und Diskontinuität in der deutschen Außenpolitik von Bismarck bis Hitler. In: ders., Großmachtpolitik und Militarismus im 20. Jahrhundert. 3 Beiträge zum Kontinuitätsproblem. Düsseldorf 1974.

[88] Vgl. Anm. 21.

[89] Hillgruber, Kontinuität, S. 34.

expansionistischen ›Programme‹ aus den letzten Jahren des Weltkrieges 1914 bis 1918«[90]. Insofern ist semantisch beides – »deutsche« und »nationalsozialistische Außenpolitik« – zulässig, bezeichnen die beiden Epitheta doch nur zwei unterschiedliche Aspekte ein und derselben Sache, zum einen den traditionell-machtpolitischen und zum anderen den radikal-ideologischen.

Hans-Ulrich Wehler[91] wendet sein – an sich für das deutsche Kaiserreich zugeschnittenes – sozialimperialistisches Interpretationsmodell, nach dem innergesellschaftliche Emanzipationsbewegungen und Spannungen in einer Art manipulativer Krisenstrategie von den herrschenden sozialen Eliten auf die äußere Expansion und eine imperialistische Machtpolitik abgelenkt und dadurch gleichsam neutralisiert werden, auch auf die nationalsozialistische Außenpolitik an. Eingebettet in eine kontinuierliche Linie »von Bismarck über Miquel, Bülow, Tirpitz bis hin zu Hitler«, erscheint die NS-Außenpolitik bei Wehler ähnlich wie bei Fischer und Mason als Ausdruck eines »extremen Sozialimperialismus .., der durch den Ausbruch nach ›Ostland‹ noch einmal den inneren Fortschritt aufzuhalten und von der inneren Unfreiheit abzulenken versucht hat – auch er wieder im Banne einer konservativen Utopie«. Hildebrands Kritik[92] an diesem Ansatz, Hitler habe ja gerade nicht wie die »Wilhelminischen Imperialisten« eine Konservierung der bürgerlich-kapitalistischen und agrarfeudalen Gesellschaft sondern ihre Überwindung angestrebt, ließe sich dahingehend ergänzen, daß Wehler nicht ganz der Gefahr entgeht, eine – von den »konservativen Eliten« und den Steigbügelhaltern Hitlers sicher begrüßte – Wirkung nationalsozialistischer Außen- und Expansionspolitik, nämlich die konservative Herrschaftsstabilisierung im Innern, zu ihrem ursprünglichen und ausschließlichen Zweck zu verkehren.

Der Terminus »faschistische Außenpolitik« hat sich bei uns nicht durchsetzen können. Denn er läuft entweder auf die marxistische Deutung Hitlers[93] als einer »Marionette« und eines »Agenten« des »Monopolkapitals« bzw. gewisser monopolistischer »Kapitalfraktionen« hinaus, wofür es gerade in der Außenpolitik keine Beweise gibt, oder er suggeriert eine Vergleichbarkeit mit der Eroberungspolitik Mussolinis.

[90] Ebenda, S. 31.

[91] Krisenherde des Kaiserreichs 1871–1918. Studien zur deutschen Sozial- und Verfassungsgeschichte. Göttingen 1970, S. 161.

[92] Vgl. Anm. 58.

[93] Aus der Fülle der Literatur vgl. nur Weltherrschaft im Visier. Dokumente zu den Europa- und Weltherrschaftsplänen des deutschen Imperialismus von der Jahrhundertwende bis Mai 1945, hrsg. u. eingel. v. Wolfgang Schumann und Ludwig Nestler unter Mitarbeit von Willibald Gutsche und Wolfgang Ruge. Berlin (Ost) 1975; Anatomie des Krieges. Neue Dokumente über die Rolle des deutschen Monopolkapitals bei der Vorbereitung und Durchführung des Zweiten Weltkrieges, hrsg. und eingel. v. Dietrich Eichholtz und Wolfgang Schumann. Berlin (Ost) 1969.

Diese war aber viel eher an den traditionellen Zielen des »Impero Romano« und des »Mare Nostro« ausgerichtet und entbehrte der radikalen rassebiologischen und sozialdarwinistischen Züge der NS-Außenpolitik. Auch Jacobsens[94] Vorschlag hat sich nicht durchsetzen können, die NS-Außenpolitik unter Hinweis auf ihre rassebiologischen Zielsetzungen und ihre absolut menschenverachtende Praxis »weniger im Lichte der Kontinuität ... als vielmehr unter dem Aspekt eines revolutionären Umbruches« zu sehen. Hitler hat, wie Nipperdey mit Recht bemerkt, an die Kontinuitäten in der preußisch-deutschen Geschichte angeknüpft und sie für seine Zwecke benutzt, um sie aber letztendlich zu zerbrechen.

4. Längst abgeklungen ist der hektische Wirbel, den der »revisionistische« britische Historiker A(lan) J(ohn) P(ercivale) Taylor, »the most eccentric demythologizer of Hitler« (Hauner), mit seinem 1962 deutsch erschienenen unorthodoxen Buch über die ›Ursprünge des Zweiten Weltkrieges‹[95] bei uns entfacht hat. Dabei bekam er damals ohne sein Zutun Beifall vor allem von der falschen, neonazistischen Seite, die das Buch als eine angebliche Reinwaschung Hitlers und der Deutschen in seinen Zielen total verkannt hat. Wissenschaftlich haben sich in Deutschland nur Dietrich Aigner[96] und Oswald Hauser[97] mit Taylor identifiziert. Ein Verdienst des Briten war es sicher, die Diskussion um den Beginn des Zweiten Weltkrieges, seinen Anlaß und seine Ursachen auf die Ebene des europäischen Mächtesystems und seiner Fehlerhaftigkeiten gehoben und damit von der einseitigen »Germano-« und »Hitlerzentrik« bewußt abgelenkt zu haben.

Dann aber tat Taylor des Guten entschieden zu viel. In völliger Verkennung der rasseideologischen, innergesellschaftlichen und ökonomischen Antriebskräfte der NS-Außenpolitik und ihrer neuen ideologischen Qualität stellte er in seinem diplomatiegeschichtlichen und personalisierenden Ansatz den Diktator als einen machtpolitisch kalkulierenden deutschen Revisionspolitiker in der Tradition Gustav Stresemanns und als einen geschickt taktierenden Opportunisten ohne zielgerichtetes Konzept dar, als einen »Staatsmann, der erobern wollte und sich im voraus nicht überlegte, was er tun oder wie er es tun würde«. Er habe als deutscher Normalpolitiker jede Gelegenheit für machtpolitische Gewinne beim Schopf gepackt, die ihm die Ungeschicklichkeiten, Schwächen und Fehler der anderen, besonders der französischen und britischen »Appeaser« geboten hätten. Weit entfernt davon, von Hitler

[94] Nationalsozialistische Außenpolitik, S. 618.

[95] Die Ursprünge des Zweiten Weltkrieges, Gütersloh 1962 (engl. 1961).

[96] Hitler und die Weltherrschaft. In: Michalka (Hrsg.), Nationalsozialistische Außenpolitik, S. 49–69.

[97] England und das Dritte Reich. Eine dokumentierte Geschichte der englisch-deutschen Beziehungen von 1933 bis 1939 auf Grund unveröffentlichter Akten aus dem britischen Staatsarchiv, Bd. 1: 1933–1936. Stuttgart 1972; Bd. 2: 1936 bis 1938. Göttingen 1982.

geplant oder gar langfristig vorbereitet worden zu sein, sei der Krieg das Ergebnis eines Irrtums und diplomatischer Schnitzer auf allen Seiten, eine Art internationaler »Verkehrsunfall« gewesen. »Wars are much like road accidents.«[98] Man fühlt sich hier an das berühmte Wort des britischen Premiers Lloyd George aus dem Jahre 1922 erinnert, wonach 1914 alle europäischen Großmächte in den Krieg »hineingeschlittert« sind.

Der Versuch, weitere thematische »Schneisen« durch die reichhaltig vorhandene wissenschaftliche Literatur freizulegen und etwa auf die große Bedeutung der Außenhandelspolitik als Instrument für die machtpolitische Expansion[99], auf die loyale Rolle der Wehrmacht und ihrer Führung bei der Kriegsvorbereitung[100], auf die Probleme der Aufrüstung[101] oder auf die zahlreichen Studien zu den zweiseitigen Außenbeziehungen des Reiches und zu seinen Expansionsräumen einzugehen, würde sich noch lange fortsetzen lassen und ein zusätzliches Buch füllen. Allerdings würde sich dann wohl schnell herausstellen, daß diese »Schneisen« – mit Ausnahme wohl des Themas Wehrmacht und Widerstand – mit sehr viel weniger Konflikten und Kontroversen gepflastert sind als die oben näher beleuchteten.

Die Fülle der inzwischen aufbereiteten und publizierten Informationen auch zur Außenpolitik des Dritten Reiches darf jedoch nicht über die noch zahlreich vorhandenen »blinden Flecken« und Forschungsdesiderate hinwegtäuschen. Sie hängen sicher auch damit zusammen, daß sich in den letzten Jahrzehnten eine stark sozialwissenschaftlich inspirierte Geschichtsforschung vorwiegend der Themen zur Innenpolitik und zum Herrschaftssystem und neuerdings auch des »Alltags im Dritten Reich« angenommen und darüber die Außenpolitik etwas vernachlässigt hat.

1. Die nationalsozialistische Außenpolitik müßte einmal gründlich im übergreifenden Kontext des internationalen Mächtesystems der

[98] A. J. P. Taylor, The Origins of the Second World War. London 1961, S. 102.

[99] Neben Volkmann (vgl. Anm. 20) sei noch verwiesen auf Dörte Doering, Deutsche Außenwirtschaftspolitik 1933–1935. Die Gleichschaltung der Außenwirtschaft in der Frühphase des nationalsozialistischen Regimes. Berlin 1969 und auf Eckart Teichert, Autarkie und Großraumwirtschaft in Deutschland 1930 bis 1939. Außenwirtschaftspolitische Konzeptionen zwischen Wirtschaftskrise und Zweitem Weltkrieg. München 1984.

[100] Aus der Fülle der Literatur vgl. nur die beiden Standardwerke von Manfred Messerschmidt, Die Wehrmacht im NS-Staat. Zeit der Indoktrination. Hamburg 1969 und Klaus-Jürgen Müller, Das Heer und Hitler. Armee und nationalsozialistisches Regime 1933–1940. Stuttgart 1969.

[101] Anja Elke Bagel-Bohlan, Hitlers industrielle Kriegsvorbereitung 1936 bis 1939. Koblenz, Bonn 1975; William Carr, Arms, Autarky and Aggression. A Study in German Foreign Policy, 1933–1939. London 1972; Berenice A. Caroll, Design for Total War. Arms and Economics in the Third Reich. The Hague, Paris 1968.

dreißiger und vierziger Jahre analysiert und dabei in einem Prozeß von »challenge and response« genau bestimmt werden, wie Deutschland das internationale System verwandelt und umgekehrt, wie dieses System auf das Reich zurückgewirkt hat. Dies kann nur mit dem Methodeninstrumentarium des Bereiches »Internationale Politik« innerhalb der Politikwissenschaft unternommen werden.

2. Es fehlt noch eine Sozialgeschichte der NS-Außenpolitik, die im Sinne der anregenden Thesen von Broszat einmal genau an Hand der Quellen der Frage nachgeht, wie denn nun die Außenpolitik konkret »dynamisierend« und mobilisierend auf die Bevölkerung gewirkt hat und wie überhaupt außenpolitische Themen innergesellschaftlich verarbeitet worden sind.

3. Die Frage nach außenpolitischen Varianten und Alternativen zum Hitlerschen Kurs und nach deren Realisierungschancen steht nach wie vor auf der Tagesordnung und könnte wohl nur – wie bisher bei Ribbentrop und Göring – in mehr biographischen Zugriffen etwa für Neurath und Schacht beantwortet werden.

4. Relativ wenig wissen wir bisher noch über die genauen Entscheidungsprozesse[102] und Instanzenwege im Dritten Reich innerhalb und außerhalb der Reichskanzlei. Freilich dürften hier die Geheimhaltung und die Vorliebe Hitlers, mehr informelle und persönliche Absprachen, oft am Apparat des AA vorbei unter vier Augen zu treffen, seine Abneigung gegen geregelte Geschäftsgänge, sein recht unorthodoxer Regierungsstil, aber auch die kriegsbedingten Überlieferungslücken der Neugier des Historikers enge Grenzen setzen. Wir vermissen bis heute ein »in sich schlüssiges Panorama der Hitlerschen Herrschaft«[103].

5. Schließlich steht noch eine alle Detailstudien und Teilaspekte mit ihren Ergebnissen auswertende umfassende Gesamtdarstellung nationalsozialistischer Außenpolitik aus. Sie dürfte freilich weder 1933 beginnen noch 1945 haltmachen, sondern müßte die Vorgeschichte spätestens seit Versailles ebenso umgreifen wie die weltpolitischen Auswirkungen des Zweiten Weltkrieges und das Fortwirken der »deutschen Frage« in Europa als eines Themas internationaler Politik.

Denn der Nationalsozialismus, seine Innen- wie seine Außenpolitik, seine Voraussetzungen und seine Nachwirkungen sind nur als integrale Bestandteile der Geschichte Europas im zwanzigsten Jahrhundert voll zu begreifen und zu würdigen. Gleichzeitig sprengte die deutsche Außen- und Kriegspolitik mit der Ausweitung vom europäischen zum Weltkrieg 1941 ihre kontinental-europäischen Dimensionen und wurde mit zum Antriebsmotor für entscheidende weltpolitische Veränderungen.

[102] Vgl. dazu Jost Dülffer, Zum ›decision-making process‹ in der deutschen Außenpolitik 1933–1939. In: Funke (Hrsg.), Hitler, Deutschland und die Mächte, S. 186–204.

[103] Schreiber, Hitler. Interpretationen, S. 286.

1933	
30. 1.	Ernennung Hitlers zum Reichskanzler; Minister für Auswärtiges: Konstantin von Neurath; Vizekanzler: Franz von Papen; Reichswirtschaftsminister: Alfred Hugenberg; Reichswehrminister: General Werner von Blomberg
2. 2.	Beginn der zweiten Genfer Abrüstungskonferenz
3. 2.	Geheime Rede Hitlers vor den Befehlshabern der Reichswehr (»Liebmann-Protokoll«) über die innere Gleichschaltung und Lebensraumgewinnung im Osten
8. 2.	Kabinettssitzung: Hitler erklärt für die nächsten vier bis fünf Jahre den Vorrang der Aufrüstung
16. 2.	Organisationspakt der »Kleinen Entente« (CSR, Rumänien, Jugoslawien)
16. 3.	»MacDonald-Plan« von dem britischen Premierminister auf der Genfer Abrüstungskonferenz vorgelegt: Reduzierung der Streitkräfte auf kurzdienende Miliz; fünf Jahre nach Abschluß der Konvention Verringerung der französischen Armee auf 200000; Erhöhung der Reichswehr auf die gleiche Zahl
17. 3.	Mussolini legt das Projekt eines »Viererpaktes« Deutschland, Großbritannien, Frankreich, Italien vor
28. 3.	Austritt Japans aus dem Völkerbund
1. 4.	Gründung des Außenpolitischen Amtes (APA) unter Alfred Rosenberg
5. 5.	Ratifikation der Verlängerung des Berliner Vertrages mit der Sowjetunion von 1926
17. 5.	»Friedensrede« Hitlers vor dem Reichstag
26. 5.	Verhängung der 1000-Reichsmark-Sperre für deutsche Touristen nach Österreich: Blockierung des österreichischen Fremdenverkehrs
5. 6.	Abschluß eines vorläufigen Handelsvertrages zwischen Deutschland und Ungarn
9. 6.	Einseitiges Transfermoratorium der Reichsbank für alle Auslandsverbindlichkeiten
12. 6.	Eröffnung der Londoner Weltwirtschaftskonferenz (Neurath, Hugenberg, Krogmann, Keppler); Ende 27. 7. ohne Ergebnis
15. 7.	Unterzeichnung des Viererpaktes zwischen Deutschland, Großbritannien, Frankreich und Italien in Rom

20. 7.	Abschluß des Konkordates zwischen dem Deutschen Reich und dem Vatikan
21. 7.	Unterzeichnung eines Zusatzabkommens zum deutsch-ungarischen Handelsvertrag
25. 7.	Erster Grundsatzbefehl Görings als Reichsminister der Luftfahrt für den getarnten Aufbau der Luftwaffe
2. 9.	Neutralitäts- und Nichtangriffspakt zwischen Italien und der Sowjetunion
9. 10.	Änderungsvorschlag MacDonalds zu seinem Abrüstungsplan vom 16. 3. (Simon Plan)
14. 10.	Austritt Deutschlands aus der Abrüstungskonferenz in Genf und aus dem Völkerbund
12. 11.	Volksabstimmung über Hitlers Innen- und Außenpolitik und sogenannte Reichstagswahl nach einer Einheitsliste
15. 11.	Unterredung Hitlers mit dem neuen polnischen Gesandten Lipski über einen deutschen Verzicht auf eine Gewaltlösung der Grenzfragen im Osten
28. 11.	Der deutsche Gesandte von Moltke (Warschau) überreicht dem polnischen Staatschef Marschall Pilsudski den Entwurf eines Nichtangriffspaktes
14. 12.	Benzinvertrag zwischen Reichswirtschaftsministerium und IG Farben über den Ausbau der synthetischen Treibstoffherstellung mit staatlicher Hilfe
18. 12.	Memorandum der Reichsregierung zur Abrüstung: Rüstungsstop, Forderung nach deutscher Aufrüstung auf 300000 Mann

1934

26. 1.	Nichtangriffspakt zwischen Deutschland und Polen auf 10 Jahre
9. 2.	Balkanpakt zwischen Jugoslawien, Griechenland, Rumänien und der Türkei zur Erhaltung des Status quo
17. 2.	Dreimächteerklärung Englands, Frankreichs und Italiens über die Unabhängigkeit Österreichs
8. 3.	Wirtschaftsvertrag zwischen Deutschland und Polen: offizielle Beendigung des jahrelangen Wirtschaftskrieges
17. 3.	Römische Protokolle zwischen Italien, Ungarn und Österreich für außenpolitische Konsultationen und wirtschaftliche Zusammenarbeit
24. 4.	Ribbentrop wird Beauftragter für Abrüstungsfragen; Aufbau des sogenannten »Büro Ribbentrop«
1. 5.	Handelsvertrag zwischen Deutschland und Jugosla-

	wien; Dollfuß proklamiert in Österreich mit neuer Verfassung »Christlichen Ständestaat«
14./15. 6.	Erstes Zusammentreffen Hitler-Mussolini in Venedig (beiderseitige Beziehungen, Österreichfrage, Abrüstung, Deutschlands Rückkehr in Völkerbund)
27. 6.	Vorschlag Barthous über einen kollektiven Nichtangriffspakt der Oststaaten mit französischer Garantie und Anlehnung an Völkerbund (»Ost-Locarno«); Hitler lehnt Beitritt ab
25. 7.	Mißglückter nationalsozialistischer Putsch in Österreich; Ermordung des Bundeskanzlers Dollfuß; Nachfolger Kurt von Schuschnigg
26. 7.	Hitler beauftragt Papen mit Sondermission in Wien, 8. 8. Ernennung zum Gesandten; Landesinspekteur der NSDAP in Wien, Habicht, durch Hitler seines Postens enthoben
2. 8.	Tod Hindenburgs: Hitler wird »Führer und Reichskanzler« und Oberster Befehlshaber der Wehrmacht; Vereidigung der Wehrmacht auf seine Person
18. 9.	Aufnahme der Sowjetunion in den Völkerbund
24. 9.	»Neuer Plan« Hjalmar Schachts zur völligen Außenhandelssteuerung durch zentrale Devisenbewirtschaftung
1. 11.	Unterzeichnung eines deutsch-britischen Zahlungsabkommens; Einrichtung der Dienststelle Wirtschafts- und Waffenwesen unter Oberst Thomas im Wehrmachtamt des Reichswehrministeriums (ab Oktober 1935 »Wehrwirtschaftsstab«, ab 22. 11. 1939 »Wehrwirtschafts- und Rüstungsamt«)

1935

13. 1.	Saarabstimmung unter dem Schutz des Völkerbundes: 90,67 Prozent für die Rückkehr zum Reich (erfolgt zum 1. 3. 1935)
9. 3.	Unterrichtung der ausländischen Regierungen über den Aufbau der Luftwaffe
16. 3.	Wiedereinführung der Allgemeinen Wehrpflicht und Aufhebung der militärischen Bestimmungen des Versailler Vertrages durch Hitler (Planung: Ausbau der Reichswehr bis 1939 auf 36 Divisionen mit 580000 Mann)
23. 3.	Handelsvertrag zwischen Deutschland und Rumänien
25./26. 3.	Besuch des britischen Außenministers Simon und Anthony Edens in Berlin
9. 4.	Deutsch-sowjetische Wirtschaftsvereinbarung über

	einen deutschen Kredit von 200 Millionen Reichsmark für fünf Jahre
11./14. 4.	Konferenz der Regierungschefs von England, Frankreich und Italien in Stresa: Verurteilung des deutschen Vorgehens und Widerstand gegen jede einseitige Aufkündigung von Verträgen (»Stresa-Front«)
2. 5.	Französisch-sowjetischer Beistandspakt auf fünf Jahre unterzeichnet
16. 5.	Tschechoslowakisch-sowjetischer Beistandspakt unterzeichnet mit Klauseln: sowjetische Hilfeleistung nur im Falle eines militärischen Beistandes an die Tschechoslowakei durch Frankreich (wichtig für die »Sudetenkrise« 1938)
21. 5.	Neues deutsches Wehrgesetz im Kabinett von Hitler verkündet; Reichswehrministerium in Reichskriegsministerium umbenannt; Einsetzung des »Generalbevollmächtigten für die Kriegswirtschaft« (Schacht)
24. 5.	Deutsch-rumänisches Clearing-Abkommen
1. 6.	Ribbentrop wird Außerordentlicher Bevollmächtigter Botschafter des Deutschen Reiches in besonderer Mission (für Flottenverhandlungen mit London); Ausbau der »Dienststelle Ribbentrop«
18. 6.	Deutsch-englisches Flottenabkommen (Stärkeverhältnis beider Flotten 1:3,5 bei Parität der U-Bootrüstung)
7. 10.	Völkerbundsrat stellt Sanktionsverpflichtung gegen Italien nach Angriff auf Abessinien fest: Waffenembargo, Kredit- und Rohstoffsperre, Deutschland unterstützt Italien mit Rohstofflieferungen (Kohle)
4. 11.	Deutsch-polnischer Wirtschaftsvertrag
1936	
6. 1.	Mussolini äußert gegenüber dem deutschen Botschafter von Hassell, er habe keine Einwände, wenn Österreich ein deutscher Satellit werde
15. 1.	Japan scheidet aus der Londoner Flottenkonferenz (seit 9. 12. 35) aus
27. 2.	Annahme des französisch-sowjetischen Abkommens durch die französische Kammer mit 353: 164 (im Senat am 12. 3.)
7. 3.	Einmarsch deutscher Truppen in das durch den Versailler Vertrag entmilitarisierte Rheinland; einseitige Aufkündigung des Vertrages von Locarno; deutsches Memorandum an die Signatarmächte von Locarno mit einem Sieben-Punkte-Programm zur »europäischen Friedensordnung«

10. 3.	Beginn der Beratungen der Locarno-Mächte in Paris, 10. 3.; Fortsetzung in London (unüberbrückbarer englisch-französischer Gegensatz)
14. 3.	Zusammentritt des Völkerbundsrates in London
19. 3.	Nach Darlegung des deutschen Standpunktes Verurteilung des deutschen Vorgehens durch den Völkerbundsrat als Vertragsbruch; Antwortnote am 24. 3.
4. 4.	Göring wird Beauftragter für alle Rohstoff- und Devisenfragen (Intensivierung der Autarkiepolitik und der innerdeutschen Erzeugung im Blick auf die »Wehrhaftmachung« der deutschen Wirtschaft)
10.–19. 6.	Donau- und Balkanreise Schachts (Belgrad, Athen, Sofia, Budapest)
13. 6.	Gründung des Reichskolonialbundes unter Ritter von Epp
11. 7.	Deutsch-österreichisches Abkommen über die Wiederherstellung freundschaftlicher Beziehungen (»Gentleman's Agreement«)
17. 7.	Ausbruch des Spanischen Bürgerkrieges
25. 7.	Hitler beschließt von Bayreuth aus militärische Unterstützung General Francos
11. 8.	Ribbentrop wird deutscher Botschafter in London
24. 8.	Einführung der zweijährigen Dienstzeit in der Wehrmacht
Ende August	Hitler diktiert geheime Denkschrift zum Vierjahresplan
9. 9.	Verkündigung des Vierjahresplanes auf dem »Reichsparteitag der Ehre« in Nürnberg (8.–14. 9.)
18. 10.	Hitler ernennt Göring zum Beauftragten für den Vierjahresplan
25. 10.	Deutsch-italienischer Vertrag über Zusammenarbeit
1. 11.	Mussolini verkündet in Mailand die »Achse Berlin-Rom«
25. 11.	Abschluß des Antikominternpaktes zwischen Deutschland und Japan

1937

27. 1.	SS-Obergruppenführer Lorenz wird Leiter der Volksdeutschen Mittelstelle (VOMI) zur Zentralisierung der Volkstumspolitik
28. 5.	Neville Chamberlain wird britischer Premierminister
5. 11.	Geheimrede Hitlers vor dem Reichsaußenminister und den Oberbefehlshabern der Wehrmachtteile über seine außenpolitischen Ziele (»Hoßbach-Niederschrift«)
6. 11.	Beitritt Italiens zum Antikominternpakt

19. 11. Der britische Lordpräsident Lord Halifax von Hitler auf dem Obersalzberg empfangen

26. 11. Rücktritt Schachts als Reichswirtschaftsminister (15. 1. 1938 Funk zum Nachfolger ernannt)

21. 12. Neufassung des »Falles Grün« für einen möglichen Angriffskrieg gegen die Tschechoslowakei durch das Reichskriegsministerium

1938

4. 2. Entlassung des Reichskriegsministers Generalfeldmarschall von Blomberg und des Oberbefehlshabers des Heeres, Generaloberst von Fritsch, und Errichtung des Oberkommandos der Wehrmacht (OKW) unter General Keitel; Generaloberst von Brauchitsch wird neuer Oberbefehlshaber des Heeres, Hitler übernimmt Oberbefehl über die Wehrmacht; Reichsaußenminister von Neurath durch Ribbentrop ersetzt; Abberufung Papens aus Wien

12. 2. Abkommen zwischen Hitler und dem österreichischen Bundeskanzler von Schuschnigg in Berchtesgaden

16. 2. Umbildung des österreichischen Kabinetts: Arthur Seyß-Inquart (NS) wird Innen- und Sicherheitsminister, Guido Schmidt Außenminister

11. 3. Schuschnigg verschiebt nach deutschem Protest die Volksbefragung und gibt Rücktritt bekannt

12. 3. Einmarsch deutscher Truppen in Österreich; Bildung einer NS-Regierung unter Seyß-Inquart

13. 3. Gesetz über die Wiedervereinigung Österreichs mit dem Deutschen Reich (»Anschluß«)

28. 3. Hitler faßt den Entschluß, die tschechoslowakische Frage »in nicht allzu langer Zeit zu lösen«

10. 4. Volksabstimmung über die Wiedervereinigung Österreichs mit dem Deutschen Reich (Österreich: 99,73 Prozent Ja-Stimmen; Deutschland: 99,02 Prozent Ja-Stimmen)

24. 4. Konrad Henleins SdP fordert Autonomie für die sudetendeutschen Gebiete

3.–9. 5. Hitler bei Mussolini in Rom, bekräftigt »Einheit der Achse«

20. 5. Mobilmachung der Tschechoslowakei aus Anlaß angeblicher deutscher Truppenkonzentrationen (»Wochenendkrise«)

30. 5. Hitlers Weisung an die Wehrmacht zur militärischen Zerschlagung der Tschechoslowakei »in absehbarer Zeit«

3. 8.	Eintreffen des britischen Vermittlers Lord Runciman in Prag (seine Mission bleibt erfolglos)
18. 8.	Abschiedsgesuch des Chefs des Generalstabes des Heeres, General Ludwig Beck (1. 10. 38 vollzogen, Nachfolger General Halder)
15. 9.	Unterredung des britischen Premiers Chamberlain mit Hitler in Berchtesgaden
22./24.9.	Treffen Chamberlains mit Hitler in Bad Godesberg zur Regelung der »Sudetenkrise«
26. 9.	Hitlers Rede im Sportpalast mit der Versicherung, das Sudetenland sei seine letzte territoriale Revisionsforderung in Europa
29. 9.	Münchener Konferenz zwischen Hitler, Mussolini, Chamberlain und Daladier beschließt u.a. sofortige Abtrennung des Sudetengebietes und Anschluß an das Deutsche Reich
30. 9.	Gemeinsame Erklärung Hitlers und Chamberlains
1. 10.	Beginn des Einmarsches deutscher Truppen in das Sudetengebiet
6. 10.	Autonomie für die Slowakei, 8. 10. für die Karpato-Ukraine
21. 10.	Weisung Hitlers für eine militärische Vorbereitung zur »Erledigung der Rest-Tschechei«
2. 11.	Erster Wiener Schiedsspruch der Achsenmächte zur Regelung der ungarischen Revisionswünsche gegenüber der Slowakei
10. 11.	Hitlers Geheimrede vor der deutschen Presse

1939

20. 1.	Entlassung Schachts als Reichsbankpräsident; Gleichschaltung der Reichsbank
30. 1.	Hitlers »Prophezeiung« vor dem Großdeutschen Reichstag über »die Vernichtung der jüdischen Rasse in Europa« bei einem künftigen »Weltkrieg«
14. 3.	In Berlin diktierte Unabhängigkeitserklärung der Slowakei und der Karpato-Ukraine
15. 3.	Einmarsch deutscher Truppen in die Tschecho-Slowakei
16. 3.	Hitler verkündet von der Prager Burg einen Erlaß über die Schaffung des »Reichsprotektorates Böhmen und Mähren«
21. 3.	Hitler fordert von Polen gegen eine langfristige Garantie der deutsch-polnischen Grenze die Rückgabe Danzigs und eine exterritoriale Auto- und Eisenbahnverbindung durch den Korridor sowie eine enge politische Anlehnung Polens an Deutschland mit an-

tisowjetischer Spitze; Polens Außenminister Beck lehnt am 26. 3. endgültig ab

23. 3. Die Slowakei stellt sich unter den »Schutz« des Deutschen Reiches; Einmarsch deutscher Truppen in das Memel-Gebiet; deutsch-rumänischer Wirtschaftsvertrag (»Wohlthat-Vertrag«) zur weitgehenden Einfügung Rumäniens in ein deutsch geführtes mitteleuropäisches Wirtschaftssystem

27. 3. Beitritt Spaniens zum Antikominternpakt

31. 3. Britische und französische Garantieerklärung für die Unabhängigkeit Polens

11. 4. Hitlers Weisung für den »Fall Weiß« (Angriff auf Polen)

13. 4. Ausdehnung der britisch-französischen Garantie auf Rumänien und Griechenland

15. 4. Aufforderung des US-Präsidenten Roosevelt an Hitler und Mussolini zum Verzicht auf weitere Gewaltaktionen; Vorschlag einer internationalen Konferenz (Hitler lehnt am 28. 4. ab)

17. 4. Moskau leitet durch seinen Berliner Botschafter eine vorsichtige Annäherung an Deutschland ein

26. 4. Großbritannien führt die allgemeine Wehrpflicht ein

28. 4. Aufkündigung des deutsch-polnischen Nichtangriffspaktes und des deutsch-britischen Flottenabkommens durch Hitler

12. 5. Englisch-türkische Beistandserklärung, der sich auch Frankreich anschließt

22. 5. Abschluß eines Militärbündnisses zwischen Deutschland und Italien (»Stahlpakt«)

23. 5. Oberbefehlshaberbesprechung: »Danzig ist nicht das Objekt, um das es geht.« (»Schmundt-Protokoll«)

19. 8. Abschluß eines Wirtschaftsvertrages zwischen Deutschland und der Sowjetunion

23. 8. Abschluß des deutsch-sowjetischen Nichtangriffspaktes mit einem geheimen Zusatzprotokoll u.a. über die »vierte Teilung« Polens (»Hitler-Stalin-Pakt«)

25. 8. Hitlers »großzügiges« Angebot über eine deutsch-britische Zusammenarbeit für die Zeit nach einer Regelung der polnischen Frage; Unterzeichnung eines britisch-polnischen Bündnisvertrages; Mitteilung Mussolinis, daß Italien mangels Kriegsbereitschaft nicht in den Krieg an der Seite Deutschlands eintreten könne; Hitler widerruft den für den 26. 8. gegebenen Einmarschbefehl nach Polen

28. 8. Chamberlain bietet über seinen Berliner Botschafter

Henderson seine Vermittlung zu direkten deutsch-polnischen Verhandlungen an

29. 8. Hitler beharrt auf seinen Forderungen vom 21. 3. 39 und verlangt ultimativ das Erscheinen eines bevollmächtigten Vertreters Polens bis zum 30. 8. in Berlin

30. 8. Da bis Mitternacht kein polnischer Unterhändler erscheint, bezeichnet Ribbentrop Henderson gegenüber die deutschen Vorschläge, die er ihm ohne Übergabe des Textes nur vorliest, als erledigt; Mobilmachung in Polen

31. 8. Vermittlungsversuch Görings über den schwedischen Industriellen Birger Dahlerus; auch Mussolinis Vermittlungsversuch zur Einberufung einer neuen internationalen Konferenz scheitert

1. 9. Beginn des deutschen Angriffes auf Polen ohne Kriegserklärung

3. 9. Großbritannien und Frankreich erklären dem Deutschen Reich den Krieg

1. Deutschlands Anteil am Außenhandel Südosteuropas in Millionen Reichsmark

	1934	1935	1936	1937	(Altreich) 1938
Bulgarien	53,0	81,3	105,2	140,0	140,7
Jugoslawien	67,8	98,3	152,4	266,6	225,9
Rumänien	109,9	143,7	195,5	309,9	289,2
Ungarn	103,5	140,8	176,5	224,6	219,8
Türkei	118,4	160,7	197,9	208,9	267,4
Griechenland	84,6	107,6	131,9	189,5	204,7

Quelle: Hans-Erich Volkmann, NS-Wirtschaft in Vorbereitung des Krieges. In: Wilhelm Deist u.a. (Hrsg.), Ursachen und Voraussetzungen der deutschen Kriegspolitik (= Das Deutsche Reich und der Zweite Weltkrieg, B. 1). Stuttgart 1979, S. 258.

2. Deutschlands Anteil am Außenhandel Südosteuropas in Prozenten

	Einfuhr		Ausfuhr	
	Südosteuropa	nur Donauländer	Südosteuropa	nur Donauländer
1933	18,44	19,55	15,35	14,15
1934	19,66	17,88	22,72	19,56
1935	25,92	25,01	25,69	21,94
1936	33,77	34,02	29,62	26,46
1937	32,86	32,80	26,32	23,52
1938 a)	40,07	41,28	40,73	29,99
1939 b)	50,61	56,58	46,08	49,72
1940 c)	54,01	62,32	46,36	50,82

a) einschließlich Österreich, b) einschließlich des »Protektorats«, c) Griechenland bis zum Kriegsausbruch im September des Jahres

Quelle: Volkmann, NS-Wirtschaft. In: Deist u.a. (Hrsg.), Ursachen und Voraussetzungen, S. 257.

3. Deutschlands und Großbritanniens Anteil am Außenhandel Südosteuropas in Prozenten

		aus/nach Deutschland		aus/nach Großbritannien	
		1929	1938	1929	1938
Ungarn	Import	20,0	29,7	2,8	6,0
	Export	11,7	27,7	3,6	8,0
Rumänien	Import	24,1	40,0	7,3	7,8
	Export	27,6	26,5	6,5	11,2
Jugoslawien	Import	15,6	42,0	5,6	8,7
	Export	8,5	39,4	1,3	9,6
Bulgarien	Import	22,2	52,0	8,9	7,1
	Export	29,9	59,0	1,6	4,8
Türkei	Import	15,3	47,0	12,2	11,2
	Export	13,3	42,7	9,6	3,4
Griechenland	Import	9,4	29,0	12,5	13,0
	Export	23,2	38,6	11,8	8,3

Quelle: Bernd-Jürgen Wendt, England und der deutsche »Drang nach Südosten«. In: Imanuel Geiss u.a. (Hrsg.), Deutschland in der Weltpolitik des 19. und 20. Jahrhunderts. Opladen 1974, S. 499.

4. Die Lebensmittelversorgung im großdeutschen Wirtschaftsraum (1939)

	Bevölkerung (in Mio.)	Grad der Selbstversorgung (in Prozent)	Mit Hilfe inländ. Lebensmittel ernährte Bevölkerung (in Mio.)	Mit Hilfe ausländ. Lebensmittel ernährte Bevölkerung (in Mio.)
Deutschland (Altreich)	67,50	83	56,00	11,50
Saarland	0,84	40	0,34	0,50
Ostmark	6,76	75	5,07	1,69
Sudetengebiete	3,70	80	2,96	0,74
Memelland	0,15	ca. 150[1]	0,23	−0,08[2]
Danzig	0,41	ca. 70	0,28	0,13
Neue deutsche Ostgaue	7,37	ca. 109	8,03	−0,66
I Großdeutschland	86,73	84	72,91	13,82
Generalgouvernement	14,50	ca. 100	14,50	–
Protektorat	7,10	ca. 95	6,75	0,35
Slowakei	3,75[3]	95	3,55	0,20
II Großdeutscher Wirtschaftsbereich	112,08	87	97,71	14,37

[1] 150 Prozent bedeutet, daß nicht nur die Bevölkerung dieses Gebietes vollständig, d.h. zu 100 Prozent, aus der eigenen Scholle ernährt werden kann, sondern daß darüber hinaus noch Überschüsse an Lebensmitteln produziert werden. Das Gebiet könnte also z.Zt. nicht 0,15 Mio., sondern 0,23 Mio. Menschen ernähren.

[2] −0,08 bedeutet in diesem Falle also einen *Ausfuhrüberschuß* an Lebensmitteln, der rechnerisch zur Ernährung von 0,08 Mio. Menschen reichen würde.

[3] Vorl. Zahl.

Quelle: Volkmann, NS-Wirtschaft. In: Deist u.a. (Hrsg.), Ursachen und Voraussetzungen, S. 351.

5. Die Ernährungsbilanz des mitteleuropäischen Wirtschaftsblockes (1939)

Gebiet	Bevölkerung (in Mio.)	Grad der Selbstversorgung (Prozent)	Mit Hilfe von inländ. Lebensmitteln ernährte Bevölkerung (in Mio.)	Mit Hilfe von ausländ. Lebensmitteln ernährte Bevölkerung (in Mio.)
Großdeutscher Wirtschaftsraum	112,1	87	97,7	14,4
Skandinavischer Wirtschaftsraum	16,7	80	13,4	3,3
Holländ.-Belg. Wirtschaftsraum	17,0	59	10,1	6,9
Baltischer Wirtschaftsraum	5,6	107	6,0	−0,4
Südosteuropäischer Wirtschaftsraum	56,9	107	60,9	− 4,0
I Mitteleuropäischer Block zusammen	208,3	90	188,1	20,2
II Russischer Wirtschaftsraum	185,7	101	188,2	−2,5
Insgesamt I und II	394,0	96	376,3	17,7

Quelle: Volkmann, NS-Wirtschaft. In: Deist u. a. (Hrsg.), Ursachen und Voraussetzungen, S. 353.

6. Istausgaben für die Wehrmacht 1933 bis 1939 in Milliarden Reichsmark (Rechnungsjahre)

	1933	1934	1935	1936	1937	1938	1939 (31. 8.)	Total
Heer und Kriegsmarine (einschl. OKW)	–	1,310	1,736	3,596	5,015	11,221	7,987	
Reichsluftfahrtministerium	–	0,642	1,036	2,225	3,258	6,026	3,941	
Insgesamt	–	1,952	2,772	5,821	8,273	17,247	11,928	
Mefo-Wechsel	–	2,145	2,715	4,452	2,688	–	–	
Insgesamt	1,9*	4,097	5,487	10,273	10,961	17,247	11,928	61,893
Mehrausgaben gegenüber Vorjahr	–	+2,2	+1,390	+4,786	+0,688	+6,286	–	–

* Einschließlich geheimer Etats

Quelle: Willi A. Boelcke, Die Kosten von Hitlers Krieg. Kriegsfinanzierung und finanzielles Kriegserbe in Deutschland 1933–1948. Paderborn 1985, S. 28.

7. Verschuldung in Deutschland 1932 bis 1938 in Milliarden Reichsmark

Kalenderjahre	1932	1933	1934	1935	1936	1937	1938
Öffentliche Hand insg.	24,9	27,0	29,3	34,2	38,0	43,0	51,4
Reich	12,2	14,2	16,7	21,9	26,2	31,7	40,6
Gemeinden	9,7	9,9	9,7	9,5	9,0	8,7	8,4
Private Wirtschaft insg.	54,6	51,3	51,7	51,7	52,9	54,1	56,1
Landwirtschaft	10,9	10,7	10,6	10,5	10,5	10,8	11,1
Wohnungswirtschaft	15,8	15,6	15,8	16,1	16,9	17,7	18,6
Übrige Privatwirtsch.	27,9	25,0	25,3	25,1	25,5	25,6	26,4
Gesamtverschuldung	79,5	78,3	81,0	85,9	90,9	97,1	107,5

Quelle: Boelcke, Die Kosten von Hitlers Krieg, S. 26.

8. Neuverschuldung des Reiches im Inland 1933 bis 1939 (Milliarden Reichsmark jeweils Monatsende)

	Jan. 1933	März 1934	März 1935	März 1936	März 1937	März 1938	März 1939	Aug. 1939	Zugang seit 1933
Mittel- und langfristige Schuld	2,6	3,5	4,3	6,0	8,6	11,9	19,6	20,6	18,0
Kurzfristige Schuld	1,4	2,9	5,6	8,4	12,0	14,3	18,0	23,9	22,5*
Total	4,0	6,4	9,9	14,4	20,6	26,2	37,6	44,5	40,5
Erhöhung pro Jahr	–	2,4	3,5	4,5	6,2	5,6	11,4	6,9	–

* 1933 bis 1938 ohne Steuergutscheine, jedoch unter Einschluß der Mefo-Wechsel

Quelle: Boelcke, Die Kosten von Hitlers Krieg, S. 30.

9. Die gesamte Reichsschuld 1933 bis 1939

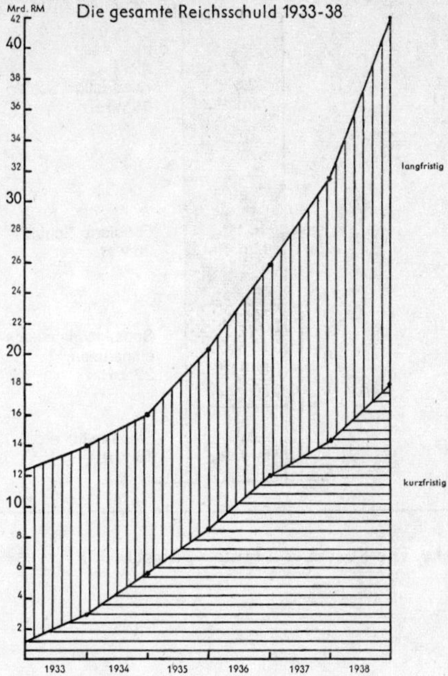

Quelle: Réne Erbe, Die nationalsozialistische Wirtschaftspolitik 1933 bis 1939 im Lichte der modernen Theorie. Zürich 1958, S. 53.

10. Deckung der Wehrmachtsausgaben 1933 bis 1. 9. 1939

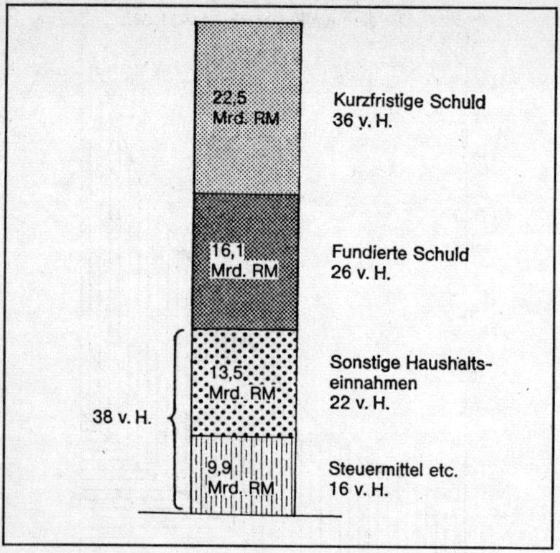

Quelle: Boelcke, Die Kosten von Hitlers Krieg, S. 30.

11. Daten zur Rüstungsplanung

	Denkschrift des Truppenamtes vom 14. 12. 1933 Aufbau des 21-Div.-Heeres zum 1. 4. 1938	Vorschlag des Generalstabes vom 19. 7. 1935 Aufbau des 36-Div.-Heeres zum 1. 10. 1939	Rüstungsplan des Allg. Heeresamtes vom 1. 8. 1936 Aufbau des Friedens- und Kriegsheeres zum 1. 10. 1939
A Höhere Kommandobehörden			
Gruppenkommandos	3	4	4
General(Korps)kommandos	8	12	13
Kavallerie-Korpskommando	1		
Panzer-Korps-Kommando		1	1
Kdo. Aufklärungsstreitkräfte			1
B Verbände			
Infanterie-Divisionen	21	33	32
Infanterie-Divisionen (mot.)			4
Gebirgs-Division			1
Gebirgs-Brigade		1	
Kavallerie-Divisionen	3		
Kavallerie-Brigade	1	1	1
Panzer-Divisionen		3	3
Panzerverband	1		
leichte Divisionen	1		3
C Stärke des Friedensheeres	300000	693580	830000
davon Korps- und Heerestruppen	ca. 50000	129020	
D Stärke des Kriegsheeres	63 Divisionen		4620000
davon Feldheer	33 Divisionen	54 Div.-Verbände	102 Div.-Verbände

Quelle: Wilhelm Deist, Die Aufrüstung der Wehrmacht. In: Deist u. a. (Hrsg.), Ursachen und Voraussetzungen, S. 439.

Deutsche Geschichte der neuesten Zeit
vom 19. Jahrhundert bis zur Gegenwart
Herausgegeben von
Martin Broszat, Wolfgang Benz, Hermann Graml
in Verbindung mit dem Institut für Zeitgeschichte

Die »neueste« Geschichte setzt ein mit den nachnapoleonischen Evolutionen und Umbrüchen auf dem Wege zur Entstehung des modernen deutschen National-, Verfassungs- und Industriestaates. Sie reicht bis zum Ende der sozial-liberalen Koalition (1982). Die großen Themen der deutschen Geschichte des 19. und 20. Jahrhunderts werden, auf die Gegenwart hin gestaffelt, in dreißig konzentriert geschriebenen Bänden abgehandelt. Ihre Gestaltung folgt einer einheitlichen Konzeption, die die verschiedenen Elemente der Geschichtsvermittlung zur Geltung bringen soll: die erzählerische Vertiefung einzelner Ereignisse, Konflikte, Konstellationen; Gesamtdarstellung und Deutung; Dokumentation mit ausgewählten Quellentexten, Statistiken, Zeittafeln; Workshop-Information über die Quellenproblematik, leitende Fragestellungen und Kontroversen der historischen Literatur. Erstklassige Autoren machen die wichtigsten Kapitel dieser deutschen Geschichte auf methodisch neue Weise lebendig.

4501 Peter Burg: Der Wiener Kongreß
Der Deutsche Bund im europäischen Staatensystem
4502 Wolfgang Hardtwig: Vormärz
Der monarchische Staat und das Bürgertum
4503 Hagen Schulze: Der Weg zum Nationalstaat
Die deutsche Nationalbewegung vom 18. Jahrhundert bis zur Reichsgründung
4504 Michael Stürmer: Die Reichsgründung
Deutscher Nationalstaat und europäisches Gleichgewicht im Zeitalter Bismarcks
4505 Hans-Jürgen Puhle: Das Kaiserreich
Liberalismus, Feudalismus, Militärstaat
4506 Richard H. Tilly: Vom Zollverein zum Industriestaat
Die wirtschaftlich-soziale Entwicklung Deutschlands 1834 bis 1914
4507 Helga Grebing: Arbeiterbewegung
Sozialer Protest und kollektive Interessenvertretung bis 1914
4508 Rüdiger von Bruch: Bildungsbürgertum und Nationalismus
Politik und Kultur im Wilhelminischen Deutschland
4509 Wolfgang J. Mommsen: Imperialismus
Deutsche Kolonial- und Weltpolitik 1880 bis 1914
4510 Gunther Mai: Das Ende des Kaiserreichs
Politik und Kriegführung im Ersten Weltkrieg

4511 Klaus Schönhoven: Reformismus und Radikalismus
Gespaltene Arbeiterbewegung im Weimarer Sozialstaat
4512 Horst Möller: Weimar
Die unvollendete Demokratie
4513 Peter Krüger: Versailles
Deutsche Außenpolitik zwischen Revisionismus und Friedenssicherung
4514 Corona Hepp: Avantgarde
Moderne Kunst, Kulturkritik und Reformbewegungen nach der Jahrhundertwende
4515 Fritz Blaich: Der Schwarze Freitag
Inflation und Wirtschaftskrise
4516 Martin Broszat: Die Machtergreifung
Der Aufstieg des NSDAP und die Zerstörung der Weimarer Republik
4517 Norbert Frei: Der Führerstaat
Nationalsozialistische Herrschaft 1933 bis 1945
4518 Bernd-Jürgen Wendt: Großdeutschland
Außenpolitik und Kriegsvorbereitung des Hitler-Regimes
4519 Hermann Graml: Reichskristallnacht
Antisemitismus und Judenverfolgung im Dritten Reich
4520 Elke Fröhlich, Hartmut Mehringer: Emigration und Widerstand. Das NS-Regime und seine Gegner
4521 Lothar Gruchmann: Totaler Krieg
Vom Blitzkrieg zur bedingungslosen Kapitulation
4522 Wolfgang Benz: Potsdam 1945
Besatzungsherrschaft und Neuaufbau im Vier-Zonen-Deutschland
4523 Wolfgang Benz: Die Gründung der Bundesrepublik
Von der Bizone zum souveränen Staat
4524 Dietrich Staritz: Die Gründung der DDR
Von der sowjetischen Besatzungsherrschaft zum sozialistischen Staat
4525 Martin Broszat: Die Adenauer-Zeit
Wohlstandsgesellschaft und Kanzlerdemokratie
4526 Manfred Rexin: Die Deutsche Demokratische Republik
Von Ulbricht bis Honecker
4527 Ludolf Herbst: Option für den Westen
Vom Marshallplan bis zum deutsch-französischen Vertrag
4528 Peter Bender: Neue Ostpolitik
Vom Mauerbau bis zum Moskauer Vertrag
4529 Thomas Ellwein: Krisen und Reformen
Die Bundesrepublik seit den sechziger Jahren
4530 Helga Haftendorn: Sicherheit und Stabilität
Außenbeziehungen der Bundesrepublik zwischen Ölkrise und Nato-Doppelbeschluß

Personenregister

Politik und Zeitgeschichte

dtv 10433

dtv 10382

dtv 10672

Arnulf Baring:
Im Anfang war Adenauer
dtv 10097

Gordon A. Craig:
Über die Deutschen
dtv 10408

Alfred Grosser:
Geschichte Deutschlands seit 1945
dtv 1007
Das Bündnis
Die westeuropäischen Länder und die USA seit dem Krieg
dtv 1760
Versuchte Beeinflussung
Zur Kritik und Ermunterung der Deutschen
dtv 10128
Der schmale Grat der Freiheit
Eine neue Ethik für eine neue Zeit?
dtv 10221

Robert Harris
Jeremy Paxman:
Eine höhere Form des Tötens
Die unbekannte Geschichte der B- und C-Waffen
dtv 10372

Jahrbuch der Bundesrepublik Deutschland 1986/87
dtv 5250

Günter Gaus:
Wo Deutschland liegt
Eine Ortsbestimmung
dtv 10561

Robert Jungk:
Menschenbeben
Der Aufstand gegen das Unerträgliche
dtv 10335

Jonathan Schell:
Das Schicksal der Erde
Gefahr und Folgen eines Atomkriegs
dtv 10258

Wolf Jobst Siedler:
Weder Maas noch Memel
dtv 10383

Elke und Jannes Tashiro:
Hiroshima – Menschen nach dem Atomkrieg
dtv 10098

Carl Friedrich von Weizsäcker:
Wege in der Gefahr
dtv 1452
Deutlichkeit
dtv 1687
Der bedrohte Friede
dtv 10182

dtv

dtv-Weltgeschichte des 20. Jahrhunderts

Hrsg. von Martin Broszat und Helmut Heiber

Hans Herzfeld:
Der Erste Weltkrieg
dtv 4001

Gerhard Schulz:
Revolutionen und Friedensschlüsse 1917–1920
dtv 4002

Helmut Heiber:
Die Republik von Weimar
dtv 4003

Ernst Nolte:
Die faschistischen Bewegungen
dtv 4004

Hermann Graml:
Europa zwischen den Kriegen
dtv 4005

Erich Angermann:
Die Vereinigten Staaten von Amerika seit 1917
dtv 4007

Karl-Heinz Ruffmann:
Sowjetrußland 1917–1977
dtv 4008

Martin Broszat:
Der Staat Hitlers
dtv 4009

Lothar Gruchmann:
Der Zweite Weltkrieg
dtv 4010

Thilo Vogelsang:
Das geteilte Deutschland
dtv 4011

Wilfried Loth:
Die Teilung der Welt
Geschichte des Kalten Krieges 1941–1955
dtv 4012

Franz Ansprenger:
Auflösung der Kolonialreiche
dtv 4013

dtv

Kindlers Kulturgeschichte Europas in 20 Bänden

Taschenbuch-Sonderausgabe in farbiger Kassette

dtv 5941
nur DM 298,–

›Kindlers Kulturgeschichte Europas‹, herausgegeben von Prof. Dr. Friedrich Heer, ist die umfassende moderne Kultur- und Geistesgeschichte der Völker des Abendlandes aus der Feder führender Historiker. Ein Werk der internationalen Geschichtsschreibung, das nicht nur die Historie, sondern alle Bereiche des gesellschaftlichen Daseins darstellt:

- Gesellschaft und Wirtschaft
- Verkehr und Städtebau
- Wissenschaft und Technik
- Philosophie, Literatur und Kunst
- Bildung und Erziehung
- politische Ideen und Strömungen
- Bevölkerungs- und Siedlungsgeschichte
- Entwicklung der wirtschaftlichen und kulturellen Kontakte zu außereuropäischen Ländern